日本近代女性運動史

——広島県を中心にして——

今中保子 著

溪水社

まえがき

本書は一九二〇年代から一九三〇年代広島県における女性運動に関する私の論文集である。私はいわゆる大正デモクラシー期から昭和初期の社会民主化の波濤の中で、県内の女性運動がどのように起こされ成長したか、それが政府・地方庁当局によってどう統合され、日本女性が一五年戦争に翼賛したのかを明らかにする目的で論考してきた。三〇余年前に発表、掲載された論文から（初出論文名はあとがき参照）、一九九〇年代にまとめた原稿などを訂正、加筆、整理したものである。この間、有為転変激しい世界情勢の中で特に一九九一年のソ連崩壊の衝撃は、在野研究者にとっても一時は唯物史観的座標軸を失った打撃と歴史的喪失感に襲われたものであった。私は政治体制の瓦解を一〇歳代に経験した我が国の敗戦と、今次の社会主義国の崩壊と二度経験したことになる。現在この世界的激動のもとで、とりわけ歴史学の再構築が迫られているように考えられる。本書の上梓がこの激変の時代に応え得るものかどうか逡巡もしたが、自分の年齢上の限界もあるし、原爆で廃墟と化した広島における戦前女性運動の戦後への連続性を再確認するための一助になればと希って踏みきった。

私が広島に転居したのは、一九六五年六月で名古屋、宮崎と勤務してきた中学校社会科教師を辞めざるを得なかった。以来、広島では中学校非常勤講師をしながら、近代地域女性史資料収集作業を行なった。論文テーマの設定は自分の職業や生活意識を起点に広がっていった。つまり女性教師の民主化要求、女性の勤労権問題、母性と子供の権利の問題、そして戦争と女性問題など、というようにである。私は被爆地広島市に住み、中学校義務教育に非常勤講師として幾らか関わり続けたことが、私の女性史の視点を社会の諸矛盾に吸引して止まなかったと自認している。

基本資料は一九二〇年代―一九三〇年代の地元新聞『芸備日日新聞』、『中国新聞』、『呉日日新聞』、『大阪朝日新聞』、県内町村文書などである。広島市は原爆でそういう資料も壊滅状態で、呉市立図書館に通う他なかった。戦争による文化財の失い方にも原爆と焼夷弾では、皆無と有の違いを痛感したものである。戦前における女性運動史資料をひもといて気づいたことを若干挙げてみる。

第一に県内市民、無産女性運動は、中央本部（東京、大阪）の支部活動であり、それも点在から面に呼応するかにみえる前に、一五年戦争勃発で戦争協力に転身するので短期間である。しかし中央の呼びかけに対する県内女性の対応は、例えば一九二〇年代の新婦人協会広島支部の女性教師のように社会改造熱の高いものである。この時期『芸備日日新聞』紙上は女教師側とその世論の応酬を展開し、活気ある紙面となり大正デモクラシーを横溢させるものであった。

第二に同じく一九二〇年代大阪朝日新聞社の呼びかけで全関西婦人連合会広島県支部に参集した地域婦人会が、毎年大阪大会に提出議案をもって参加し、積極的に発言している。『大阪朝日』は彼女たちの言動を詳しく伝え、『芸備日日』に比肩する紙面である。この記事でみると地域婦人会の生活改善要求内容は生活の場から保革混合の意見が出されるが、県内女性の民主的土壌とその可能性を窺わせるものである。

第三は官製女性団体のファッショ化についてである。国防婦人会組織が国内だけでなく植民地支配下まで拡大されていく途上で、当時満州派遣軍司令官南次郎大将が「全満を白エプロンで塗りつぶしてくれ」と国婦幹部を督励したところ、そのように満州人女性の協力を得たという（『大日本国防婦人会十年史』五二九頁）。被支配下の女性たちは日本の大東亜共栄圏構想をどう受けとめたのか、このアジア女性の視点からも日本近代史を観る必要があることを『十年史』は教えている。今後広島県女性運動史は地域女性に絞り込むだけでなく、戦争加害の視点からも国際的視野で女性の連帯を広げる女性史を、自らの反省をこめて展望している。

第四には女性の戦争協力責任の問題である。一九三七年一二月一三日日本軍の南京陥落、大虐殺事件に対して広島市内は戦勝祝賀に湧くのであるが、愛国婦人会広島県支部も南京陥落に対して「護国ノ鬼ト化シタル幾多ノ尊キ英霊ニ対シテ深甚ナル感謝ヲ致シ……一斉ニ氏神社ニ戦勝感謝祭ヲ行ナフコト……」（一九三七年一二月一四日、愛国婦人会大林村分会、大林村文書）と愛婦役員に通達を出している。この種の頻繁な文書を見るほどに女性の戦争協力責任を免れるものでない、と考えざるを得ない。

私の地域女性史在野研究は、遅々たるものであったが一つ一つのテーマを論文に仕上げる作業を通して、私自身の基本的人権意識が鍛えられたように思う。敗戦という大きな犠牲をもってあがなわれた憲法の精神に近づく私なりの努力であったとも思っている。被爆後の広島市民・女性の反核、平和運動は現在も粘り強く世界に向けて訴えかけている。平岡敬前広島市長が「日本の植民地支配や先の戦争で日本軍が何をしてきたのかを知らない限り、……広島の訴えは世界の人々の共感を得られず、ヒロシマが人類の共通体験とはなりえない」と近代史における加害の視点を指摘し、現在の広島の思想がそこに到達しつつあると述懐している（平岡敬著『希望のヒロシマ』岩波書店、一九九六年）。この観点からも日本近代女性史研究が更に深められ、女性の国際的連帯を広げることで国連の「女子差別撤廃条約」が具現されるように願って止まない。

目次

第二章　女性教師と女性解放思想の発展

日本近代女性運動史

——広島県を中心にして——

第一章　新婦人協会広島支部と女性教師

はじめに

本章の目的は大正期における最初の市民的女性団体、新婦人協会広島支部設置をめぐってひきおこされたいわゆる広島事件の経緯を検証することによって、明治憲法下の女性教師がどのように封建的家族制度に疑問をいだき、女性の権利に目覚めていったかを明らかにすることである。

新婦人協会は一九二〇年、平塚らいてう、市川房枝らによって結成された。らいてうらは遡ること一〇余年前一九一一年、文芸誌「青鞜」を発刊し「恋愛の自由」を主張、男性の隷属を美徳とする良妻賢母主義に抵抗した。協会はその文学運動の延長線上にあり、結実したものといえよう。協会の主な運動の成果は「治安警察法第五条改正」（この第五条は、女性が政党に加入することは勿論のこと、政談演説をすることも、それを聴くことも禁止した）を繰り返し議会に請願し、遂に一九二二年第四五議会で貴・衆両院を通過させ、政党加入を除く政治的自由を獲得したことである。さらに引き続き婦人参政権運動を推し進めていった。

この治安警察法は、一九〇〇年山県内閣の時、日清戦争後高まってきた労働運動を弾圧する目的で施行された。同時に女性を政治活動から締め出すことにより、絶対主義政府の基盤たる家父長制度を堅持する為のものであった。

従って「治安警察法第五条改正」は、近代日本女性にとって悲願であり、法律施行以来断続的であるが、先駆的女性（例えば一九〇五年平民社の社会主義婦人たち、一九〇七年『世界婦人』を発刊した福田英子たち）によって請願し続けられてきたのである。

協会が「治安警察法第五条一部改正」をとにかく通過させ得た社会的背景には、第一次世界大戦による資本主義の飛躍的発展で女性労働者の増加や、富山県漁村の主婦たちが米の安売りを要求しておこした米騒動（一九一八年）が全国に波及し、遂に寺内内閣を後退させるに至った市民、労働者の民主主義運動の発展を挙げることができる。さらに国外ではロシア革命（一九一七年）によって社会主義政府が実現の運びとなったことも指摘されなければならない。

このような民主化運動の高揚の中で、新婦人協会に参加した女性は、家庭婦人、女性教師、女性記者、タイピスト等の中間層であった。なかでも女性教師がかなりの数を占めていたことが注目される。広島支部にみられるように女性教師が協会に積極的に参加した理由は、女子高等教育の普及もあるが、なによりも、女性教師が人間の尊厳を教える子供の教育の仕事を通して、教育者として女性の隷属的地位に疑問をいだき、男女不平等の撤廃がなければ、真に子供の教育はできないと考えたからである。

協会が結成された同年に、第二回全国小学校女教員大会が帝国教育会によって東京で開催され、全国から多数の女性教師が参集した。大会は帝国教育会の主導で開かれたが、女性教師の切実な要求である「産前産後有給休養八週間」が決議され、続いて「全国女教員組織」問題が可決されて、女性教師の団結に一歩を踏み出したのである。このように女性教師が教育者として、女性の権利の要求を持ち始めた時期であったので、「知識婦人の団結」を呼びかけた協会に賛同する者が少なくなかった。

ところで、現在、民主的な憲法下にあって、教育の現場は果たして真に男女平等であろうか。確かに法律上は給料も男女同一であるが女性の権利や待遇などにおいて、また権利意識面においても問題がありはしないか。問題があるとすれば、人間の尊厳を教えることを本質とする意味での民主教育が確立されていないことになるであろう。民主教育を阻害している要因はそれのみではないが、女性の権利（男女平等）を確立する要求が、必然的に民主教育確立の闘いに結びつくといえよう。この視点から新婦人協会に参加した女性教師が、女性の権利確立のためにどのように活動したか、その経緯を明らかにすることは現代的意義があると考える。

一　大正期広島県女性教師の地位

1　女性教師受難時代

大正前期の小学校教員数は、『学制八〇年史』（文部省編、大蔵省印刷局、一九五四年）の教育統計によると、一九一五年、全国男性教師数一一万七、一八二人、女性教師は四万五、八一〇人で、女性教師は全体の約二八％を占めた。広島県では男性教師数三、四九三人に対して、女性教師は一、五四三人で、女性教師は全体の約三〇％を占めていた。欧米諸国では、当時、既に女性教師数は男性教師数を凌ぐほどであったといわれるが、日本も教育の普及につれて女性教師の需要は増し、女性の職場が限られた当時、女性教師数は少なくないように思われる。

ところが、一九一七から一八年頃の『芸備日日新聞』紙上でよく目につく記事は、女性教師に対する激しい非難であり、はては「女教員無能論」から「女子師範廃止論」にまで展開されていることである。「女子師範廃止論」の根拠は、女性教師は永年勤続しないから養成しても甲斐がないとか、二部制度によって女学校の卒業生に、一か年教育をして間に合うから、高等女学校に一か年の教員養成科を置けば、別に女子師範学校は要らないというわけである。

しかしこれらに対して、女性教師の側から反論の声があがると同時に、女教員自らも覚醒し反省すべき点もある、という投書も多い。もっとも、男子師範学校にも問題があって、根岸福岡師範学校校長は、師範教育に関する私見として「師範学校生徒の学力の増進をはかるには、修業年限を延長するか、入学者の学力を高むるかの一又は両者を採らねばならぬ」と師範教育改良案を述べている[1]。ましてや女性教師の学力は、当時、広島県の本科正教員七六六人の内、師範教育を受けた女教員は三百数十人で男子の約半数ほどであった。したがって、女性教師の能力問題が論議されるのは当然である。しかしそうであれば、却って女子師範学校の拡充が論じられ女教師の質の向上をはかるべきであろう。そういう意見をもつ教育者もいないわけではなかった。

このように女性教師受難時代にあって、積極的に女性教師を擁護する意見を発表した男性教師があった。『芸備日日新聞』に「女教員問題」と題して、三原女子師範付属小学校訓導・原田生と名のり長い論文を載せている。その一部を紹介しよう。「法令上からみれば『市町村立小学校校長は其の学校の本科正教員として之を兼ねしむべし』とあって、女も校長になり得ることを示してゐます。小学校長に余り実例を見ないのは、旧来の陋習なので女教員に資格がないからではありません。師範学校規定についてみるに、男子に法制及び経済の科目があり、農業、商業を加えることができるのに対して、女子には家事、裁縫が必須科になってゐます。而して、女子の法制及び経済の知識を補うためには、修身に於いて『女生徒につきましては現行法制上事項の大要を授くべし』とあり、その上女子には保育実習などが加へられます。斯く男教師と同じ教育を受けてゐる女子が教育者としての仕事には、とても男子と伍していくことが出来ぬと見做されて居るということは当を得て居るか否か疑問であります。

婦人の職業中で小学校教師ほど適当なものはない、と多くの人が言ってゐますが、この前提が矛盾を来して、不適任であるとか、無能であるとかいふことになれば、女教員のみならず、我が国の婦人は職業を持ち得ない、職業に適さないことになります。之実に女教員問題が本邦婦人問題を解決する先駆たる所以でありますまいか」[2]と、女教員問題を職業婦人の核心的問題として把えた点が注目される。

2　職場における男女教師の差別待遇

現在男女教師は法律上対等であり、男女同一賃金である。しかし当時は、女性教師非難が高い上に教師の資格が細分化されていた。同紙の記事に「女教師の間には、師範出対検定取、尋正（尋常科正教員）対小正（小学校正教員）乃至は准正対准代（准教員と代用教員）というように対立し、一つの党派を生ずることは稀ではありません」[3]と述べているように教師間に職階制があるために不和対立をもたらし、当然資格によって給料に差がついた。この階級差が教師の身分を決定づけ女性教師受難時代にあっても女教員の団結を難しくした。さらに、この給料の差は男性教師と女性教師とでは、たとえ同じ師範学校卒業者であっても大きく差があった（表1参照）。

このような男女教員の差別待遇に対して、次のような二つの意見がある。その一つは、後述する三原女子師範事件の中心人物でもある篠木（平田）のぶの意見である。彼女は後に一九三一年東京深川に「子供の村」保育園をつくり、女性運動にも積極的に参加していった。彼女は「女だから受けた差別待遇」[4]の中で、次のように述べている。

「師範教育では、他の教科は男女同程度で、我が県の如きは当時同じ教科書を使っていたが、只女は家事、裁縫だけは余分に受けたわけである。『母校の名誉』を一人背負わされて卒業すると男子師範に奉職した。師範には『教生指導』といって最上級の学生に教師としての実施指導をする役目がある。女の私には毎学期幾名か割り当てられた。試験でいい点をとる人も、応用の力なく屢々教壇に立往生する。教案の書き方、教授法、子供の取扱い、教科の研究を手をとって指導して、とにかく卒業させる。頭がなく腕がなく、指導者としての私はハラハラしていても

表1．男女の俸給平均表

（1914年度全国尋常科勤務のもの）

資　格	男(円)	女(円)	平均(円)
小　正	23,840	16,606	21,982
尋　正	18,490	14,188	17,714
専　正	18,626	11,509	12,806
准　教	11,978	10,408	11,523
代　用	10,891	7,547	9,177

（1915年度広島県尋常科勤務のもの）

資　格	男(円)	女(円)	平均(円)
小　正	23,638	16,316	21,997
尋　正	18,933	13,622	17,755
専　正	15,000	11,071	11,111
准　教	13,453	11,409	12,891
代　用	12,411	9,498	11,038

『芸備日日新聞』1917年7月2日原田論文による。

社会は甘い。男はヘナヘナでも、女である指導者よりチャンと上に座らせておく。昨日まで私が指導していた教生が、四月一日には私の上席に座ってゐた。すべての女教師のためにくやしかった」。

彼女は三原女子師範学校で天皇制家族制度の範とされる良妻賢母教育を受け教師となるが、経済的自立と職業的実力を持つことによって、こうした職場における男女差別に腹をすえかねた。篠木（平田）のぶが、生涯をかけ女性と子供の幸せを願い社会改造運動に身を投じた、その出発点ともなったといえよう。

もう一方の意見は、前述した女性教師擁護派で開明的意見を述べた三原女子師範付属小学校の原田訓導であるが、この点については依然として封建的女性観に立っている。「今日の町村教育費の膨張が教員の俸給支払いにも忌々しい問題になっており、俸給のために教員が転任するという事実も多くあります。教育者の権威問題も此辺から生じ、教員俸給国庫支給論も此辺から叫ばれてゐる次第であります。実際、地方にありましては、一町村の教育を司って見れば教育の発展設備の完成を高調し、充分経費の供給を叫び乍ら、一町村長として考ふる時は、此上何処より教育費を生みださんか、町村の将来を如何せんとの考へは忽ち湧いて来ます。而して、この上良質の教員を蒐め有資格者を用ゐんとすれば、男教員より比較的俸給の安き女教員の有資格者を増すの外ありますまい。例へば、本県の男子教員一人を女子教員一人で補充する場合、経費に何程の余裕を生ずるかを見ますと、表2のやうに一か年の差額は小学校正教員で約八八円、尋常科正教員で約六四円となる。この差額は実に町村の教育費を融和しうるものではありますまいか[5]」と述べている。男性教師よりも給料の安い女性教師を採用した方が町村経済上得策であって、その余った経費を図書館設備などにまわすならば教育効果もよい、という意味のことを説いている。女性教師の需要を経済上からのみ把えている点では、一方で男女教師の同等を主張し、他方に根強い封建的志向が残存する矛盾をみるのである。

表2．小学校男女教員の俸給差額

資　格	男女1か月の俸給差額	同じく1か年の俸給差額
小　正	7円323銭	87円876銭
尋　正	5円311銭	63円732銭

前掲『芸備日日新聞』原田論文による。

同じような論調は日本で初めて女子学生の入学を許可した東北帝国大学総長で、後述する全国小学校女教員会々長でもあった進歩的教育者沢柳政太郎も「女子の俸給は男子より低くして可なりと信ずる。俸給は労働に対する単なる報酬ではない。その業務に相当する所の品位を維持するに足るものでなければならない[6]」と述べている。

一般に教員の給料は低い。第一次世界大戦で物価が暴騰し、新聞紙上でも「聖職者としての教員の内職[7]」が社会問題になっている。教師は聖職という枠を嵌められ、犠牲と献身を強いられたのである。しかも女性教師は男性教師を下まわる安い労働力として使われた。その上、現在においても女性労働者の悩みである「職業と家庭・育児との両立」問題は、当時、今日以上に困難な条件の下にあった。職場では男子教師と同じく教育に従事し、家に帰れば一般主婦と変らず家事、育児と二人分の仕事をしなければならず、さらに家父長制下の女の義務が加わる。現在は新憲法のもと民主的家庭づくりがなされ、共働き夫婦の間で男性が家事、育児に協力することは当然であるが、今なお母親教師にとって「両立」問題は社会的課題である。

以上述べたように、女性教師が男子教師と同じ資格をもって人間の尊厳を教える子供の教育の現場から、女性差別撤廃要求や母親教師の母性保護の改善などが、必然的に彼女らの手によっておこされていくようになる。労働運動に比べると遥かに控えめであるが、その民主化の動きを見落とすことはできない。

二　全国小学校女教員大会と新婦人協会

1　全国小学校女教員大会

一九一七年一〇月二〇日―二二日、我が国最初の全国女性教師の集会が帝国教育会の主催で開かれた。これは帝国教育会々長沢柳政太郎の提唱によった。大会開催の理由を彼は「開会の辞」で次のように述べている。

「昨年（一九一六年）本会においては調査委員会を設けて、女教員問題を調査した。調査委員は、各方面より得たる材料によって、小学校における男女割合を定め、且つ女教員の長所短所を挙げた。それ等の調査は男子によって行なはれるものであるから、果たして当を得ているか否かは容易に決し難い。依って真相を明らかにする為に此種の会合を催すの必要が生じ来ったのである。

尚一つは本会に於て隔年毎に小学校教員会議と連合教育会議とを開いて居るが、女子の代表者の出席は殆どない。又地方の情況をみても女教員が集まって意見を発表する機会は殆んどない。その数から云ふと教員全体の四分の一を占むる女教員の中に此種の機関の備はらぬのは甚だ遺憾である」(8)。

沢柳政太郎は欧米先進国の教育事情やデモクラシー思潮を敏感に把握し、また国内における第一次世界大戦による労働者階級の急激な増加や普選運動の高まりの中で、日本の未来を広い視野に立って考える自由主義教育者であった。女教員問題にも深く関心を持ち、女性の民主的活動を通して、女性教師の向上をはかろうとした。大会は沢柳の「開会の辞」の如く帝国教育会のお膳立てで召集された官製的集会であったが、女性教師の要求が初めて彼女たちによって討議されたことは画期的なことであった。この大会を契機として、女性教師の覚醒が促され、一九二四年第四回大会では女教員自らの手によって全国小学校連合女教員会を結成、帝国教育会から独立して自主的活動を行なうようになる。

第一回全国小学校女教員大会には、各府県三名の代表一五七名が参集した。県内女性教師にとっても前述の如く女性教師無能論や女子師範廃止の声が高い時期であっただけに、大会への期待は大きかった。地元の『芸備日日新聞』には女教員大会関係の啓発的記事が多くみられる。例えば「女教員人選問題－女教員大会と本県」と題して、女性教師が「大会を来月に控えて本県は未だ人選が決まっていない。隣の岡山県の如きは、一学期中に県下の女教員大会を開いて準備に怠らずと聞く、東京府は勿論、石川県においても三名の代表を人選している。若し教育会が経費の負担に堪へずとあらば、自費出席を申し出ずる者もあらん(9)」と投稿している。

また同紙は予め大会討議の「女教員大会の研究問題」を次のように発表した(10)。

①我国女子の身体を一層強壮ならしむる方法如何

②小学校有夫女教員のために特に勤務時間を減少すると共に、其俸給額も亦従って減少し、しかも教員席次は其年功に応じて相当の地位を保たしめ得るやう特別の規定をし、学校の都合と本人の希望とにより便宜之に依らしむる便法を設くる可否

③我国小学校女教員の欠点の主なものとして、左の諸点を挙ぐるものあり

イ、研究工夫の精神に乏し

ロ、応用の才に乏し

ハ、学力に乏し
右は大体に於て之を認むるか、若し果して然らば之が矯正の方法如何
④我国小学校女教員の担任に最も適当する学級並に適せざる学級如何
⑤我国小学校女教員の服装上障害となるものありや、若しありとせば何々なるか
⑥小学校女教員産前産後の休養は凡そ何週間を適当とするか
文部省諮問案としては
①小学校に於ける女児の教育上、特に留意すべき事項如何
②小学校に於ける裁縫の教授をして一層実効あらしむる方法如何

以上のような研究問題が三日間にわたって討議された。その結果、②「有夫女教員のための特別措置」問題は論議の末、僅少の差で否決された。⑥「産前産後の休養期間」については時間切れで、次の大会に持越となった。(11) この問題は働く女性にとって、最も重要な課題であった。本来ならば、当然職場の要求として女性側から提出されるべき問題であるが、上から提案されたことは、この大会が初期において女教員の地位向上など啓蒙的役割を果したたといえよう。

もっとも、既に一九〇八年に長野県では「女教員妊娠規定」をつくり、それまで出産期に二か月位病欠として休んでいた女教師に、「産前産後の有給休暇二か月」を認めていた。女性教師のこの切実な要求は第一回全国女教員大会を契機に、職場の要求として広がり、一九二〇年第二回大会で「産前産後八週間休養全額支給」が決議され、文部省に建議した。一九二二年文部省は「産前二週間、産後六週間の休養」を認める訓令を出すに至った。現在（一九六八年）労働基準法で保障されている「産前産後一二週間」（但し東京、兵庫は一六週間）の歴史を辿ると感慨深い。

しかし、産前産後の休養を完全に実施するには、「産休補助教員の規定」が併置されなければ、学校運営を正常に運営できない。たとえ八週間休養の権利を獲得したとしても、絵に描いた餅に過ぎないのである。女性教師の権利要求運動は緒についたばかりであった。

2　新婦人協会と女性教師

第二回全国女教員大会が開催された一九二〇年には、平塚らいてう、市川房枝たちを中心に新婦人協会が結成された。協会の綱領は次の四項目である。

一、婦人の能力を自由に発達せしめるために男女の機会均等を主張すること
一、男女の価値同等感の上にたちて差別を認め協力を主張すること
一、家庭の社会的意義を闡明にすること
一、婦人、母、子供の権利を擁護し、彼らの利益の増進を計ると共に、これに反する一切を排除すること

この綱領から協会の性格は、従来の封建的家族制度に反旗を翻し、女性と子供の権利に重点をおくエレン・ケイの母権思想の影響を強く受けた市民的女性運動であった。協会は結成に先立ち、一九一九年の暮、第四二議会に対して「治安警察法第五条改正」と「花柳病男子結婚制限法制定」の請願運動をおこした。以後協会が主力を傾注することになる。

協会結成後、協会教育部（市川房枝）が先ず取り組んだのは、第二回全国小学校女教員大会議案の一つ（帝国教育会提案）「全国女教員会組織することの可否、もし可とすれば、その組織方法如何」についてである。先に東京女教

員会発会式の際、市の渋谷教育課長が「修養、親睦以外に決して此の団体の名を使用してはいけない」といったことに対して、市川房枝は強く反発した。新婦人協会の機関誌『女性同盟』(一九二〇年)の創刊号に「全国女教員会の組織について」として全国小学校女教員総数は約五万人、その組織は「はっきり『女教員組合』としてつくられるべきであり、『民主的』に行なわなければならない。従って、会長も沢柳博士は女子教育界の恩人で立派な人格者ではあるが、矢張り民主的という主旨から会員の中から選ばなければならない」という立案の態度を説き、協会教育部独自の相当綿密な小学校女教員会組織試案を載せている。市川はその前年(一九一九年)に総同盟婦人部の常任委員をしており、知識労働女性の組合組織の必要を考えていたようである。

このように一九二〇年は女性の職場の組織化が活発となり、三月には全国タイピスト組合が結成された。また一方七月には総同盟婦人部の中堅である富士瓦斯紡績押上工場の女工が「組合権の確認」を会社に要求してストライキに入るなど、階級意識に目覚め始めた労働女性の運動も活発になった。しかし、富士瓦斯紡績女工ストライキは一時勝利したかにみえたが、会社の巧妙な手口で女工の闘争は惨敗、組合の有力な女性幹部が馘首され、指導者を失った。総同盟婦人部は「大正九年から一一年までの大会には婦人の代議員はおろか、傍聴すらなく、婦人労働者の問題は全く影を消したありさまであった[12]」と伝えている。

このような女性労働者運動の惨敗について、奥むめおは「彼女等自らの団体的訓練の欠乏と社会的援助の稀薄を考えた時に、この一半の責めを知識階級の婦人に求めなければなるまいと信じます[13]」と述べ、知識女性の社会的役割を訴えている。その折も折、小学校女教員の全国大会が開かれ、女教員問題を討議するというのであるから、協会はこの機会を逃さなかった。市川はのちに「結成されたばかりの新婦人協会の宣伝と拡大をはかって、第二回全国小学校女教員大会の後、すぐ『全国女教員懇談会』を丸の内海上ビル内中央亭に開いて、上京中の全国代表の婦人教師を招待した」と語った。この懇談会には、全国から集まった女性教師二六〇名が出席した。この中には広島県代表の坂口みつ、篠木のぶらも参加して、熱烈な挨拶をしたと伝えられる。[14]

懇談会主催の協会側は平塚らいてう、山田わか子、田中孝子、山田美都、田中芳子、塚本なか、平山信子、吉田清子、児玉真子他十数名で「万場立錐の地なき盛況」であった。帝国教育会々長沢柳政太郎、同理事長野口援太郎らも臨席した。山田美都の司会で、先ず理事の平塚らいてうが演題「教員と母」を講演した。「小学校教員の仕事は家に於ける母の仕事の延長であって、小学校教員及び母は、いづれも未来の文化を建設するといふ意味に於いて、最も重大なる任務を帯ぶるにも拘らず、男性中心の社会は現在目前の問題のみ重きを置くため彼女等の社会的地位はあまりに低過ぎた。今後両者は共通の任務を果たす為に共に手を携えて進むべきで、他日母といふ小学校女教員が協力して、参政権運動を要求するやうな時代が必ず来ることを信ずる」[15]という内容であった。次いで市川房枝は大会傍聴の感想を披瀝し「地方女教員諸姉の自覚の程度案外に著しきものあるは意を強うするに足る。この望むべきは、唯団結の力のみ、此度全国女教員の設立を見たるは慶賀にたへず。其組合的色彩に遠きを遺憾とするも、尚無きには勝るべし。諸姉の自覚努力によって、その運用よろしきを得ば、規約形式の如何に拘わらず、尠くもその内容は組合に近きものと為すを得、各任地に就きたる後は、先その所属地方女教員の為に努力を致されんことを切望する」[16]旨を述べた。しかし、市川の「女教員組合」論に対しては、らいてうが「女教員、ことに地方女教員の多くは、協会が提出した女教員組合の内容を理解し、自分からそれを要求するまで社会的視野が開かれていなかったので、大会でもこの議題に対して、一向に討議らしい討議もなく可決されたのは止むを得ない段階だったと思います」[17]と述べているように、女性教師にとって閉ざされた時代が長いだけに、女教員組合に対する認識は低かった。

女教員会々長沢柳政太郎は、来賓として次のように挨拶をしている。「新婦人協会の綱領として挙ぐる所の四か条の如き最も穏健妥当なる思想にして、斯の如きはこの大会に集合せられたる地方女教員諸姉の提唱せらるる一般の意見と差異なく、女教師諸姉にしてこの協会と提携せらるるも差支何かあらん。ただ、協会側に於ける政治運動、社会運動等に関して迄これを共にする事は教育者として、どんなものか、教育者は教育者としての立場を忘るるが如き事なかるべき[18]」と。沢柳は自由主義教育者として、女教師が協会の市民的女性運動に参加することについて理解を示したが、教育者の政治、社会運動には釘を刺した。

懇談会の終わりに、協会は「この会合を通じて、女教員諸氏と我等とが同じ目標を目指して進みつつある事を意識し、婦人全体のために協力すべきものと確信を得たことは、婦人界にとって特筆すべきことである[19]」と結んでいる。地方から集まった女教師は、全国小学校女教員大会で討議の機会を得た喜びと、懇談会で平塚らいてうらの高名な女性解放運動家にじかに会い、その主張を聴いたことは「青鞜」以来良妻賢母主義を否定する反社会的女性の如く世評されたらいてうに対する誤解を解くよい機会となった。同時に女性教師は子供の教育という仕事を通して、女性解放への連帯感を強め、大いに啓発されて地方に帰った。協会々員の中に女教師がかなりの数を占めたわけである。

県内地元の『芸備日日新聞』にも、大会出席女教員が感動を込めて感想を寄せている。その中で「東京みやげ」と題して、幟町小学校訓導沖田せつが「我々女教師は帝国教育会のこの催しに対して、ほんとうに感謝いたしております。思ふことは胸に、云ひたいことは明日にと定めて何事も云ひ得なかった。又云ったにせよ、それが少しも聴き入れられなかった昔に比し、誠に大きな距離のあることを見る時、私等は喜びに堪えない次第でございます。……新婦人協会についてでございますが、私は少なからぬ疑ひの眼を以て、この招待会に臨んだわけでございましたが、会ってみると案外なもので実に熱烈に社会事業のために尽くしていられます。彼会が女性向上発展の会であることを思ひ、大いにその趣旨のよきところを賛同し、相助けて女性の向上発展の機会といたしたいと思ひます[20]」と述べ、「新しき女」と悪名を高めた平塚らいてうの過去の評判に拘って耳を貸さないでいることは、我々女性の大きな損失である、と結んでいる点が注目される。

三　三原女子師範事件

1　新婦人協会広島支部の設置

第二回全国小学校女教員大会では、不充分とはいえ「女教員を府県視学に任用すること」、「産前産後有給休養八週間」についての決議がされ、文部省に建議することになった。こうしたことは、今まで男子との性差別に甘んじていた女性教師にとって大きな前進であった。また「全国小学校女教員会の組織」を可決し、女教師の団結が推進された意義は大きい。女性教師が日頃男女差別の不条理を身にしみて来ただけに、民主化への渇望は強かった。彼女たちは女性解放という共通の問題意識の上に立って、新婦人協会の趣旨に共鳴し、運動に参加したのである。

一九二〇年の秋、平塚らいてうは新婦人協会の拡大、支部設置を目的に関西方面・奈良、神戸、大阪、広島へ遊説した。同年一一月四日『芸備日日新聞』に「神戸では石原りやう子さん、広島は過般上京された篠木のぶさんなどの女教員の方達が、大変私達の趣旨に賛同して運動して下さるので、大方此の二か所には支部が成立しやうと思ひますが……」と、らいてうは語っている。

広島県では一〇月末、女教員大会から帰った篠木のぶ、坂口みつらがさっそく支部設置活動をしていた。協会機関誌『女性同盟』（一九二〇年一二月号）によると広島支部新設は次のようである。

福山支部　幹事　坂口みつ、山口君子

三原支部　幹事　篠木のぶ、花木チサヲ
広島支部　幹事　高橋カメヨ

会員は小学校女教員が多く、市部では広島、福山、三原、尾道、呉、郡部は県東部の神石、芦品、深安、沼隈、御調、世羅に所在したという(21)。

この三支部設置で活躍した女性教師を紹介しよう。

○坂口みつ（福山支部）福山市尋常小学校訓導（神石郡出身、一九一六年三原女子師範本科第二部卒業）
○篠木のぶ（三原支部）三原尋常小学校訓導（世羅郡出身、一九一五年三原女子師範本科第一部卒業）
○花木チサヲ（三原支部）三原女子師範付属小学校訓導（山県郡出身、一九一四年三原女子師範本科第一部卒業）
○高橋カメヨ（広島支部）広島師範付属小学校訓導（呉市出身、一九一六年三原女子師範本科第一部卒業）

以上のように四名の女教師は共に三原女子師範学校卒業生で、彼女らの活動により一か月足らずの間に、支部正会員一六名を得ている（全員女性教師）。彼女たち四名は師範学校を卒業して、教師歴四年から六年、小学校教育内容に一応精通し、年齢的にも二五歳前後という最も正義感に燃え、バイタリティーに富んだ世代であった。

一九二〇年一一月一五日来広した平塚らいてう講演会が三原女子師範学校内で開かれた。らいてうが母性保護、育児に関してエレン・ケイ論を説くということで、参加者は男性教師も入れて四〇名ばかりであった。その中に北川女子師範学校々長もいた。広島支部長の篠木のぶは「解った人には解ったらしく、解らぬ人には解らぬらしくありました。『面会人が』って呼ばれて行ったら高等刑事でした」と支部通信に書いており(22)、封建性の根強い地方において受難の前ぶれに遭うのであった。

坂口、篠木は帰京したらいてうに宛て「先日は遠路わざわざお越し下さいまして、誠にありがとうございました。只々うれしく私達の光明を見つけたので、暗から飛び出したやうでございます。血湧き、肉踊るを覚えるのみで、何をどんなに言ったかわかりません。やります、やります、きっとやります。……いかなる困難にも打ち勝ち、いかなる暴評にも耳にしません。自己の信ずる使命に向かって突進します。市内の各小学校々長にも内容を話しました。応援してやるとのことでした。『女性同盟』の創刊号及び宣伝書がありましたら送って下さいませんか。他方からだんだん注文を受けますが、ないので困ります」[23]と女性解放運動に入らんとする歓喜と決意に溢れた手紙を送っている。

協会支部は名古屋、大阪、神戸、広島、横浜の五地方に結成され、会員総数は会結成年九月に三三一名（正会員六三、賛助会員二五五、維持会員一三）であった。機関誌『女性同盟』は毎月二〇〇〇部前後発行されたと伝えられる。広島支部の女性教師たちは、中央の呼びかけに最も自発的に対応し、活動したケースとみることができよう。

2　広島県当局の圧迫

女性教師自らによって民主化への道が開かれようとした矢先、県学務が北川女子師範学校々長を召喚して「女教師が新婦人協会へ加入することを禁止する」と圧迫した。校長は会員に協会との関係を絶つように命じた。県当局の対応は速く、らいてう講演会の一〇日後には各小学校長宛に次のような通牒を発していた。

大正九年一一月二六日佐伯郡視学

女教員ノ政治運動ニ関スル件依命通牒

近時新婦人協会ナルモノニ加盟シ婦人参政権ノ主張等ヲ為ス者有之趣ニ候処学校教員ハ名義ノ如何ヲ論セズ直

接間接ニ斯ノ如キ政治的活動ニ干与《ママ》セザル様厳重ニ御取締相成度候也(24)

県当局は協会の三請願の内、花柳病男子結婚制限法制定以外の衆議院議員選挙法改正（婦人参政権要求）と治安警察法第五条改正の請願運動が政治運動だと決めつけ、「協会機関誌『女性同盟』購読の禁止」も通告した。

このことは、いち早く「三原女子師範事件」として新聞に報道され、賛否両論で賑い一躍有名な事件となった。『芸備日日新聞』（一九二〇年一二月一一日）の「新婦人協会と三原女子師範、学務と警察の両局では斯く言ふ」の記事には、県当局の言い分は「平塚らいてうが三原女子師範学校内で新婦人協会の発会式に臨んで以来、当局はたへず注目していたが、同協会は歴然たる婦人参政権運動であるから、教職にある者が政治運動に参加することは、服務規定からも当然違法である」と。また警察部高等課の伊藤主席警部は「警察部では何らの干渉もしていないことを断言する。婦人の覚醒運動は時代の進歩と共に当然の要求で、むしろ欣ぶべきことである。しかし警察としては十分に注意を払っていることはもとよりである」という。この記事だけからみると、警察よりも県学務の方が、遥かに思想の取り締まりが厳しい。

県当局がいう服務規定というのは、一九一七年の訓令第一一号を指す。それには「学校職員にして妄に政治を論議し、自ら政党政派に関係し、又は直接と間接とを問はず、他人の為に選挙運動をなすが如きことあるべからざるは、すでに訓令せし所なりとす、今回の衆議院議員選挙に当りても、苟も政治行動に出づることなきを期す可し(25)」とある。この「妄に政治を論議を」してはならないという訓令にみられるように、絶対主義政府は国民の義務教育に携わる教師に対して、厳しい重圧を加えていた。若し何ものにも歪められず社会を正視したならば、最も底辺を支える仕事、即ち義務教育の教師こそ、子供の教育を通して社会の諸矛盾にぶつかることは必定である。それは、やがて政治改革への認識と行動に発展するであろう。しかし政治行動は勿論のこと、それを論議することさえ許さない。自由を剥奪された教師は資本主義の矛盾に目覚め、民衆のデモクラシー運動の影響を受けつつ、消極的にではあるがその運動に参加していったのである。

具体的には、小学校教師による普通選挙権の要求が各地におこっている。『芸備日日新聞』（一九二〇年一〇月一八日）には「小学校教員の三大主張」と題して、野口援太郎帝国教育会主事が談話を載せている。その談話によれば、三大主張とは「①義務教育年限延長、②小学校教員に対する国庫負担額の増加、③小学校教員にも被選挙権を与へよ」で、これは帝国連合教育会議で決議されており、さらに全国八六府県教育会はそれぞれ常任委員会を設け、その運動を開始するはずである、と述べている。

また県内では一九二一年五月九日、広島市袋町小学校講堂において広島市小学校教員協会（同年二月二二日結成、当日四三〇余名出席）の臨時総会が開かれ、次のような決議をしている。「本市教育改善の方途一にして足らずと雖も、自治の堅実を期するは頗る有力なる方策の一たるや疑ふを要せず。即ち市民に自治の本議徹底し、市会議員に教育を理解し、教育を熱愛する人材を得るに於いて、本市の教育は其の振興を加へ、本市の発展はその根基の啓培せらるる所以を信ぜずんばあらず[26]」と。そして、来る六月一日の広島市会議員選挙は、その一新時期に当るから、会員各自がその信念を遂行することは当然であると宣言したのである。この運動がどれほどの効果を挙げたかは明らかではないが、かなりの影響を与えたことは否定できない。

以上のように、小学校教員が真の教育つまり民主教育を実践するには、政治参加しかあり得ないという認識から普選運動に進む。「生来遠慮がちな教員」と言われる男性教師によって普選運動が行なわれている時、選挙どころか政談演説さえ聴くことが許されない女性教師が、この矛盾を見過ごすわけにはいかなかった。三原女子師範事件は県内の女性に大きな反響を呼び、却ってこの事件が女性問題覚醒の契機となった。

3　県当局の圧迫に対する女性教師の抗議

県学務の圧迫に対して、広島支部設置に活躍した四名の女教師は次のように抗議した。三原支部の篠木のぶは、さっそく『芸備日日新聞』（一九二〇年一二月一二日）に「女性同盟と私――真実を知っていただきたい」と弁明を発表して世間に問うた。「政治結社に加入できないといふ法文はありますけど、協会はそんなものでないことはわかりきったことです。雑誌の購読や入会を禁止する県の態度は、正直のところ私には不法だと思ひます。思想に対するに思想を以てするといふことは文部大臣のお話を待つまでもなくわかりきったことです。ただ『いけない、入るな、読むな』では私共には納得されません。新しい女をてらふやうな、軽薄な者には首の大切さに自己を裏切ることもできましょうが、社会の一部の非難も首の切れることを覚悟しているほどの私共には、そこに信ずるかたいもののあることを認めていただきたいと思ひます。社会の正しい世論に訴へたく、これより協会の紹介をいたしたいと思ひます」と、県学務の圧迫に対して激しく抗議し、色々考えたあげく退職の腹を決め、自由な立場になって女教員の自由を擁護しようと決意を述べている。

福山支部の坂口みつも、篠木と共に悩み次のような手紙を協会に送っている。「とうとう支部を解散しなければならないやうになりました。……私達は何故かくまで、自由意思を束縛されるのか、あゝ私の眼には涙が溢れています。しかし平塚様、これが女性の明治維新でしやう。……私共はたとへ退職してもかまひません。最後の手段として　一、全く職と関係を断って後、目的に進むか　一、自由に活動しうる地に転任するか　一、当地に留まって、当地の人を自覚せしむべく奮闘するか、の三つの道を考へています」と書いている。

また三原支部の花木チサヲは「篠木さんは退職せぬことを弱い様な口調でせめましたけれども、これがために退職することは当局へ対して負ける分でも、勝ったことにはなりませんと、私は思ふのです。そして、なかなか思想問題について旧い田舎の人達の眼をさまさせるには、女教員といふ分子に真の自覚を有する者が多いことを必要とします。それで、今しばらく会員になってならぬと言ふならば会員でなしに外部の人として協会の事業を声援したいと思ひます。……県は女教員として政治問題に頭を入れたと云ふ点でせめている様ですから、それについて女教員が協会に関係をもつことの如何かを御研究下さい。私は出来るだけ平和に、そして目的の到達につとめることを忘れぬつもりでございます。けれども、平和に努めてそれでもやりきれぬ時は、思いきって脱します[27]」と述べている。

広島支部高橋カメヨは、一一月二八日の手紙に「三原が散会して見れば、広島は勿論支部設立は困難の状態に立って来ました。私の協会に対する主張は『決して参政権運動のみを以て目的とするものではなくして、男子も女子も等しく正等なる立場より見たる婦人の覚醒を要求するもので、決して風潮にかられたる政治的運動のみを欲するものでないことを前提として、其一部必然の準備としての請願である故に、女教員だからとて入会するに不当の理はないと信ずる。けれども、若しあるとしても、協会には教育部の研究団体をも有しているいるのであるから、その方面に於て教育者であるからとして研究して一向差支へなきものと思ふ』との意見を申出ました。最初よりこの様な干渉があるやらもと懸念は十分致しましたが、進んで行けるまでやって見るとの決心で出三（三原）いたしたのです……。職を辞するの決心は十分ありますが、現在の私としては職をやめて表面、この会のために立つことは出来ません。何故ならば、職にあって当局と提携して女教員全体及び一般婦人のための進路を開拓すべく努力することが、他婦人の当局を動かすのそれよりも痛切であって、又それがあたり前の途であると信じます[28]」と述べている。

以上四名の女性教師の新聞投書や通信には、共に県当局の圧迫に対して抗議し、なお一層協会活動を続けることを決意している。その方法として二つの方向を示している点が注目される。その一は、教職を退いて女性運動に入ろうと主張する篠木のぶ、坂口みつの退職論と、もう一つはむしろ教職にあって運動に参加する方が、現状打開への道であると慎重論を主張する花木チサヲ、高橋カメヨたちである。実際に篠木は教職から退き、新婦人協会中央部で活躍することになる。いかなる運動も慎重な判断に基づく路線でなければならない。したがって篠木が退職論を決行したことは一見敗北を意味する。が、当時三原女子師範卒業生の多くが東京遊学を一種の憧れとしていたことも見逃せないし、何よりも彼女が上京して協会書記の仕事を振り出しに、一生を通して児童教育、幼児保育と女性運動に身を投じた、という退職後の彼女の行動を長い眼でみると、必ずしも敗北的行動であったとはいえない。

四名の女性教師は退職論にせよ、慎重論にせよ県当局の圧迫に挫けなかった。では彼女たちを支えた思想は何であったか。それを知ることは、私の手許にある数少ない資料では難しいが、彼女たちの投書や通信の内容から読みとれたことを述べてみたい。

彼女たちが共通して使っている「婦人の真使命に向って」という語句がある。「婦人の真使命」とは何を指すのかは、述べていない。しかしその「婦人の真使命」という抽象的な語句の目指す方向は、らいてうらの新婦人協会綱領に示された運動目標であったといえるのではないか。彼女たちがなかば協会と心中せんとするほど熱血的であったことからも推測される。

後年、四名の女教師の一人坂口みつの弟坂口茂一氏からの手紙(29)によると「三原女子師範事件に驚いて、肉親が再三協会の活動をやめるように言ったけれども、姉は『婦人の覚醒と日本の将来のために、自分の一生を捧げる、夜討ち、火あぶりもいとわぬ』と申していました」と強烈な思い入れを伝えている。しかし彼女たちが「婦人の真使命」を実現するためには、必然的に婦人参政権運動に発展すべき政治的認識があったかというと、この時点では教育者として男女不平等の不条理から女性の権利に目覚めたという情念的段階であったといえよう。同時に、女教師である自分たちが封建的家族制度下に眠っている地方の女性を覚醒させる啓蒙者であるという二重の使命感に燃え、女性が解放されてこそ真の教育者であると考えた。

4　県当局の圧迫に対する世論

広島県当局の女教員圧迫事件に対して、新婦人協会本部の平塚らいてう、市川房枝らはただちに教育専門家や新聞記者に意見を求め、これを公表して世間に訴えた。機関誌『女性同盟』一九二一年一月号に広島事件を特集した。その主な意見・助言を紹介しよう。

先ず全国小学校女教員会々長沢柳政太郎は、三原女子師範事件に対して次のような談話を発表した。「教員が政治運動に関連してならぬといふ事は、ずっと前に文部省の訓令として出て居ったが、後になって全部廃止されたから、今は唯、治警五条が残っているだけだと思ふ。さうすれば、かりに新婦人協会が政治的色彩を帯びているとしても、それが政治結社でない限り、女教員が是れに入会したとて差支えない訳である。請願は憲法に於て『帝国臣民たるものは両院に請願する事を得』となっているから、誰でも請願し得るのである。内容如何は問題ではない。参政権のだって差支へないはづだ。雑誌の購読を禁止する等といふことは事実と信じられない」。

次に読売新聞記者大庭柯公は「進歩的女学の大本山たるべき日本女子大の桜楓会――其実女子大学そのものが、新婦人協会の運動に対してどんな態度を採っていますか。地方官などといふ時代の進歩に遅れ易い官僚の無法無理解な干渉沙汰も私は女子大学の臆病な退嬰方針から見ると、まだまだ恕すべきのやうに思はれます。それよりも私は地方官にそれほどの干渉沙汰を惹起させた女教員の地方に多いことを欣ばずには居られません」と述べ、これは新旧の争いで、「現状打破」と「現状維持」との抗争だと結んでいる。ジャーナリストらしい物の見方である。その他『教育時論』の主筆原田実は「官吏の人格と識見の問題である」、「卑小な小役人根性」と痛烈に非難している。

一方市川房枝は広島県知事若林に宛て、抗議の手紙を書いた。「津田県視学は結局、請願が政治運動だからいけない、それも花柳病の方は差支へないが（花柳病男子結婚制限法）、参政権の方はいけない、といわれたさうですが、事実さうなのでしゃうか。……現に治警法第五条の教員の結社加入禁止も大学教授には已に空文となって適用されて居らないやうな例もあります。——政友会に於ける林毅陸氏、国民党に於ける植原悦二郎氏等もさうでした。時代はもう進んでいます。……それを『もう東京へなど女教員は出せぬ。すぐ悪いことをおぼえて来るから』といった態度で此度の様な圧迫干渉を加えられる事は、原田氏が述べていられる如く、県当局官吏の人格と識見の問題とされやしないかと思ひます」。

そして市川房枝は広島支部の女性教師に対して、次のように激励している。「私共が現状に満足しないで、理想に向って一歩でも足を先へ出すならば、いつでも迫害があり、非難があることは言ふまでもありません。……こんな圧迫に対して、どうすればよいかといふと『女教員組合』をつくることだ。今回の苦痛圧迫は『女なるが故』に来るものであるから、日本婦人全体の問題として『女性総同盟』を提唱します。女教師は知識婦人として、日本婦人の中堅に立たるべき位置にあるので、役目も大きい」と、終始一貫して「女教員組合」を結成し、女教師の団結を教えている。

では地元広島におけるこの事件に対する世評はどうであったか、『芸備日日新聞』の主な記事をとり挙げよう。一九二〇年一二月一日の社説「婦人運動と三原女子師範」の論点は次のようであった。「先づ女性同盟の運動が女子師範の教育方針と一致しない。しかるに、平塚らいてうを招いて学校の教壇に立たしめたことは、よしや生徒全体に対するものでなかったにせよ、之は学校として早計であり、且つ手落ちであった。純潔白絹の如き女生徒に与へる極端なる進取的思想を以てすることは、学校当局として忌避するのは当然である。師範の女生徒に対しては明敏なる新思想の持ち主たらしむるよりも円満なる婦徳の指導者たらしむることが一層必要である。吾人は女性同盟の主張に対して満腔の同情と敬意をおしまぬが、その運動については、尚首肯しがたい。いわんや、盟主たる平塚女史の人格については、とうてい日本の婦徳と相容れざるものがある」と。このようにらいてう個人を良妻賢母思想破壊者として、危険視する論調である。こういうらいてう観が流布されていただけに、とりわけ地方における支部活動は先ずこのような偏見と闘わねばならなかった。

また同紙に女性の一読者が、前述篠木のぶ「女性同盟と私」の紙上弁明に対して感想を寄せている。[30]「私は女性解放運動の闘士の一人をわが広島県に見出したことを、この上なく愉快に思ひます」と書き出し「しかし『女性同盟と私』の筆者が女教師らしいことが、私をして一寸考へさせました。らいてうさんを中心とする婦人運動が政治運動であらねばならず、しかして、教員は明かに政治運動に参加することを禁ぜられているからであります。私は何故筆者が先づ小学校教員といふ職を退いてから堂々と運動に参加されなかったかを怪しみもし、恨みにも思ひます」と述べ、できるだけ男子に言いがかりを与えぬようにすることが、婦人運動の戦術上必要なことである、と忠告している。

県当局圧迫事件に対するこれらの意見を要約すると、中央の意見は女教師が協会に加入して活動することは違法ではないとする。その理由は①新婦人協会は政治結社ではない、②請願運動は憲法で保障された臣民の権利である（大日本帝国憲法第三〇条）、③雑誌の購読は個人の自由である、以上三点を挙げることができる。それに対して広島地方の意見は、協会の趣旨は日本の伝統的良妻賢母主義家族制度を破壊するものであること、県が指摘したように政治運動であるから教師は加入してはならない、という旧態依然たる主張であった。大正デモクラシー期における東京と地方広島の距離の差が、思想の開明度に落差をもたらした例といえようか。

この広島事件の最中、第四四議会（一九二〇年）に対する協会提出の請願書数は、衆議院議員選挙法改正が二、三五五人（男九五七人、女一、三九八人）、治安警察法改正が二、四四〇人（男一、一〇二人、女一、三三八人）そして花柳病者結婚制限並に離婚要求が二、四四〇人（男一、〇三五人、女一、四〇五人）であった。治安警察法第五条改正についてみると、東京府七四三人、兵庫県五〇五人、愛知県二四二人、京都府一〇四人、大阪府九五人、神奈川県七四人、広島県は六四人で全国第七位を占めた。「広島は調印された者が少なからずあり」請願者の職業別によると、教員が第一位を占め、大部分が小学校女教員だった。「前記の広島事件に関連してこの結果を痛快に思います」と以上市川房枝が請願者調査報告をしている。(31)

四　新婦人協会広島支部その後の活動

広島支部は県当局の圧迫事件で紛糾したため、一時は支部解散を決めていたが、再び女性教師たちの支部活動は継続された。不当な圧迫事件が却って彼女たちの社会的覚醒を呼び起こす結果となり、女性運動への道を固めさせた。彼女たちは『女性同盟』支部通信に、その後の県支部活動を報告している。

三原支部通信・篠木のぶは「最後に県は干渉せぬとの弁明を聞きましたので、私共も土の固まるための雨として、自ら怒をなだめはしたものの、之の影響は甚だ大、且つ深く、官僚的な頑迷な人の為に本協会に対して正当な解釈を下してくれませんので、現状維持だけさへ、かなりの意思の強さを要しました」と述べている。県当局は中央の民主的世論におされ、一応鉾先をおさめた。しかしこの事件のために、支部を脱会する会員も少なくなかった。さらに「幹事の花木チサヲ氏をはじめ会員であった方の中に御勉学のため一身上の都合などで転じられたり、退職されました。四月には私までが上京しましたので、会員も殆ど居ないといふありさまになりました」と三原支部は中心的会員を失い壊滅状態であることを伝えている（一九二一年五月号）。篠木は上京して協会の書記を手伝い、花木は東京市四谷高等小学校に転じ、後年真砂実業学校長に就任、東京で初めての女校長木内キャウと相並び小学校女教員会中央部で活躍することになる。広島支部も三原同様の状態であった。

このように支部活動が困難な状況の中で、福山支部の坂口みつは、当初篠木と同様退職論を主張していたが、教職に留まって篠木、花木ら転出の後、支部活動に孤軍奮闘した。その背景には「一度は福山市議会の問題になったが市長の支持を得た[32]」という保守側の譲歩があった。

『女性同盟』福山支部通信①　坂口みつ

「大々的活動の出来ることを予想して希望に満ちていた私達は、約五カ月間或る形において死んでしまひました。……現在の状態では昨年一一月平塚様来広時とは、かなりの距離であります。然し私は一層強くなりました。何時まで経っても、この大宇宙に風の止むことはないでしゃう。むしろこの風こそ私達の意思を試す好材料と存じます。田舎の山野には若芽が競ひ出しました。私達の胸中には温い血が、強い熱が湧き上がり出ました。真の人間、真の女性、真の教育者にならなければなりません。昨夕、会員五人が集まりました。四月より会員に雑誌（『女性同盟』）を送って下さい。別々に来た方が、その会員と協会との間が親密になってよいと思ひます。会費は近々の内、正会員のだけは私が集めます。金五円、本日送ります。何かに使ってください」（一九二二年五月号）。彼女が訴えている「真の人間、真の女性、真の教育者」とは人間の解放、女性の解放がされてこそ真の教育者になるという主張である。今日における女性解放と民主教育の確立の課題に関連して、歴史的意義を見出すのである。

福山支部通信②　坂口みつ

「前略、此の頃多少理解してきたのか、ちょいちょい知らぬ人に協会の主義を質問されます。又訪問も受けます。しかし仲々困難な点が多くて、じれったい位です。篠木さんが居れば……併し本部の方から大いにこちらの方も援けて下さるだろうと思って、篠木さんが協会に居る事を心強く思ひます。目下の状態、私はほんとうに一々説明して歩きたい位、まだまだ眠ってゐます。まあまあ、気永くまっていて下さいませ。じくじくとやり、どうしてもやりとおす考へです」（一九二一年六月号）。

福山支部通信③　坂口みつ

「総会の模様も大阪朝日及万朝で拝見して心強く思っておりました。新婦人連の運動云々ということについては、当地の新聞でも数回みました。然しその論点たるや私達の根本精神とは異っていました。只皮相的の誤解なので、吾々の精神とは別物だと思ひました。私は何時もかう言っています。勿論新婦人協会の現今の事業の内には、改正を要する点も沢山あるでしゃう。然し何しろ兎角、その根本精神は明なものですから、これからその実現に努力すべきものです」と結び新しい読者を二人紹介している（一九二一年八月号）。

福山市今田町看護婦会　山路節子
御調郡美原東町　田辺イホコ

同八月号の協会会員名簿によると福山支部は、正会員三名（坂口みつ・福山御門町、関久子・同　西町裏之町、島純子・同明治町）、第二種賛助会員荒川五郎（広島市祇園、憲政会衆議院議員）が記名され、少人数で文字通り孤軍奮闘の様子が窺えるのである。

坂口の通信にある「新婦人連の運動云々」は、おそらく協会批判を指していると考えられる。当時新婦人協会に対して、わが国最初の社会主義女性団体赤瀾会[33]の山川菊栄が「新婦人協会と赤瀾会」（『太陽』一九二一年七月号）を発表、社会主義の立場から協会の議会運動を過激に批判した。どんな内容であったか、その一部をみよう。「平塚明子氏が創立した第二の青鞜社、新婦人協会は時勢の推移におされて流石に青鞜社一派の独善的個人主義、瞑想的芸術主義を脱しはしたものの、何ら明白な確乎たる社会観に基かずに、ブルジョアジ一流のセンチメンタリズムを以て、ただ漫然と婦人と子供の権利を主張している。平塚氏最近の思想は、青鞜時代の遊戯本能に革命家の警鐘に惰眠を驚かされたブルジア婦人と吾良心を欺く手段に過ぎぬ」と協会に対する批判というより、平塚個人の非難に終始した。これに対して『女性同盟』は「勢力の微弱な婦人運動に於いては、婦人相互の間に許しうる限り提携を惜しまない事が必要であろう(34)」と女性の統一的運動を助言している。

このような社会主義女性からの協会批判に加えて、協会内部では市川房枝が協会を去り七月渡米、同じ頃平塚らいてうも病気静養生活に入った。協会は首脳部を失った形になったが、運動は継続された。

福山支部の坂口みつは協会の宣伝用印刷物を独自に作り、女性教師、家庭婦人、男性に対して、女性の覚醒を訴えると同時に、『女性同盟』の購読を勧めた。その文書の中に「従来の如き横暴放縦なる男性、無自覚なる機械、人形の如き女性、これでどうして人類の理想に達し得られるか。私達は斯くの如き因習の中に甘受することは出来ない。即ち男性に対する反抗でなく、女権拡張でなく、其真使命を果すために、人類最高の理想に進むために、従来の病的欠陥を除去せねばならぬ。やがて来るべき新時代は男性中心でもなく、女中心でもない。永らく因襲的に我儘に放縦に振るまった男性は自ら深く反省し、久しく機械であり、奴隷であった婦人は更に一段向上し、男女各自がその特性を発揮して健全なる国家を建設せねばならぬ」と熱烈に説いている。そして家庭婦人に対して「料理も裁縫もお琴もお花も必要です。しかしそれのみではあまりに貧弱でせう」と『女性同盟』の読者になることを勧めている(35)。

約一年半孤塁を守りつづけた福山支部は、一九二二年春に「坂口氏が目下病気入院中で、其他やむをえぬ四囲の事情もありここ暫く支部を解散して本部直属になりたい」と通信し、遂に幕を閉じた(36)。

その時期、協会本部は第四五議会に「治安警察法第五条改正」請願書を提出、第五条第二項「女子及」の削除が衆議院、貴族院を通過した（一九二二年三月二五日）。つまり第五条一部改正により、女性の「政党加入の自由と政党結社権」は除外されたが、「政談演説を聴く自由と政談演説をする自由」を獲得した。これは明治期における福田英子をはじめ先駆的女性たちによる請願運動以来、悲願の成就であった。協会は本格的な婦人参政権運動への道をきり拓いたのである。福山支部の坂口たちが、この時期まで協会を支え続けた意義は大きい。協会は同年一二月解散した。

おわりに

一九二〇年代初頭、わが国最初の市民女性団体・新婦人協会の広島支部が、設置段階で受けた県当局圧迫事件は、会員の女性教師は勿論、協会にとっても大きな試練であった。市川房枝の自伝『私の婦人運動』によると、この事件の影響は福島、愛知、大阪、岡山に及び会員から刑事が調査に来たとか、請願書を取り上げられたなどの報告があったと述べている。広島支部は会員脱会で壊滅状態になったが、既述の如く福山支部だけが生き続けた。大正デモクラシー興隆期、県東部地方において奮闘した女性教師の女性解放運動は、該地に確実に播種されたといえよう。また上京した二人の教師もそれぞれ個性的な教育実践と女性運動を両輪に展開した。

県支部幹事であった四名の女性教師（坂口みつ、篠木のぶ、花木チサヲ、高橋亀代）は本文でも述べたように一九一五年前後に三原女子学校を卒業、小学校教員になったほぼ同期の同窓生である。とりわけ広島事件後、協会に留まって活動した坂口と篠木は福山支部と本部を結ぶ盟友であった。彼女たちのその後の主な経歴を簡単に付記しよう。

坂口みつ（一八九六－一九三六年）は、一九二五年五月、福山市櫻馬場町弘宗寺住職・水野敬準と結婚した。結婚後は同寺の護持と義母に尽くし、信徒の信任を受けた。

篠木のぶ（一八九五―一九五八年）は、一九二〇年平田愛の養女となる。一九二四―二五年野口援太郎らが創設した池袋児童の村小学校教職に就き、自由主義教育を実践した。一九二五年男児の母となり、一九三一年東京深川区の同潤会アパートの一室に子供の村保育園を開設し、「自治・協働」保育を実践し、他方お母様学校、お父様学校を組織し父母の自治活動を行なった。また婦選獲得同盟、母性保護連盟にも関わり運動した。

花木チサヲ（一八九四―一九四八年）は、一九二一年東京市四谷高等小学校訓導、一九四一年真砂実業学校長となる。全国小学校女教員大会幹事も務める。戦時は大政翼賛会中央協力会議に女性代表として参加した。

高橋カメヨ（一八九七―一九三七年）は、一九二二年広島師範学校訓導を病気退職、翌年広島市皆実小学校兼広島師範学校訓導となる。一九二五年依願退職した。市内の中西不二磨と結婚。『婦人の友』（羽仁説子）の読者であった。

他に尾道婦人会々員で地域活動をした柴原浦子（一八八七―一九五五年、産婆業）も新婦人協会広島県支部の会員であったことをつけ加えておく（第三章、七章参照）。

注

（1）『帝国教育』一九一七年五月号。
（2）『芸備日日新聞』一九一七年七月二日―一〇日、三原女子師範付属小学校訓導原田生「女教員問題」。
（3）同右、一九一八年八月一六日、森いずみ「県下の女教師たちへ」。
（4）『婦選』一九三三年一月号。
（5）『芸備日日新聞』一九一七年七月六日。
（6）沢柳政太郎「小学校女教師」『沢柳政太郎全集』第六巻、沢柳全集刊行会、一九二六年、二一七頁。

（7）『芸備日日新聞』一九一九年九月三〇日。
（8）『帝国教育会八〇年史』帝国教育会、一九二一～一九三頁。
（9）『芸備日日新聞』一九一七年九月一一日。
（10）同右、一九一七年九月一八日。
（11）『現代婦人運動史年表』三一書房、一九六三年、八三頁。
（12）山川菊栄「婦人運動小史」『山川菊栄全集』第五巻、岩波書店、一九八二年、五〇頁。
（13）『女性同盟』一九二一年一月号。
（14）同右、一九二〇年一一月号。
（15）同右。
（16）同右。
（17）平塚らいてう『元始、女性は太陽であった―平塚らいてう自伝（完結編）』大月書店、一九七三年、一一一頁。
（18）『女性同盟』一九二〇年一一月号。
（19）同右。
（20）『芸備日日新聞』一九二〇年一一月四日。
（21）『女性同盟』一九二一年一月号。
（22）同右、一九二〇年一二月号。
（23）同右、一九二一年一月号。
（24）『広島県史』近代現代資料編、広島県、一九七六年、三七四頁。
（25）『女性同盟』一九二一年一月号。
（26）『新修広島市史』四巻、広島市役所、一九五八年、五三四頁。
（27）『女性同盟』一九二一年一月号、一一月三〇日通信。
（28）同右。
（29）一九六七年四月二三日、今中宛私信。坂口みつの弟茂一氏の住所・広島県神石郡油木町字、みつは父藤右衛門と母ハルの第三女、一八九六年七月二八日生。一九二五年五月九日福山市水野敬準と結婚。

(30)『芸備日日新聞』一九二〇年一二月二八日、「女性同盟と私」の筆者に。
(31)『女性同盟』一九二一年二月号。市川房枝「三種の請願の調印者調査報告」、同『私の婦人運動』秋元書房、一九七二年、五六頁。
(32) 同右『私の婦人運動』五一頁。
(33) 赤瀾会一九二一年四月二四日結成。堺真柄、九津見房子、仲曽根貞代、橋浦春子、伊藤野枝らが中心で、山川菊栄が指導的立場にあった。
(34)『女性同盟』一九二一年七月号。奥栄一「将来の婦人運動と新婦人協会」。
(35) 同右、一九二一年八月号。
(36) 同右、一九二二年四月号。

第二章　女性教師と女性解放思想の発展

はじめに

戦後女性教師の権利確立への歩みは、民主勢力の発展と深い関連をもちながら、日教組に組織された女性教師のねばり強い努力によって果たされてきた。

女性教師が真に男女平等を実現し、専門的教育者として男性と対等に教育労働を継続するためには、女性の重要な特性・母性の保護問題が社会的に解決されなければならない。その意味で現在も育児の社会的保障（保育所増設、育児休暇制度確立等）の充実が要求されている。このような女性教師の解放運動は、一五年戦争（満州事変、日中戦争、太平洋戦争）による断絶はあったにせよ、戦前から粘り強く押し進められてきたのである。

それ故に戦後、連合軍による婦人解放令（一九四五年一〇月一一日五大改革）によって、日本女性が長い封建的家族制度から解放されるや、直ちにその翌一九四六年には、女性教師は労働基準法制定以前において、次のような独自の要求を都教労婦人部結成大会に提出したのである。それは①男女地位、差別の撤廃、②生理休暇の実施、特別衛生材料の配給、③働く母性の擁護及びその施設、④女子教員の知的水準を高めるための施設、⑤女子教育制度の改革、⑥学校給食の即時実施の六要求であった。

これら諸要求の提案は、戦前女性教師の民主的要求を集約したもので、「婦人労働者の運動における諸要求のモデル」[1]といわれる。

しかし戦前における女性教師の民主化運動は、一般女性労働者と共通の問題を抱えながら、労働運動や女性運動に比べると積極的であったとはいえない。その原因は女性教師の社会的意識の低さや自主、独立性の欠如などに依るが、何よりも天皇制国家主義教育の忠実な教師としての聖職意識であった。事実多くの女性教師は天皇制教育に疑問を挟むに至らず、むしろ熱心な信奉者でさえあった。だが資本主義の矛盾・経済恐慌に直面するに至って、彼女たちは封建的意識から離脱し始め、控えめではあるが勤労者意識に目覚めてきた。

これまで戦前における女性教師の解放要求や民主化運動について、必ずしも歴史的評価がされてこなかった。女性教師の権利確立は現代民主教育の基盤を成すものである。そこで本章は女性運動の興隆期にあたる大正末期から一九三一年（満州事変勃発）までの女性教師の解放思想と運動を、女性教師の自主組織である全国小学校連合女教員会を中心に検討してみたい。

一　女性教師の自主組織・全国小学校連合女教員会

一九一七年大正デモクラシー運動の展開期に、第一回全国小学校女教員大会が開かれ、女性教師の小学校教育問題の他に「有夫女教員のための特別措置」、「産前産後休養期間」などの母性保護問題が、全国小学校女教員五万人の代表一五七名によって初めて討議された。前章で既述したようにこの大会は帝国教育会々長沢柳政太郎が提唱し、文部省の諮問機関である帝国教育会の主催であった。

沢柳は大正デモクラシー思潮にたつ自由主義教育者で欧米の教育問題にも通じ、小学校教育の充実のため、余りにも低い我が国女教員の地位向上を計るため女教員大会を企画した。女性の職種の中でも比較的古い伝統を持つ小学校女教員は義務教育や女子中等教育の普及もあって、全教員の三分の一を占めた。女性教師の採用は、男子より安い労働力・教育費の軽減であったので、(2)彼女たちの間に差別に反対する諸権利の要求が内在的に高まりつつあった。従って未組織の女性教師たちは、この大会を契機に全国の教師との連帯を広げた。大会後各地に地方女教員会が結成され、女教員の社会的自覚が芽生え始めた。

第二回女教員大会（一九二〇年）では母性保護要求として「産前産後休養期間八週間賜暇の取り扱い、全額給与支給」（産前二週間、産後六週間）を決議、文部省に建議されることになった。同時に女教員の全国組織が提案され、次期大会の課題とされた。そこでは小学校教育の質的向上と女教員の地位の向上とが統一的に把えられ、この実現のために女教員の結集が呼びかけられたのである。

同年最初の市民女性団体・新婦人協会が、翌年にはこれも初めての社会主義女性団体・赤瀾会が結成されるなど女性運動はまさに組織化の時代を迎えた。少なからぬ女性教師が、新婦人協会の市民的権利の要求に共鳴し協会に参加したことは、前章既述の通りである。協会に集まった女性たちが、治安警察法第五条一部改正（政談演説を聴く自由、政談演説をする自由）を獲得したことは、婦人参政権運動を一歩前進させ政治から疎外されてきた女性に希望を与えた。

一九二四年一二月、婦人参政権獲得を目的に市民団体・婦人参政権獲得期成同盟会（一九二五年婦選獲得同盟と改称、市川房枝、久布白落実ら）が結成され、以後婦選運動を推進した。その社会的背景には一九二四年五月の総選挙で「普選の実現」、「絶対主義国家機構の改革」をせまる護憲三派が圧勝し、第五〇議会において普選の通過が確実になったことがある。

他方無産女性も組織化に乗り出し、一九二七年無産政党を支持する女性団体が、各政党の傘下につくられた（労農党系関東婦人同盟、日労党系全国婦人同盟、社民党系社会民衆婦人同盟）。これら無産女性団体は、政府の弾圧による無産政党の離合分立に相応したために、無産女性団体の統一さえできなかったが、階級的立場から婦人参政権や女性労働者の権利要求などを掲げて活躍した。

このように婦選運動が高揚する中で、女性教師は一九二四年五月、第四回全国小学校女教員大会終了後、かねてより懸案であった女教員の自主組織・全国小学校連合女教員会を結成した。その目的は「全国小学校女教員会の協同団結によりその自覚を促し、教育上の研究調査をなし、その能率を昂進せしめ併せて地位の向上を図る」(3)とされ、我が国最初の各地女教員会の連合体が成立した。ここに帝国教育会から独立して自主的運営が始められたことは画期的であった。

全国小学校連合女教員会は、全国各地の女教員会九〇余が加盟し、会員一万余名、会長・沢柳政太郎、幹事・東京の木内キャウ他四名、大阪、名古屋、埼玉、長崎各一名を選出した。翌一九二五年一一月、機関誌『小学校女教員』を創刊（一九二七年『かがやき』、一九二九年『教育女性』と改題）、そこには「女教員の資質の改善と教育能率の増進」、「女教員の地位の向上と教育振興」の二つのスローガンが掲げられ、女教師の研究、意見など唯一の発表誌であった。

同誌の「創刊号に際して」に、名古屋市小学校女教員会幹事長吉田じゃうは「全国七万に余る女子教育者は、神聖なる教育に生きんとするには、先づ自己の充実をはかり、人として完全にといふ自覚、更に進んで社会的に教育奉仕をなさんが為に……全国的に大団結をはかるに至りました。本会組織の単位であり、細胞であるところの全国各市郡女教員各個が本当に堅実なる歩みをとらねばならぬことと存じます。どうしてもお互いの血の出るような反省の下に虐げられた女性を向上せしめ、職業的に意義あらしめんとする強い信念の結合であり、仕事であらねばなりません」[4]と述べている。女教師の団結の意義を説き、女性の地位の向上を内省的に把え過ぎるきらいはあるが、女性の封建的隷属からの解放が教育実践に結びつくことを示唆しているのである。しかし連合女教員会が帝国教育会から独立して、自主的活動を始めたとはいえ、女教員会の会長に女性教師の代表を選出しないで、帝国教育会々長沢柳政太郎をおいたことは（連合女教員会規約によれば帝国教育会々長を会長とする）、両者の関係を不可分にし、連合女教員会の独立性を弱めたともいえよう。

従って女教員大会で、教育問題に加えて教育労働を通して女教師の諸要求・母性保護、男女不平等撤廃、さらに恐慌時における減俸、首切りに対する勤労権などの要求が下からもり上った時、女教員会はそれら要求決議事項を文部省に建議するに留まった。

二　女性教師と母性保護

生命を生み、それを育てる母性の問題は、女性解放の基本的課題である。資本主義生産の発展によって低賃金労働力としての女性労働者が増加する中で、母性の社会的保障は殆ど無く母性の破壊が著しかった。当時日本の乳児死亡率は世界最高記録を示した。[5]

我が国において母性保護の要求が取り上げられたのは、一九二〇年新婦人協会によってである。前章で述べたように、かなりの女教師が協会に参加した。この運動の思想的背景となったエレン・ケイの思想は、[6]封建的母性を批判したもので、彼女は子供の権利が剥脱されている原因は、女性の結婚が経済的理由などによって没我的に行なわれ、女性が単に子供を生む道具に過ぎない現実によるものだと指摘した。そこで女性の「中心的要素」としての母性を確立するためには、「自我」の結合による恋愛を通して、完全に自由な意志による結婚（離婚の自由も含む）が実現されなければならず、このようにして夫婦の和合、同意、共通の幸福の中に子供を生み、育てる条件が成立する。彼女はこれを「小児のその親を選択する権利」でもあると規定し、このようにして母は子供に対する真の霊魂の教育者となりうる、「二〇世紀は児童の世紀」であると論じた。従って女性が子供を育てることは人類社会の重要な任務であるから、母性が著しく破壊されるような戸外の労働に従事することは、社会にとって損失となる。母親が子供の教育に専念できるように、国が教育補助金を出すなどの対策を講じて母性を保護する義務がある、と主張した。

エレン・ケイの母性保護思想は、家族制度の隷属のもとで個性の確立から疎外された当時の女性にとって、近代的自我の発見への一つの理論的出発点ともなった。また一九一八年に展開された「母性保護論争」[7]（与謝野晶子、平塚らいてう、山川菊栄ら）で、ケイ流の母性保護論（らいてう）が、女権主義の立場から（晶子）と階級的視点とから（菊栄）批判された。これら三者の立場の論調が、その後に組織される女性運動のイデオロギーを規定した。ケイ流の母性主義は市民的女性運動に大きな影響を与えた。

しかしエレン・ケイが女性が男子と同様に労働や政治活動をすることは、母性の破壊をもたらし真の意味での女性の能力の活用とはならない、と家事専従的母性保護論を述べている帰結点において、彼女の女性解放思想はもはや女性労働者にとっては、色褪せた母性保護論でしかなかった。彼女が案じたように女性労働者は、女性教師も含めて低賃金、長時間労働を強いられ資本にとって最も格好な搾取の対象であったが、それは憐愍的存在ではなく女性の権利確立への道に連なるものだからである。

では連合女教員会の組織をかためた女性教師の母性保護の思想と要求はどのようであったか。先ず当時の代表的女教員論を述べた高群逸枝の主張をみよう（女教員会機関誌『小学校女教員』一九二六年の婦人界時評にしばしば記事が掲載されている)。「女教員といふ職業は、第一に経済的意味から　第二に女の個性を発揮する社会的活動の場として選ばれたのであろうが、それ以上に母性愛的人格者としてこそ、一生涯をかけて働く職業として意味がある。すなわち女教員は母性の権威を代表して、資本家階級の利益を代弁し腐敗堕落した教育政策を批判し、母性愛の無差別平等性をもって、児童を不正、貧困から解放し、自由な世界へ児童を育てあげなければならない」それが「女性の愛、女性の正しき権威を社会的に生かす」ことになると述べている。(8)

このように母性愛すなわち「普遍的平等な愛の本能」をもって、資本主義の社会悪を修正し、貧しい子供の意識解放(貧富の差からおこる不正からの解放)をなしうるものとする高群の女教員論は、自我的母性主義が主軸になっている点で、基本的にはエレン・ケイの母性主義思想に類似するものといえよう。資本主義の矛盾が露呈しつつあった中で、母性主義が経済構造との関係でなく、精神的側面からのみ把えられるという観念的、情緒的欠点をもちながらも、市民的女性の権利要求を高めていった。多くの女性教師の中に、このような母性主義を底流にした教育観や諸要求がみられる。

女性教師の母性保護要求は、具体的には「産前産後の休養」と「部分勤務」の二点を挙げることができる。

1　産前産後の休養

産前産後の休養に関しては、すでに一九二二年文部省訓令「産前二週間、産後六週間の休養」が出されていた。にもかかわらず、その施行が論議された理由は一つには産休補助教員の規定がなかったこと、二つに産前産後の休養欠勤を理由とする昇給順位の変更や賞与減額などが行なわれ、実際には文部省の規定通りに休養をとり辛い状態であった。訓令後の女教員産前産後休養調査(一九二四年度)(9)によると、全国小学校女教員数六万三、二七二人、一か年における分娩人数六、〇三五人(九・五四%)である。その内産前休養状況は、一週間以内が二、五九〇人(四三%)

で分娩者の約半数を占め、二週間以内一、〇九九人（二八％）、二週間以上八九一人（二五％）となる。なお、産前に休養をとらない者も相当多数に上る見込みであるという。産後休養は六週間以内三、九六七人で約六六％で全体の七割を占め、規定どおり六週間は一、三〇六人（二六・六％）、六週間以上は僅か七〇六人（一二％）である。従って女性教師は、「産前産後は規定とおりに休養せしめること」を幾度も要求したのである。

次の投書は、女性教師の職場の様子を如実に語っている。「女教員が産前産後の休養六週間をかち得たことは、女教員だけの問題でなく、すべての労働婦人、職業婦人の母性保護の上に有利な指針になっていることを忘れてはならない。自己の勤勉、忠実を証拠立てんためあるいは自己の健康の非凡さを示さんために、六週間の休養の権利を放棄して、より短い休養にして就業するならば、あなたは全母性の敵となるであろう。何故ならあなたの短い休養は他の同じ仲間をして、同じ短い休養しかさせない結果となる。『あの人は四週間で起きたのに、六週間平気で休むことは、余りにつけあがり過ぎる』と云ふならば」と産休をめぐる職場の葛藤が述べられている。[10] そこでは規定通り産休をあえて取ろうとしなかった責めを、女性教師の個人的自覚の問題としか論じていない。がその原因は文部省が女性の権利として母性保護を規定したのではなく、産休の最低限を基準化することによる体制の安定策であった。女性教師の産休闘争はその後長い時間を要し、戦後にもち越すことになる。

2 「部分勤務」問題

「部分勤務」とは共働き女性教師に対する一つの提案である。一九二三年職業婦人調査によると、既婚女性教師は五九％を占めた。[11] その提案の内容は二つの条件一、子供の養育、二、長期の病人看護のいずれか家庭事情が該当する場合に、本人の希望に応じて低学年担当とか、学年担当とかの「部分勤務」に切り替えられる、という。「部分勤務」に切り替えた場合の俸給は当分給とし、その額は勤務時間を斟酌して定め、「部分勤務」の必要がなくなれば、全日勤務に復することができるという条件つきである。

当時欧米では女性教師は、結婚と同時に教職を辞めるという規定があったが、我が国では女性教師が増加するにつれ、既婚者の家庭と教職との両立という現代的課題が論議されるようになった。我が国独自の問題として沢柳政太郎や野口援太郎らによって部分勤務が提案されたのである。

第一回全国小学校女教員大会（一九一七年）に既に「部分勤務」は、次のような長文で提案されていた。「小学校における有夫女教員の為に、特に勤務時間を減少すると共に、其の俸給支給も亦、従って減じ、而も教員序次等は其の年功に応じて、相当の地位を保たしめ得る様特別の規定を制定し、学校の都合と本人の希望とにより便宜之に依らしむる便法を課くるか否」(12)。

それが第二回大会（一九二〇年）では「有夫女教師が主婦としての任務と女教師としての任務を如何に調和せしむべきか」と家庭と職業の両立問題として提案されたが、参会者に充分理解されず両回共に大多数の反対で否決された(13)。

第六回大会（一九二六年）に「小学校女教員に対して部分勤務の制を設くるの可否、及びその実行法案如何」と初めて部分勤務の名称が使われ、具体的対策案が提出された。部分勤務とは今でいう非常勤講師にあたる。大正後期は日本資本主義の矛盾が深まり、関東大震災が不景気に一層拍車をかけた。女性教師にとっても経済上の負担は深刻で、「部分勤務」案について盛んに論議されたが、この大会でも採択に至らず保留とされた。

しかしこの第六回大会で討議された「部分勤務」案は、もはや女性教師だけの問題に留まらず、一般女性労働問題としても社会的反響を呼んだ。奥むめお（当時、雑誌『婦人運動』の主幹）は、「婦人教師が職業生活における二重の過重に対して、正当な地位と存在を社会に向って要求することは、まことに当然のことである」(14)と働く女性の権利を論じ、在野側活動家からも声が上がった。こうしたことから、次の第七回大会（一九二七年）では、「部分勤務」案は多くの社会的関心を集めるに至り、一九一七年来、一〇年もち越してきたこの議案が大多数で可決された。

北海道釧路小学校の一女性教師は「私は二二年、この道に精進し自身としても七人の子供を持ち、やって来た経験から、女教員といふものは実に苦しいものである。一方教育者として、また一方家庭の主婦及び親として、円満なる温かい生活をしていき得ない。学校と家庭とに愛の力を生活をしていくには、今少し学校における勤務時間を短くしたいと思ふ。これは虫のよい話のやうに思ふが、女性の保護の点からは時間短縮を望むのである」[15]としみじみ訴えている。しかし「部分勤務」案は文部省へ建議されたが、実現しなかった。

「部分勤務」が女性教師にとって、職業と家庭を両立させる方策として主張されているのに対して、これに反対する根強い意見があった。反対理由として一、小学校教育の立場から部分勤務はそぐわない、二、時期尚早である、社会一般に女教員の能力が低視されている現状で実施すれば、女教員の地位を喪失するだろう、三、教育者が自分勝手なことを考えて真の教育ができるであろうか、等の三点を挙げ、育児、病人の問題は個人的に解決すべきであると、きめつけている。[16]

ここに提起された内容は、教育労働の本質と女性教師の解放問題の原点を考えさせる現代的課題といえよう。

兵庫県の農村代表の一女性教師は、反対意見を次のように述べている。「一体都会の方には田舎の状態は到底想像がつかない。私は昨年の震災以来、一日の日曜日だって休むことなしに社会事業に尽しています。学級担任の仕事が云々、時間の空地が云々など、私たちには念頭にないことで、都会の先生方に私たちの苦心はとてもわからぬことです。部分勤務などといふことは、私たちは爪の垢ほども考へませんから、絶対に賛成できません。農村の問題なんかは、そんななまぬるい考へでは解決もつかない。振興もできません」[17]と慢性的不況の続く農村で働く女性教師の実情を訴えた。資本主義的、封建的二重の収奪が強化された農村では、女性教師は教職以外に社会的任務を負担し、自己犠牲的奉仕をせざるを得なかった。従って自由主義教育者らによって提案された「部分勤務」案がいかに現実に密着していなかったかを知ることができる。

以上述べたように「部分勤務」というかたちで提起された母性保護、病人介護の問題は、農村と都会、職業と家庭、既婚者と独身者という各々の立場で分裂して把えられ、女性教師の切実な悩みにも拘らず女性の権利として共通の認識に至らなかった。同時に天皇制教育に奉仕する教育者の聖職意識が、女教師の母性保護への前進を阻んだといえよう。

前述の「部分勤務」に反対する女性教師の諸意見に対して、更に核心を突いたのは平田のぶの主張であった。[18]平田は「休養（産前産後休養、部分勤務）の権利の行使は失業である。男教師の理解によって解決されるなど、おめでたい考へだ。『休養』すなわち、母性の義務を遂行することによって、失業を与える社会のやり方に矛盾がある。義務を遂行して失業にならぬ方法を生み出してほしい」[19]と「休養」による失業問題を鋭く突いた。そして「女房を働かせることは、男の沽券にかゝはるといふ考へ方はブルジョアの考へだ。本来男も女も生産に従事すべきである。したがって経済的に許されるから、母親が一人の子供にかかりきって育てるといふことは、賛成できない。哺乳する期間が過ぎたら、子供を保母にあづけるとか、家事の雑事についても改良を要し、さうして生み出した時間を生産にあてるべきである」[20]と主張した。平田は女性労働問題を資本主義社会の矛盾に対する批判から説き、母性保護の対策を単に労働時間の軽減から解決するだけでなく、「保育」の社会化と「家事の雑事」からの解放を強調した。女性が労働に従事することこそ女性の解放である、と述べている点は、女性労働と母性保護のあるべき方向を示し、現代的問題を提起している。

しかし女教員会では平田が主張した保育所を設置することによって、母性を保護し女性労働を確立するという、いわば女性労働者の下からの要望であるはずの問題が課題とされなかった。あくまでも上から慈恵的に提案された「部分勤務」の枠内で論議されたことは、女教師に対する差別を助長し、一般教師への搾取の強化をもたらす、という問題を内包していたのである。

三　女性教師と男女平等の要求

前述のように母性保護問題が本質的に女性労働を確立する方向で把握されなかった決定的な限界はあったにしても、女性労働者の母性保護要求が社会的に高まったことは、歴史的段階として注目される。母性保護要求は男女平等の権利の確立、即ち専門的労働者たる地位の確立を目指すためであるから、当然女性教師の政治的自由の要求が必然とされた。

女性教師による平等の要求は「部分勤務」の論議に比べると、はるかに直截的なかたちで「教育費の軽減」としての女性教師雇用の封建的、資本主義的差別からの解放運動に発展した。それは教育の職場において男女同一労働にも拘らず、女性教師の余りにも低く抑圧された現実から「男女平等賃金」、「男女平等の地位」などの要求が叫ばれたからである。

先ず「男女平等賃金」の要求については、女教員大会で毎年のように「師範卒業初任給を男女同一にする」議案が討議された。そこでは第一に「女教員の待遇は男子に比して、甚しく低く全国一八万人の教員中、女子はその三分の一を算へるにも拘らず、一〇〇円以上の俸給を受くる者は、男子四、七八八名に対して女子一五名、約三一九分の一に相当する。しかも男子の最高給二四〇円に比して、女子一一〇円なるは、その差が余りに甚だしいと云わなければならぬ。速に待遇規則を改善して男子に相当するまで昇進せしめなければならぬ[21]」と現状が訴えられている。「東京では女教員に九〇円の俸給を与えるためには、校長会を開いて決められるほどで、まして一〇〇円以上の俸給を受ける者は、指を折って数えるくらいで、地方はもっとひどい」と憤慨している。第二に「小学校における児童の教育は、男女教員の協力によって完全なる人格を養成すべきであるのに、教員の性別を重視して男教員を教育の主体の如くに優遇し、女教員はあたかも補助的待遇をなし、その活動範囲も或限定を付している」[22]と教育現場における賃金及び待遇上の性差別を具体的に指摘した。

　では女性教師は性差別撤廃をどんな思想に基づいて主張したのか。大正、昭和初期における彼女たちの主張には、今日における男女の人間的平等の権利意識に拠る意見は殆ど見られない。「あまりにも無価値にされ過ぎている母性の力を高唱することを忘れてはならない。私はこの意味において、女教員の俸給、待遇を上げてほしいと要求し、この点において全女教員が団結して立たれんことを要望する」[23]（傍点今中）と述べているように、明らかに母性主義が底流をなしている。即ちそれは「母性愛」を社会化する職業の代表ともいえる女性教師の母性を社会的に高く評価するための男女平等賃金であった。

　このような母性高揚主義がいわば近代的母性とすれば、同じ母性でも封建的超物質的母性を主張する意見もかなり根強くあった。例えば「母性とは犠牲の精神、没我的な愛、無我の殉情であって、さういふ要求（俸給増加、待遇改善）とは相容れないもので、私は安い俸給、不当な待遇、低い地位におかれながらも猶、不平不満無く教育にたづさはっている喜びを味はっていることに、母性としての誇りを感じます」[24]という反対意見である。こうした没我的、封建的忍従を美徳とする女教師の精神構造は、天皇制教育と結びついて容易に近代化されず、特に賃金・物質的要求を卑劣視した。

　こうした母性の二面性は、近代的母性にしろ、封建性残滓的母性にしろ共に情緒的、道徳的把握の域を出なかった点において共通していた。多くの女性教師の精神面において、教育聖職意識を貫いたもう一つの要素として、この母性主義を見落とすことはできない。彼女たちの男女平等賃金の要求は、不当に低い賃金の原因が絶対主義的天皇制と資本主義的搾取との二重の絡みであることの認識、また男女同一労働に対する同一賃金の認識からは、ほど遠いものであった。しかしその要求運動は粘り強く続けられた。

女性教師の男女差別撤廃の要求は、賃金の面ばかりでなく、地位についても「女教員の地位の向上をはかるために、校長、視学及び指導員のみならず、教育行政機関及び当局には必ず女子を採用し、大いに其特徴を発揮せしめ、教育的有効なる活動ができるやうに」と要求した。これを実現するために、さしあたっての法律改正として「学務委員に関する規定の改正」――「小学校令第八章第六二条第四項『学務委員ニハ市町村立小学校男教員ヲ加フベシ』の文中『男』の文字を削除せられんことを其筋に建議すること」と決め、女性の参加を求めた。(25)

これは岡山県女教員会から提出された。訴えの内容はこの規定がある為に女性校長（岡山県阿哲郡大郷村宮珂内小学校々長山上峰子・一九二七年校長就任）が学務委員にもなれず地方行政に働きかけることができないので、学校経営上、教育上誠に不便であると述べている。

東京で初めての女性校長木内キャウもまた「女のことは女でないと本当のことはわからない。法規の改正、運用上、女教員の困ることは少なくない。例へば父兄会や教員会の色々の規則、命令上に女校長は女教員のために大いに力添えできる」(26)と第一三回女教員大会で述懐した。

女性教師が地方における教育行政への参加を求めたことは、当時全盛期にあった婦人参政権、婦人公民権運動を反映し、労働条件の改善要求と共に、政治的覚醒につながるものであった。

四　女性教師と勤労権

一九二七年の春、日本資本主義経済は金融恐慌を引き起こし、一九二九年には世界恐慌に巻き込まれた。日本の政治、経済は空前の混乱に陥り、全国的に会社、商店の倒産による失業者が続出し、教員の減俸、首切りなどのニュースが新聞記事を埋めた。一部の教員による資本主義体制批判や生活権を護る抵抗運動が、歴史上かつてない激しさを増した。

減俸、首切りに対して、多くの女性教師による生活を護る要求は、教職という制約もあってラディカルな行動でなかったが、その切実な叫びは深刻であった。生活の破壊に直面し、前述の母性保護や男女平等の要求に加え、生存に関わる経済生活の保障、即ち勤労権の要求が生じた。

政府は恐慌を乗り切って、資本主義の再建を計る為に、四大財閥の独占強化に力を貸し、国民に対しては徹底した経済緊縮を呼びかけた。国外では中国植民地における財閥の権益を守ることは勿論のこと、不景気突破の血路として中国侵略を推し進めた。そのために日本帝国主義は国内に軍国主義を強化して、市民的権利さえも根絶やしするファッショ的体制を準備しつつあった。

浜口内閣は緊縮政策の一つとして、地方費の一割二分節約を自治体にせまった。全国三三万人小学校男女教員の給料は引き下げられ、小学校教員高給者整理数は一九二九年度中でも一万四〇〇〇名に達した。[27] 広島県内における小学校教員の社会不安の状態をみよう。先ず教員の就職難についてみると、呉市教育課では、小学校教員志願者が男女合計五〇〇～六〇〇名もあり大洪水を来した（呉市教員数は五〇〇余名）。[28]

また県立中学校では教員新採用の余地が一人も無く、却って学校経費の削減のため現職員の勇退、馘首を策していた。[29] 同『中国新聞』（一九三一年三月一七日）は中学校教員養成校として伝統ある広島高等師範学校でさえ、卒業生二九〇名は二三名を除いて、全然採用見込みもなく（就職難をかこった一九三〇年でさえ、約半数が決定）、翌年は広島文理科大学の第一回卒業生が出るので、この悩みは更に倍加されよう、と報道した。

次に現職教員に対しては、減俸、首切りがさまざまな形で行なわれた。県内農村の例を挙げる。佐伯郡北部一一カ村は小学校教員の俸給の二割減を町村会で決議した（小学校教職員の俸給は町村負担）。にも拘らず県の許可が下りず（町村が単独で教員俸給の減額は出来ない）、広島県村長総会を開き教員の初任給引き下げを当局に迫った。しかし県当局の反対に会い、財政逼迫の町村側は、戦術を変え町村長の権限で実施出来る最大限の教育費の削減を計った。[30]それは学級整理の形をとったり（一九三二年度一〇〇学級近く整理）、新採用の拒否、俸給寄付（同年一月で県内三〇〇件）を強要して、実質的減俸を断行した。また転任教師の赴任旅費さえ削るなど、あの手この手の方法で財政困難を理由に教員俸給への圧迫を強化した。遂に教員俸給支払遅延が県内八町村、特に山間部の経済的基盤の弱い地域に広がる状況になった。[31]

帝国教育会が実施した全国調査報告（一一県の小学校対象）によると、教員の俸給未払い、寄付名義による強制的減俸は、回答約一、七〇〇通中、千数百町村あった。[32]給料五〇円から六〇円で、妻子二人乃至三人を養っている小学校教員に対して、減俸するとは由々しいことである（県内の小学校教員平均俸給五七円余、校長九六円弱）。そのために教員が無気力化し、サボタージュする傾向である、と警告している。[33]

教育界は経済恐慌の影響を受けて、教育荒廃は、教員の生活破壊にとどまらず、児童生徒にまで及んだ。県内でも小学校卒業生の上級学校志望者は激減し、また中学校の中途退学者が激増した。殊に米価下落に苦しむ農村女子生徒の退学者は著しい数にのぼった。

以上広島県における小学校教員の社会不安を述べた。教員に対する減俸、首切りの圧力は、社会的地位の低い女性教師にしわ寄せされた。「大都市では校長は別としても、主席訓導以下五〇歳以上の者は殆どいない。或る県では五〇歳になれば勇退を強要する。殊に女教員は恩給年限に達すれば、必ず勇退を強要する内規がある」[34]ほどである。事実一九三一年第一一回女教員大会では、出席者四五〇名中四〇歳を超した者は少数で、若い人が大多数を占め主催者を驚かせた。殊に共働きの女性教師への圧迫は激しかった。

経済恐慌の最中に開催された第一一回大会で、各地の女性教師の代表は次のように発言している。(35)

・千葉県代表「後がつかえているから、先の人は退いて欲しいでは一生を教育に捧げることはできない。恩給年限に達した者はやめて欲しいでは余りに不可解である。教員過剰といふと、すぐ女教員に眼をつける、弱き者こそ女である。男なら一五年、二〇年と勤めることによって力が生じると思はれているのに、女はしばらくしか役に立たぬと見られているのだろうか」と県庁に呼び出されて首になった先輩の悲憤を訴えた。

・秋田県代表は県内の長期にわたる俸給不払いの状況を語り「衣食足って礼節を守れるものの、実に今日の教員は悲しい状態にあります」と満堂を暗然たらしめた。この年（一九三一年）一〇月には北海道、東北一帯に大飢饉がおこり、恐慌にあえぐ農民をさらに餓死線上に追いやり、教師も児童も欠食状態で、女学校退学者は増加し、娘の身売りでやっと一家を支えた、という悲惨さであった。

・朝鮮代表は植民地朝鮮における教員受難の状態を述べ「教育の尊重は教員の尊重である。不平が高じれば、悪思想が頭をもたげる。教師の献身的努力が第一で、自分は同窓の多くがやめられた今日、ただ一人『老いのまさに至らんとするまで』教師として首をつないでいる」と決意を表明した。

そして第一一回大会において緊急の動議が出され、次のような声明文が満場一致で可決された。

声明書

本年三月末各府県に於いて行はれたる女教員異動の有様を観るに其生活の安定なる点又恩給年限に達し居る等の標準を以て之を整理し更に其適否如何を問はざるものの如し斯の如きは教育尊重の本旨を没却し、女教員の地位向上を阻害し其の国民教育上に及ぼす悪影響は実に恐るべきものあり、局に当るものの宜しく深く考慮慮を加へられんことを望む。

昭和六年五月一六日

第一一回全國小学校女教員大会

しかし社会的に注目されたこの大会に対して、女教員の経済的逼迫と社会的抑圧に根ざした生活擁護・地位向上の要求になっていない、という厳しい批判があった。それは大会参会者が「義務教育全額國庫負担[36]」を訴え、教員生活の安定や、女性の地位の向上を高調して感極まるという劇的シーンさえあったことを反映している。従って「正しい教育の樹立」のために、女教員が下からの要求を汲み上げる女教員会の自主的組織づくりを呼びかけた[37]のである。

彼女たちの発言には女性教師が教職を生き甲斐のある仕事として続けたい意志と、働く者の勤労権を剝脱されることへの怒りがこめられていた。ここでは生存にかかわる勤労権要求のまえに、母性保護や男女平等要求の拠り所となった観念的母性主義は影をひそめ、人間の生存にかかわる基本的人権への肉迫があった。女性教師の内面に母性主義的女性から自覚的勤労女性への意識的変化が萌芽的に表れ始めたといえよう。

帝国教育会は「官吏ならびに教職員の減俸は俸給生活の安定を脅かし、思想善導上に障害を及ぼすところ少なからざるものと認む。故にこれに絶対反対す[38]」と教員が左翼思想に傾倒していくことを極度に恐れ、体制温存への予防線として教職員の生活の安定を警告し、再三声明を出した。

政府や帝国教育会の危惧通り資本主義の矛盾とその根源を把えた一部の革新的小学校教員らが、社会主義に関心をもつようになったのは歴史的必然であった。満州事変が勃発した一九三一年には植民地朝鮮で教育労働組合（新興教育）の慶尚南道昆明公立普通学校長甲米太郎らが子弟赤化事件で挙げられた。翌年米騒動で有名な富山県で全県内にいわゆる「赤い教員狩り」が行なわれ、女性教員が多く参加していたので、県学務を狼狽せしめた。続いて一九三三年長野県下で一三八名にのぼる赤化教員検挙が始まるなど、教育界にとどまらず、多方面にわたって徹底的な思想弾圧が行なわれた。[39]

文部省当局は、小学校教員が社会主義思想に傾倒していることに驚き、その原因は各地に頻々と起きている小作争議の影響であり、減俸、給料不払いなどが原因である、と発表した。

呉市小学校校長会は、この教員赤化思想だけでなく、教員のエロ流行にも対策を講じなければならぬ、と述べた。政府の徹底的思想弾圧は、恐慌による生活破壊から無気力とエログロ退廃現象を広げ、国民の権利意識の覚醒を妨げ、ファッショ的体制確立を容易にしたといえよう。政府は恐慌にあえぐ国民に対して救済政策を講じるよりも、むしろ思想検事を増員し、教員に対しては視学の増員を計るなどの思想監視を厳重にして弾圧を強め、一路中国侵略のためのファッショ的体制を固めていったことは周知の通りである。

五　女性教師と政治的覚醒

女性教師は教育労働の日日の矛盾の中から母性保護、男女不平等撤廃等の要求を毎年繰り返し叫んできた。それは資本主義経済構造を批判するには至らなかったが、明らかに市民的権利を要求する反封建、反独占的運動であった。彼女たちが恐慌時に教員の減俸、首切りに反対し、人間の生存に関わる基本的人権としての勤労権の確立を要求せざるを得なかったことは、資本主義体制の矛盾の中で好むと好まざるにかかわらず、階級を認識せざるを得ない状況にあったといえよう。しかしここに述べる多くの女性教師は勤労権を奪われる状態にありながら、階級意識を持つに至らなかった。しかし彼女たちが諸要求を繰り返し叫び続けて来たにもかかわらず、一向に実現しないのは何故か。その解決の道が、女性の政治参加である、と見出すに至ったことは、注目される。

第一〇回女教員大会（一九三〇年）では、大阪市女教員会から「同じ問題を毎年蒸し返しているよりは、今回の帝国教育会案を撤回して、むしろ実行方法も考へたい[40]」と提案された。従来までの帝国教育会指示によるお仕着せ的議案に強く反発し、要求議決を文部省に建議するだけでは実現しないと見極めたのである。そしてその原因は女性に参政権が無いことであり、地方政治に対しては婦人公民権を得ていないからだと結論し婦選を決議するに至った。女性教師は長い低迷から抜け出て、ようやく大きく前進し始めた。

全国小学校連合女教員会が、初めて婦選運動の一員として参加したのは、運動の高揚期一九三〇年婦選獲得同盟主催第一回全日本婦選大会の後援団体（六団体）であった。日本婦人参政権協会、全関西婦人連合会、無産婦人同盟、仏教女子青年会、基督教女子青年会等と名を連ねた。市川房枝は「特に全國小学校連合女教員会の参加は、新婦人協会時代に広島県では議会への請願も政治運動だとして禁止された、痛い経験をもっている私は嬉しかった[41]」と記している。当日は全国各地から約六〇〇名参加、年齢も二〇代から三〇代前後の若い女性層で、後援団体は主義、思想、宗教、信条の相違を超えて、婦人参政権、婦人公民権獲得をめざす女性の統一行動であった。

では政府及び政党は、この婦選に対してどんな態度をとったか。女教員会が初めて参加した第一回婦選大会当時の情勢は次のようであった。

無産政党の社会民衆党、日本大衆党、労農党などは、いずれも婦選に関する一項を掲げて、普選の徹底を主張していたが、政権を握る二大政党の政友会、民政党にいたっては婦選に対する態度は不明瞭であった。

婦選請願、建議案の提出に対する政府の対応をみると、第五六議会（一九二八―二九年）においては、与党の政友会から婦人公民権案が、衆議院議員の過半数（二八〇余名）の賛成署名で提出されたが、同じ政友会望月圭介内相の反対で否決された。次の第五七議会に婦選三案（参政権、公民権、結社権）が出されたが、議会解散のため審議未了となった。第五八議会でも政友、民政両党がそれぞれ婦人公民権案提出の勢いが示され、たとえ衆議院を通過しても貴族院で否決されるであろう、と予測された。婦選団体は女性の結集を呼びかけたのである。

このような政府政党の婦選案に対する翻弄を無産婦人同盟の織本貞代は「現在八〇〇万女性は種々なる方面で直接生産にあづかり、税金を支払ひ義務を果たしてゐる。それだのに当然の権利は奪はれ、結社権も奪はれて、且つ時期尚早だなどと云はれるのは、実に論理違ひも甚だしい」と憤り、「地方を歩いてみても工場の労働婦人や農家の女房達の口からでも、男女の差別待遇に対する不平と男女同権に対する要求を聴く」[42]と述べた。また同じく無産婦人同盟の松村喬子は「婦選の獲得が最後の目的ではなく、無産階級の解放のために婦選を行なふべきだ」[43]と階級的立場から説くなど、この大会での無産婦人団体からの発言は活発であった。

恐慌の最中、労働運動や小作争議と共に婦選運動もかってなく高揚したが、その反面、婦選は時期尚早であるとする世論も相当あった。[44]その理由として一、まだ女子は政治に不慣れである、二、女子の政治教育が普及していない、など主として女性の社会性の欠如を挙げた。それはとりもなおさず、天皇制家父長的家族制度維持のために、女性の社会的資格を剝脱する民法（女性の無能力者規定）と治安警察法第五条（政党加入、結社権なし）により女性の政治的自由を束縛してきたことに由来する女性の現状に他ならない。

こうした時期尚早論に対して、第一回婦選大会では一、小学校で時事問題を扱い、政治に関心をもたせる、二、女子中等学校で公民科を必修科目とする、三、女性の成人教育を高める、など女子教育の改革という積極的な対応策が討議された。[45]

このように婦選運動が活発化した社会的背景としては一、先進諸国が既に婦選を認め、特に初めての社会主義ソ連では徹底した婦選を確立したこと、二、女性の権利の覚醒が高まり、特に女性労働者が増加し労働を通して権利の要求をした、三、男性の普選が実施され（一九二八年）、その徹底が叫ばれ、婦選実現も今や時間の問題とされた、など内外の民主化の趨勢が挙げられよう。

絶対主義的官僚と結託した政府政党といえども、内外の民主主義運動の高揚の中で婦選を認めざるを得ない社会情勢にあった。しかし政権を担当した政友、民政両党は、婦選案を本気で取り組まず、かつて普選実施にあたって同時に治安維持法を施行し、労働運動や社会運動の弾圧を計ったように、民主勢力の拡大を恐れ、二大政党の政争の具として利用したのである。従って婦選案は政府自らの手によって提出されながら決して成立しなかった。

これを見抜いた全国婦人同盟（無産婦人同盟の前身）が政友会内閣支援による婦選を快しとせず、と反対声明[46]を出したことは一面もっともなことであった。民政党は減俸案などの失策によって国民の不満を高め、また政友会田中内閣も中国侵略（張作霖爆殺事件）、四・一六弾圧（一九二九年共産党大検挙）で世論の不評をかい、その上疑獄事件をおこして民衆の支持を失っていた。両党共に婦選をその失政に対する人気挽回の手段に利用したのである。

両政党の意図はともかく婦選運動は、普選が実施された一九二八年から本格的にファッショ的体制に移行する満州事変勃発の一九三一年まで、運動のピークをなし粘り強く推し進められた。第一一回女教員大会では、再度「婦選を得て社会浄化をはかる」決議が行なわれた。この社会浄化とは、女性が参政権を獲得することによって政党政治の堕落を防止する力になる、という感覚的発想ではあるが、女教師が政治の堕落を鋭く批判し、政治参加の悲願を示すものであった。

そして同大会において、女教員会活動について重要な緊急動議が提案された。それは女教員大会出席者資格について「現職の小学校女教員に限る」の規定を「現場の小学校女教員及びその有資格者に限る」[47]の改正案が満場一致で可決されたことである。不況で退職を余儀なくされた女性教師や退職後女性運動に参加している活動家も含めて、幅広く柔軟な活動へ踏み出そうとする意欲を示した。女教員会が活動のマンネリ化から脱出する第一歩でもあったであろう。

それでは女性教師は、教師としての社会的矛盾や悩み→権利の要求→政治的覚醒と内的成長を通して、婦選運動に参加したのか。確かに多くの女教師の発言の中に政治的覚醒をみることはできるが、実際には積極的に婦選運動に参加した女性教師は少数であった。それは第二回婦選大会に寄せられた女教員会のメッセージ（黒崎悦子）の中に「たとへ、我々は多忙なる教職にあるがために、実際運動に参加することは不可能であると致しましても、精神的に背後にあって満腔の誠意と感謝の意を捧げて後援する次第であります。而して我々の立場よりしても、児童教育上将又《ママ》教員の地位の向上のために本案が通過して、宿年の素志貫徹を期したいと願ふものであります[48]」と女性教師の運動に対する自己規制を吐露している。

このように女性教師が、内的に政治的覚醒に至りながら、行動において消極的であった状態に対して、退職女性教師でもあり、婦選運動に熱心であった平田のぶは、次のような激しい語調で女性教師の奮起を促した。「全国小学校女教員大会は会員自身が自覚すると否とにかかはらず、純然たる婦人運動以外の何物でもない。ここにおいては、内に団結をかたくし、より強力なる声をもって、女性教育者としての要求を社会にぶちまけることが第一主義であらねばならぬ。……既に地方は目ざめつつある。多くの不満の声を聞く。組織の改造、幹部のとりかへの論も起こりつつある。地方の教員よ立て！　立って因循姑息アユ《ママ》の外何をも得ない幹部の総入替をせよ。そして他の婦人運動に関心を持て、提携せよ、根は一つ[49]」と地方女性教師の不満を代弁し、女教員会幹部のマンネリ化を批判し、実践活動への啓発を行なった。

婦選運動の中核をなした婦選同盟は、発足当初から全国組織の女教員会に対して運動参加を呼びかけた。女教員会も後援団体に参加し、婦人参政権を決議しながらも、平田が指摘するように女性教師は何故積極的に行動できなかったのか。

それは第一に教育者を束縛した天皇制教育の砦としての法規制と第二にそれを支える教育者の聖職意識とを指摘することができる。例えば、治安警察法第五条には教育者は僧侶、女子、準禁治産者と共に「政党加入、結社権」が禁じられていた。当時は大正デモクラシーの余波もあって民主化運動も活発で、教育者と準禁治産者を同等におくこの法律の封建性、不合理性への批判が強かった。市民意識の高揚により「政党に加入したからとて、何不都合があるか」(50)と既に治安警察法第五条は封建的形骸に過ぎないと考えられたが、現実にはその法的束縛は解けなかった。女性教師に至っては更に「女子」の制約を受け、その上前述したように近代的母性主義が余りに観念的であったために、真の女性解放につながらないという幾重もの束縛が、実践活動は勿論意識上の変革をも困難にしたといえよう。

また男子教員も教育者として治警法第五条によって政治的自由を束縛された点では、封建的差別を受けた女性の政治的疎外と同様であった。教育者の政治的疎外とは、即ち天皇制教育を忠実に実行することであり、教育者に課せられた聖職意識はこの体制に寄与する子供の育成という国家目的にとって、一つの必須条件であった。従って教育者による民主主義運動は、先ず教育者自身の天皇制イデオロギーを基底とする聖職意識からの解放という自己変革がされた上で、教育労働者としての階級的認識の確立がなされなければならなかった。この点でも他の労働者や女性運動におけるよりも、容易でない問題点が伏在していたのである。

おわりに

本章では全国小学校連合女教員会を結成した小学校女教員の解放要求とその思想を女性労働に関する点にしぼって検討した。彼女らの主張や行動が、帝国教育会に従属的であるとか、お題目的マンネリ化（毎年大会の度に母性保護、男女不平等撤廃を訴え、恐慌時に勤労権の要求を掲げた）とさえ批判されながらも、根気よく続けられたことは、封建的抑圧に対する女性教師のくすぶりつづける炎であった。

連合女教員会結成当時、女性教師としての内的質の向上という観念的目的が語られたが、やがて要求内容が政治的目的に質的発展を遂げた。とりもなおさず女性教師の民主的権利覚醒の歴史である。しかし女性教師の解放運動というには、余りに微温的な方法即ち要求決議書を文部省に建議するにとどまった。だが女性教師の内発的要求は、何よりも教育労働を通して労働運動、女性運動などの民衆のエネルギーを敏感に吸収しつつ、密度を高めていった。

しかし一九三一年満州事変を境に日本の帝国主義侵略戦争が本格化することにより、あらゆる民主的勢力が抹殺されていった。連合女教員会も充分な発展を遂げること無く軍国主義体制に順応させられた。

ところで恐慌時に生存を脅かした勤労権の問題は、戦後新憲法第二七条規定となったが、社会政策的性格（失業対策、職業紹介等）にとどまるものである。故に必ずしも、女性教師の勤労権が実質的に保障されたとはいえない。真の女性解放は、勤労権が実質的に確立され、男女平等権を確立するために母性保護の社会的保障がなされて、はじめて達成される。このことが即ち人間の尊厳を教える民主教育の確立につながる。本章で述べた戦前女性教師の解放要求と民主教育確立の問題を歴史的に把握することは、現在なお解決されるべき課題に示唆を得るであろう。

注

（1）島津千利世「婦人運動」『現代日本とマルクス主義』二巻、青木書店、一九六八年、三一〇頁。

（2）沢柳政太郎は「女教員を多く用ふることは、小学校費の調節上頗る利あり」と述べている。前掲『沢柳全集』第六巻、二一六頁。

（3）「改正全國小学校連合女教員会規則」『小学校女教員』一九二六年七月号。

(4) 同右、一九二六年一二月号。
(5)『人口動態統計』上巻、厚生統計協会、一九五五年、一一三頁。
大友昌子「乳幼児死亡調査」『戦前日本の社会事業調査』社会福祉調査研究会編(一九八三年)によると一九一八年乳児一、〇〇〇人に対し一八九・七の死亡率最高値を記録した。欧米諸国は一九〇〇〜一九一〇年減少傾向を示す中で、日本乳幼児死亡率は社会問題となり、対策が急がれた。
(6) エレン・ケイ著・原田実訳『児童の世紀』、大同館書店、一九一六年。
(7) 香内信子「『母性保護論争』の歴史的意義」『歴史評論』一九六八年一一月号。
(8) 高群逸枝「女教員こそ光」『小学校女教員』一九二六年八月号。
(9)『日本社会事業年鑑』大原社会問題研究所、一九二六年版、一三一頁。
(10)『かがやき』一九二八年三月号、自由論壇投書。
(11) 前掲『現代婦人運動史年表』一〇五頁。
(12) 野口援太郎「第七回女教員会の回顧」『かがやき』一九二七年七月号。
(13) 同右。
(14) 奥むめお「職業婦人としての女教員問題」『かがやき』一九二七年九月号。
(15)「第八回全國小学校女教員会概況」『教育女性』一九二九年二月号。
(16)『小学校女教員』一九二六年七月号、二四頁。
(17) 同右、二五頁。
(18) 平田のぶ(一八九五—一九五八年)広島県世羅郡甲山町出身、一九一五年三原女子師範卒業後、三原尋常高等小学校訓導となり、一九一七、一九二〇年の第一、二回の全国小学校女教員大会に出席、一九二〇年新婦人協会広島支部設置をめぐり県当局の圧迫を受け、いわゆる女教員事件で退職、上京して協会の書記を務めた(前章参照)。一九二四年東京池袋児童の村小学校訓導となり新教育運動に参加し、翌年退職した。一九二七年—一九二八年まで連合女教員会機関誌『かがやき』の編集を意欲的に行なった。一九三一年深川に子供の村保育園を経営し、「子供の村」を一つのセツルメントとして、幼児のための保育園、学童の放課後の生活指導のための自治学校、母親のための母親学校」(『教育女性』一九三三年一二月号)を開設、他方、婦選同盟の中央委員として活躍した。

(19)『かがやき』一九二八年五月号、自由論壇。
(20)同右、一九二八年二月号、「女教員の生活」座談会。
(21)『小学校女教員』一九二六年七月号。
(22)黒崎悦子「女教員の待遇を高めよ」『教育女性』一九二九年二月号。
(23)『かがやき』一九二八年三月号、自由論壇。
(24)同右、一九二八年四月号、自由論壇。
(25)『教育女性』一九三〇年七月号。
(26)同右、一九三三年六月号。
(27)『中国新聞』一九三〇年五月七日。
(28)『芸備日日新聞』一九二九年二月一八日。
(29)『中国新聞』一九三〇年二月一四日。
(30)同右、一九三〇年三月三〇日、四月一一日。
(31)同右、一九三一年一月一七日。
(32)同右、一九三一年三月一一日。
(33)同右、一九三〇年一一月七日。
(34)『教育女性』一九二九年六月号、二頁。
(35)同右、六月号。第一一回女教員大会における帝国教育会提出議案「教育尊重の実を挙げるにはどうすればよいでしょう」の討議における発言。
(36)『新興教育』第五巻、白石書店、一九七五年復刻版、一九三一年一一月号。「教員俸給不払調査」(一九三一年二月、帝国教育会と約三〇か町村の府県の教員連合会の共同調査)によると、俸給不払い市町村のない県は五県のみ(滋賀、兵庫、香川、山口、福岡)、他は悉く二か月－六か月俸給不払いの町村を有す。全国調査をすれば約一、〇〇〇か町村に及ぶであろう。内最長五か月、六か月にわたる未払い町のある県は養蚕地帯(長野、山梨、静岡、埼玉、群馬、岩手等)である。内務省は市町村吏員、小学校教員の俸給不払増加に驚いて、不払防止の通牒を発したと記されている。
(37)同右『新興教育』第三巻、一九三一年六月号、五〇、六六頁。

(38)『中国新聞』一九三一年三月一一日。
(39)同右、一九三一年九月一日。
(40)『教育女性』一九三〇年七月号、二五頁。
(41)『市川房枝自伝』新宿書房、一九七四年、二一九頁。
(42)『婦選』一九三〇年五月号。
(43)同右。
(44)『中国新聞』一九二九年八月二〇日。
(45)『婦選』一九三〇年五月号。
(46)『芸備日日新聞』一九二八年六月二五日。
(47)『教育女性』一九三一年六月号、一七頁。
(48)同右、一九三一年三月号。
(49)『婦選』一九三一年六月号、平田のぶ「地方の女教員よ立て」。
(50)『教育女性』一九三〇年三月号、放言室。

第三章　婦人参政権運動の発展

はじめに

我が国の婦人参政権運動は、一九二〇年代、労働運動、普選運動の高揚を背景に展開された。一九二〇年新婦人協会に結集した女性たち（平塚らいてうら）は、明治社会主義女性（平民社の女性、『世界婦人』を発行した福田英子ら）がおこした治安警察法第五条改正運動を受け継いで、遂に一九二二年第五条一部改正に成功した。この女性の政治的自由の獲得（結社権を除き女性が政談演説会を主催し、参加する自由）は、婦人参政権運動の道を大きくきり拓いた。更に同年結成された日本共産党の政党綱領に「一八歳以上の男女の普通選挙」が掲げられたことによって、女性の政治参加の指標が一層明確になった。

一九二四年普通選挙法案が、第五〇議会を通過する見通しが明るくなった段階で、婦人参政権獲得をめざす市民的女性団体の統一組織として婦人参政権獲得期成同盟会（翌一九二五年婦選獲得同盟と改称、市川房枝ら）が結成され、その後に展開される婦人参政権運動の中核となった。

普通選挙法は一九二五年に成立したが、女性と生活のために救助を受ける者、満一年以上同一市町村に居住しない者には、選挙権は無かった。同法と同時に労働者、農民運動を弾圧する治安維持法が成立した。一九二七年無産婦人同盟（関東婦人同盟、全国婦人同盟、社会婦人同盟）が結成され、婦人参政権をはじめ女性労働者の諸要求を実現する運動が進められたが、この治安維持法によって困難な状態におかれた。一九二八年第一回普通選挙後、婦選獲得同盟の呼びかけで無産女性諸団体との共闘組織・婦選獲得共同委員会が結成され、婦人参政権運動は画期的前進をするはずであった。しかし翌年関東婦人同盟の解散が主因となって、この統一運動は挫折した。

大恐慌期に入ると民政党浜口内閣が、国民生活を犠牲にした緊縮、合理化政策を強行したために、生活の危機に直面した民衆は生活擁護、民主的権利、反戦・平和の目標を掲げて闘争した。[1] 婦人参政権運動も最も高揚し、運動に共鳴して参加する女性の数は、飛躍的に増加した。婦選獲得同盟員数は、第一回全日本婦選大会（婦選獲得同盟主催）が開催された一九三〇年には一、五〇〇余名（前年度より三三五名増加）に増え、それまで地方二支部（新潟、金沢）であったのが、新に九支部（広島、新潟県刈羽、熊本、京都、秋田、東京小石川、東京城南、兵庫、群馬）が増設され、運動は全国規模に拡大された。[2]

従来この時期の婦選獲得同盟地方支部の活動については、「中央の議会対策の縮図というべき有識、有名婦人の地方行政への参加を目標としていた」[3] と位置づけられているように、婦人参政権運動の中産階級的性格が強調されたきた。しかし例えば、婦選獲得同盟広島支部結成の経緯にみられるように、労働女性の噴出的運動との関連が見過されているように思われる。

即ち広島県婦人参政権運動は、県民の全般的生活危機のなかで、特に女性労働者、勤労女性の生活擁護運動に触発され、またそれらと深く関わっていたことが注目される。従って恐慌期の婦人参政権運動は、初期における中産階級的知識女性を中心する運動から、労働女性のエネルギーを吸収する大衆運動に質的変化が表れてきたといえよう。

しかし当初、無産女性運動的傾向をもった広島支部結成の動きは、婦選獲得同盟本部の活動方針、政党に対して「絶対中立」に収斂され、この変化を発展させることができなかったと考えられる。勿論民主主義運動が最も高揚した一九三〇―三一年、婦人参政権の統一運動が成立しなかった理由には、無産女性運動の歴史的制約についても指摘されなければならない。

以上の視点から本章では、婦選獲得同盟広島支部結成とその活動に焦点あて、大恐慌期における婦人参政権運動の形成とその歴史的意義について考察してみたい（本論では都市における女性運動にテーマを限定した）。

一　広島県婦人参政権運動の社会的背景

1　県内無産政党結成と無産「婦人同盟」

第一次世界大戦後の経済恐慌に引き続き我が国の不況は慢性化し、特に大正末年にはこの影響を受けて労働運動が激しくなった。日本労働組合評議会が結成された翌一九二六年には、全国の労働組合数が四八八組合に増加し、全国的労働争議件数は一、二六〇件に激増し（労働争議参加人数一二万七、二六七人）、大恐慌期前における頂点をなした。広島県においても一九二五年の労働争議件数は、前年の約二倍の三四件、翌一九二六年には三八件となり全国の場合と同様の傾向を示した(4)。

このような労働運動の高揚を背景にして、第一回普通選挙が実施（一九二八年三月）されるのであるが、これに備えて県内においても、初めて選挙権を得る労働者、農民の利益を代表する無産政党結成が活発になった。

一九二五年七月、無産政党組織準備をめざす政治研究会広島支部が設置され、その講演会は特に新妻伊都子の講演「無産婦人と政治」が「共鳴の声が随所におこるなどすこぶる盛大であった(5)」と伝えている。これが県内において最初の無産女性に関する政治的主張であった。同年一二月、呉の独立民衆党（社会民衆党系）が「満二〇歳以上の男女の無制限選挙及被選挙権の確立」と「治安警察法の改正と治安維持法の撤廃」とを政策に掲げて結成された。[6]これを皮切りに一九二七年二月労働農民党（左派）広島県支部、三月には社会民衆党（右派）広島県支部などが設立され、婦人参政権要求を綱領に掲げる無産政党左右両派が、中央本部の動きに相応して活発化した。同年三月末、金融恐慌勃発直後に開かれた広島市無産市民大会（労農党広島県支部主催、市内鷹匠町）には、聴衆六〇〇名が参集し無産階級の意気軒昂を示した[7]（佐竹新市支部長、第五章参照）。

中央においては同一九二七年、結社権をもたない女性は、合法的女性組織として各無産政党に直属する「婦人同盟」を結成し、婦人参政権獲得をはじめ女性の諸要求を掲げた。第一回普通選挙戦の最中、関東婦人同盟の丹野セツは「婦人参政権の獲得、婦人の政党加入の自由獲得のために、今度の選挙運動において労働婦人、農村婦人は演壇に立って強く叫ばなければならない[8]」と労働者、農民の代表を議会に送るために、女性がもっている僅かな政治的権利（政談演説を主催し、聴くことができる唯一の権利）を行使して、選挙応援をしようと呼びかけた。

だが新興の各無産「婦人同盟」は一、当時女性運動の階級的理論を生み出す草創期であったこと、二、分離結合を繰り返していた無産諸政党と行動を共にした、ために同じような綱領（婦人参政権獲得、婦人解放の諸要求項目）を掲げながら、相互に対立し抗争を続けた。県内においては一九三一年に至って二月、右派社会民衆婦人同盟広島支部準備会が[9]、八月に中間派無産婦人同盟広島支部準備会が結成された。[10]

県内婦人参政権運動は、一九三〇年勤労女性（職業婦人）を中心にすすめられた。それは当時頻発した女性労働者の生活擁護の闘いに触発され、深く関わって展開されたのである。そこで次に県内女性労働者の代表的争議をとり挙げよう。

2　県内女性労働者の争議

先ず広島県繊維女性労働者の主要な争議として、一九二八年―三一年までの間、毎年争議を行なった大手の企業・福島紡績福山工場の場合（日本総同盟福山労働組合の指導）をとり挙げる。金融恐慌の波は、繊維工場をはじめとする中小零細企業に打撃を与え、一九二八年の県内労働争議参加人数は、前年の約三倍、二、六四七人に激増した。[11]このような社会情勢を反映して、同年福山市最初のメーデーには、三・一五弾圧にも拘らず総同盟福山労働組合主催で七〇〇名が参加した。その内五〇〇名が女性労働者で占められたことは資本家側の攻勢に対して、女性労働者の積極的な闘いの姿勢を示すものであった。[12]この画期的な女性労働者の結集は、その後の県内女性労働者、無産女性、勤労女性（職業婦人）による社会運動の展開を象徴するものであった。

この女性労働者の結集を契機に、同一九二八年一一月、福島紡績福山工場（第一、第二工場）の労働者七〇〇名（内女工五二〇名）は、「解雇手当を制定すること」、「深夜業廃止に伴い労働条件を低下させぬこと」、「女子寄宿舎待遇改善のこと」などを含む一八項目の要求書を会社側に提出した。[13]

しかしながら、この労働者側の要求が拒否されたため彼等は、総同盟福山労働組合の指導でストライキを決行、あくまでも闘う意志を表明した。[14]更に組合側は、総同盟本部から争議団指導者（金正米吉、大矢省三）を迎え師走の厳寒の中で一五日間の闘争を展開した。この間の女性労働者の闘争の模様が、新聞報道され、その団結は県内の社会運動に少なからぬ影響を与えた。

翌一九二九年の福山市メーデーには、総同盟福山労働組合をはじめとする二〇〇名の労働者が参加した。そのメーデー・スローガンに一、寄宿舎制度の改正、一、満二〇歳以上の男女に選挙権を与えること、一、八時間労働の即時実施、一、深夜業廃止に伴う賃金低下絶対反対など、県内では初めて婦人参政権を含む諸要求が女性労働者によって掲げられた。[15]この年のメーデー参加人数は福島紡績福山工場争議のために前年より減少したが、女性労働者の諸要求が明確に打ち出されたことからも、争議を通して彼女たちの階級的自覚が高まりつつあることを示した。総同盟機関誌『労働婦人』（一九二八―二九年）には福島紡績労働組合の女性労働者、横山房代らの率直な意見や感想が寄せられ、そこからも読みとれるのである。また県内一般女性も政治的覚醒が高まり、特に無産政党に対する関心は強かった。例えば広島の愛川しげ子は、一九二九年メーデー直後に行なわれた広島市市会議員選挙で中国無産党佐竹新一が当選したことを喜び、その無産党選挙立合演説会の模様を次のように伝えている。「講堂外を巻いた群衆は、十重、二十重で中には若い女性が多く見受けられたことは、心中ひそかに嬉しいことでした。若い人は拍手の連続でした[16]」と。

日本資本主義経済が金融恐慌に引き続き世界恐慌の追い打ちを受けたために、一九三〇年の全国労働争議件数は一躍二、二八九件に激増し、争議参加者数は一九万一、八〇五人と恐慌期における最高を記録した。県内においても労働争議件数（総争議）は一九二九年以降激増の一途をたどった。[17]一九三〇年の県内失業者数は八、六五一人（広島市失業者二、六四五人）で、全国重工業地帯の失業者数調査によると（北海道を除く）、全国第七位にあたる。最も大量の馘首を打ち出したのは、軍需工業部門・呉海軍工廠（軍縮による人員整理）、次いで福島紡績福山工場であった。[18]

次に同一九三〇年一一月広島市内で行なわれた二つの小企業繊維工場の女性労働者を含む争議が注目される。その一つは大清商会撚糸工場（広島市東新開五〇五）の労働争議である。その争議理由は、会社が不況による経営不振のため賃金不払いのまま操業を停止したことに対して、五七名の女性労働者が賃金支払いを要求したものである。[19]この争議は広島自由労働組合（組合同盟系）によって指導され、その応援団体は広島合同労働組合、全国大衆党広島県支部などとともに、女人芸術連盟広島支部（一九三〇年五月結成）の女性たち（松村静子ら）の支援活動が注目された。[20]

この大清商会の争議と呼応して、同一一月山陽紡績会社（広島市河原町）のストライキが行なわれた。会社が同様の経営不振のため、既に六月、七月と相次いで賃金の引下げを強行した上に、秋には更に二割五分引下げを宣言した（その結果、賃金は一日平均男工九六銭、女工七〇銭となる。一九三〇年中国地方繊維女性労働者平均賃金は七三・六銭）[21]。この会社案に対して労働者側は賃金一割二分引修正案を提出したが、会社側に拒絶され工場は閉鎖となった。一二〇余名の労働者（内女工九五名）は、広島合同労働組合（全国大衆党広島支部の支持組合）の指導と広島生活防衛闘争同盟の支持を受けて、一七日間にわたる争議を展開した。[22]

大恐慌期における労働争議の特徴は労働者側の受動的原因が七四％を占めた（賃金値下反対二八・二％、解雇反対二一・四％、解雇手当要求八・六％など）[23]。資本家の労働者への負担転化による不況対策に対して、労働者は死活に結びつく生存権の要求を主要な目標として守勢した点にあり、それだけに争議の様相は深刻にして、かつ凄烈をきわめた。

こうした労働争議を通して、女性労働者は次第に階級的意識を持つようになった。例えば福島紡績の労働者山本八重子、山陽紡績の労働者であり、女人芸術連盟広島支部員でもある花野フジエや吉本ミサオらが活動家として育ち、その後、彼女たちは全協労働運動（日本労働組合全国協議会）に参加していった。[24] 恐慌期における女性労働者は、生死のぎりぎりの状況から生存権を要求し、資本家と対立する中で女性の権利に覚醒していった。生活擁護の要求は、独占資本の収奪にあえぐ国民全体の問題であり、それは県内の女性運動に影響を与えずにはいなかった。

このように女性労働者や無産女性の運動（一九三一年女給同盟を結成した彼女らは広島県財政の財源として課税された女給税を苛酷であると反対した。第五章参照）は、かつてなく高揚したが、前述したように無産「婦人同盟」は、その運動論の混迷のために階級的女性の立場から、これら地方女性の切実な要求を汲み上げ、闘いの指針を示すという対応に立ち遅れたといわざるを得ない。

3　女人芸術連盟広島支部結成

先に女人芸術連盟員が広島市内の労働争議を支援したことを述べた。女人芸術連盟広島支部は、県内共産党関係第一次検挙が行なわれた翌一九三〇年五月に結成された。連盟はこの年『女人芸術』創刊三周年にあたり、「もっと果敢に階級闘争に参加せしめて、婦人の最後的な解放を、完全な社会的自由を築きあげねばならない[25]」と思想的に左傾し、地方支部組織の拡大を展開した。連盟支部設立については、特に規約は無く五人以上読者の集団があれば可能で、思想、境遇、地域、年齢を超越して団結し、支部の規約や綱領を自由に決めてよいという。

女人芸術連盟広島支部設立はこの潮流に乗った。その発会式と講演会が、織本貞代、馬場孤蝶、新妻伊都子、葵イツ子らを迎えて開催された（広島市崇徳教社）。そこに参集した聴衆五〇〇名の殆どが女性であったことが、県内最初の女性文化活動の発足に確信を与えたと記されている[26]。

連盟広島支部には、当時激化した労働争議や小作争議を敏感に受けとめた女性たちが、女性解放につながる文化運動（学習）を求めて集まった。従ってそれは思想的には民主主義的要求をもつ女性の統一的集いであった。支部結成後の連盟員の行動は、強いて特徴づけるならば行動的左派と中間・右派に分けられよう。前者は既述のように市内労働争議を積極的に支援した松村静子[27]、花野フジエ、吉本ミサオ、蔦本スミエ（市内広文館勤務）ら労働女性である。後日彼女たちは左翼運動に参入することになる。この周辺の動向は山木茂著『広島県社会運動史』に詳しい。後者は『女人芸術』誌上に精力的に小説を発表していた作家・大谷藤子[同27]、合屋梢（小説発表）や塚本智恵子、浦谷輝子、美除千代子（以上一九二九年名簿）、住岡香月野、村上安恵（助産婦）らの読者であった。村上、住岡らは、その一か月後に婦選獲得同盟広島支部を結成することになる。村上安恵氏からの聴き取りによると「連盟」がその前身であったと語った。大恐慌期における女性労働者、勤労女性が、いかに民主的女性集団を求めていたか、その高揚を知ることができる。

連盟広島支部の活動としては、本部の『女人芸術』誌三周年記念講演会に連動して同年七月社会大衆党々友で僧侶・細川崇円の講演「マルキストの観たる婦人運動について」を聴いた、と報じている。[28] 前掲山木茂著によると細川夫人・鶴子も連盟支部設立に寄与した。また同年九月号の読者通信には、広島県内有数の紡績工場のある島の女教師・登静江が連盟支部に対して熱烈な共感を寄せている。

しかし政府の暴虐的思想弾圧のもとで、女人芸術連盟広島支部の内部は、全協（日本労働組合全国協議会）関係者を含む左派との対立が避けられない状態となった。従って広島支部は結成後半年余、一九三一年一月解散した。その間左派グループは秘密裡に『戦旗』（全日本無産者芸術連盟機関誌ナップ）広島支部を準備中であったが、連盟支部解散後の二月に、その一一名が広島県特高課に検挙された。[29] 女人芸術連盟広島支部は短命であったが、その後も、広島、呉などの読者が通信している。[30] 連盟は左右両派の幅広い思想を受け入れたことにより、その後に展開される無産的、市民的両女性運動形成の母胎をなしたといえよう。ここで注目されるのは、左右両派の女性たちが共に婦人参政権運動に強い関心を寄せていたことである。

二　婦選獲得同盟広島支部結成と活動

前述したように女性労働者、無産女性による生活擁護を求める反独占運動が、全国的に高揚する中で、婦選獲得同盟を中心とする市民的女性団体は、一九三〇年第一回全日本婦選大会を開催し（第五八議会に請願目的）、全国的女性の結集をはかった。婦人参政権運動が地方女性の要求を集約し、勤労女性を含む大衆的運動へ発展する段階に入ったのである。
県内においては一九二九年広島県全関西婦人連合会・呉市婦人連合会が、大阪本部の要請を受けて、四〇〇枚の婦人参政権請願書を取り纏めて送付した[31]（全関西については第七章参照）。また同年婦選獲得同盟員の遊説活動もにわかに活発化した。四月、呉市と福山市において婦選大演説会を開催（市川房枝、金子しげり、塩原静らが演説）、呉市では五〇〇人の聴衆が参集し、閉会後婦人問題座談会を開いた[32]。翌一九三〇年に婦選獲得同盟広島支部が設置される運びとなる。

その支部設置準備の過程では無産系の助産婦で広島婦人ホームを経営する西村ヤス子（家政婦派出業、夫は広島市々会議員、中国無産党員佐竹新一）らが指導的に動いている。彼女らは一九三〇年二月第二回普通選挙運動として、また婦選獲得同盟広島支部結成をめざして、同盟本部の金子しげりを招き「婦人参政権問題立合演説会」（広島婦人ホーム主催）を広島公会堂で開催した。各党の立候補者である政友会の岸田正記、民政党の森保祐昌、中国無産党の高津正道らの立合演説会を予定したが、当日になって政友、民政両党が姿を現さなかったので、事実上、中国無産党候補者高津正道の講演会となり、「無産党と婦人」を演説した[33]。従って金子しげりは「政策に婦人解放を鮮明に掲げたものは、無産政党以外にない事実」を啓蒙的に述べざるを得なかったと述べている[34]。

県内において女性自らが選挙運動を目的として、自覚的に取り組んだ最初の婦人参政権要求演説会は、無産政党と深く関わって開催された。つまり婦選獲得同盟広島支部組織の準備は無産女性運動的傾向をもつ動きの中ですすめられたのである。『婦選』（一九三〇年七月号）には、「この講演会によって、婦選が無産政党と関係が深いという認識を聴衆に与えたために、その後に結成された婦選獲得同盟広島支部は思想的に赤いとされ、運動が困難であった」の意が記されている。

選挙後（第二回普通、無産政党五名当選）、召集された第五八議会において政友、民政両党から提出された婦人公民権案が、ようやくにして衆議院を通過したが（婦選獲得同盟創立以来六年目）、貴族院で審議未了となった。しかしともかく婦人公民権案が衆議院を通過したことによって、女性の政治参加が実現するのも時間の問題とされ、一般女性の関心も高まった。

こうした婦人参政権運動の盛り上がりの中で、一九三〇年六月婦選獲得同盟広島支部の結成式と講演会が開催された。そこでは各党の祝辞が述べられ（民政党、政友会、中国無産党、社会民衆党広島支部）、続いて金子しげりの「第五八議会と婦人公民権」、市川房枝の「自治体と婦人」の講演が臨監の監視のなかで盛大に行なわれた。広島支部結成の宣言と決議は次のようである。

宣　言

われらは一個の人間として、一個の国民として国家の政治に参与することは当然なるは勿論、これが婦人の地位の向上、社会の幸福増進の捷径にして急務なることを信ずる故に、ここに婦選獲得同盟広島支部を組織して、一意本部の活動を援くるとともに、支部としては、主として地方自治政の研究及びこれが改善のため努力せんとするものである。当支部は本部創立以来の精神に基き、政党政派には絶対中立の立場をとるものである。

決　議

われらは第五九議会において、婦人公民権案の両院通過を期し、これが貫徹のため飽くまで努力せんことを期す。[35]

この支部宣言文の内容は、同盟本部の宣言とほぼ同様である。特に広島支部が同盟の活動方針・政党に対する

「絶対中立」路線を踏襲し、強調したことによって、支部結成準備段階にみられた無産女性運動的性格は、軌道修正された。が地方女性が専制的天皇制権力下における隷属的女性の地位からの解放をめざし、主体的に地方政治の改革を目的として婦人公民権を要求したことは、大きな前進であった。

表．婦選獲得同盟広島支部員氏名と職業

氏　名	居住地	本人職業	そ　の　他
平野　勝枝	広島	小学校教員	夫は社民党支部幹部平野栄一
平野　ゆき	〃		平野勝枝の縁故
吉田富美子	〃	歯科医	
日田　富子	〃	女医	
末広はま子	〃	女性記者	広島婦人新聞社々長
浜井きくの	〃	家庭婦人	米国在住長い
村上　安恵	〃	看護婦、看護婦会	女人芸術連盟員
林　　秀子	〃	看護婦、看護婦会	
西村ヤス子	〃	産婆、婦人ホーム経営	佐竹新一（中国無産党市議）夫人
吉村久仁子	〃	女医	
住岡香月野	〃		女人芸術連盟員
越智　　茂	尾道	女医	医学博士
柴原　浦子	〃	産婆	尾道婦人会、新婦人協会、県全関西所属
武田　　清	呉	呉港中学教員	桜蔭会、大正中学校長武田甲人夫人

（注）村上安恵氏の聴き取りによると、正会員47名。
確認はとれていないが、挙げられた氏名は、次の人たちである。
竹入みよ、黒川たづ、桧和田ミチエ（以上武田清紹介）、
日和田しづえ、樫原卓弥、久留守久子、田坂とみ、安田りょう、
熱田ゆう子。

県内婦人参政権運動の担い手は、主として当時職場に進出しつつあった勤労女性（職業婦人）で、その職種は助産婦、看護婦、女性教師、女医、女性記者などであった[36]（上表参照）。

彼女らの多くは大恐慌下に激発した社会的諸矛盾に直面し、自らの経済的自立の上に立って、政治的意識に覚醒し、婦人参政権運動に参加したのである。なかでも助産婦や看護婦という同種の職業に従事する西村ヤス子（助産婦）、村上安恵（派出看護婦会業）、林秀子（同上）らは、婦選獲得同盟広島支部創設時に中心的に活動し、そ

の後、呉市の武田清（呉港中学校教師）を加えて、支部活動の推進的役割を果たした。彼女らは病院や看護婦会などに運動の輪を拡げ、女医の参加を得たり、講演会には看護婦を多く動員したという。[37]

同盟広島支部活動の内容は、宣言にも明示されているように同盟本部の婦人参政権の議会請願専一的運動を援助するものであった。具体的には同盟本部の地方遊説演説会の開催、市や県議会の傍聴、同盟本部の指示による支部活動などを主として、支部独自の日常的活動は無かったといわれる。しかし西村、村上、武田らは、度々本部の全日本婦選大会や全関西婦人連合会（大阪）に出席して積極的に発言をし、地元ではこれを旺盛に啓発した。

一九三〇年八月、浜口内閣の安達内相は、先の第五八議会で民政党（有志議員）、政友会（党議決定）の両党提案で衆議院を通過させた（既述、貴族院で審議未了）婦人公民権案を大幅に後退させた制限婦人公民権案を発表し、政府自ら第五九議会に提案することを表明した。それは政府がもはや婦人参政権要求を無視できなくなった社会情勢を反映するものであった。だが一方において、それは政府（前田中義一内閣）が強行した共産党員大検挙（三・一五事件、四・一六事件）をはじめとする民主的陣営に対する弾圧や、緊急勅令（議会を無視）による治安維持法改悪などのファッショ的政治に対する民衆の不人気を取り繕うための懐柔策でもあった。

その制限婦人公民権案の内容であるが、それは第一に「帝国臣民タル年齢二〇年以上ノ男子及年令二五年以上ノ女子ニシテ一年以来市（町村）住民タル者」に選挙権及び被選挙権を付与するという改正案[38]で、婦人公民権を新設するにあたり男子の年齢を二五歳から二〇歳に引下げ、女子を二五歳以上と規定し、男女年齢差を設けた。更に婦人公民権は市町村に限るとし、府県を除外したのである。第二に「妻ニシテ当選シタル者ハ勅令ヲ以テ指定スル場ヲ除クノ外、夫ノ同意ヲ得ルニ非ザレバ之ニ応ズルコトヲ得ズ」[39]、と妻が市町村議員に選出され、就任する場合には夫の同意を必要条件としたのである。安達謙蔵内相はその提案理由として、第一については女性が政治に参加することは、「我が国家族制度における一大変革」であるので、「是が実現に当たっては、急激なる変化を避けるところの漸進主義」をとり、婦人公民権付与の範囲を市町村公民権に限定したと述べた。第二に「夫の同意」に関する件については、「我が国特有の家族制度により、斯る規定を設けることが相応しい」と考えて規定したと説明した。[40]

このように浜口内閣は封建的家族制度を社会基盤とする専制的天皇制と結合した独占資本の代弁者であった。従って政府は婦人参政権付与を女性の封建的地位からの解放とせず、むしろ女性を資本主義の危機のなかに興隆しつつあった労働者階級に対する保塁と位置づけた。貴族院委員会において伯爵酒井忠正は政府の婦人公民権案要旨について次のように説明している。

「婦人に公民権を付与することは必ずしも男女平等の立場におくという所謂男女平等論に立脚しているものとは思われない。男女平等論には反対であるが、男子と女子とは各々特色があるので、此の特色を発揮することに意義がある」続けて「女子というものは、一体に保守勢のものであって、且つ考えも純真であるので、現国家社会の秩序を保ち、急激な変化を防止するということには、婦人が地方自治団体に参与した方が大変宜しい」。[41]

この政府の制限婦人公民権案に対して、二方面から反対決議が行なわれた。その一方は保守的な全国町村長会が「我国体の基礎をなせる家族制度の動揺を来たさん恐れがある」と反対決議をして、「婦人公民権問題に関する本会主張の要旨」を両院に送付したのである。[42] 他方女性運動側もまた反対決議を行なった。婦選獲得同盟をはじめとする女性団体は、この政府案が提出される第五九議会に対する示威として、第二回全日本婦選大会（一九三一年二月）を開催、政府の制限婦人公民権案絶対反対を決議した。無産女性団体も無産婦人大会を東京と大阪に同時に開き（一九三一年二月、無産婦人同盟と社民婦人同盟の共催）、「不具的欺瞞的」な婦人公民権案に反対し、「徹底的婦選の実践」を決議したのである。[43]

地方女性の間にも完全な婦人公民権を要望する声が高まり、こうした女性大衆の民主化要求に対応して、婦選獲得同盟の市川房枝、金子しげりらの活動家が精力的に地方遊説に奔走した。広島支部においても第五九議会召集の直前、一九三〇年一二月その年三回目の彼女らの遊説講演会を開催した。広島市公会堂に六〇〇名（六〇％が女性）の聴衆を集め坂本真琴が演題「一〇年間の苦闘を想ふ」を新婦人協会時代の回顧から話し出すと、女性聴衆は眼を輝かして聴き入ったという。また金子しげりは「第五九議会と婦人公民権」という演題で、去る二月（広島婦人ホーム主催講演会）と六月（広島支部結成講演会）に行なった講演の内容を関連づけ発展的に説いた。一回毎に女性聴衆が増加し、聴衆の態度も真面目になったと述べている。[44]

この講演会終了後、引き続いて芸備日日新聞社主催の「婦選問題座談会」が、同広島市公会堂会議室で開かれた。出席者は県会議員四人（政友会・長岡清蔵、民政党・木島次郎、角森好蔵、中立・中村桂月、県議会開会中であった）と、同盟本部の三人（市川房枝、金子しげり、坂本真琴）、広島支部六人（林秀子、末広はま子、平野勝枝、吉田富美子、村上安恵、西村ヤス子）ら、座長は本社重役角森が務めこの座談会記事はかなり大きいスペースで五回にわたって連載された。[45]

この『芸備日日新聞』による「婦選問題座談会」報道は、次の三点で社会的にアピールした。第一は座談会形式による討論を通して婦人参政権運動の内容とその現状を解りやすく世間に訴えることができたことであり、第二に出席の保守的民政、政友両党の県会議員が、この討論を経て婦人公民権即時付与に賛成するに至ったことである（但し婦人参政権については時期尚早論を主張）。第三は彼女らが出席議員に要請して、開会中の県議会に緊急動議として婦人公民権建議案を提出させ、議会は次のように議決し意見書を安達内相に提出したことである。

婦人公民権付与につき県会の意見書[46]

一、婦人ニ対シ公民権ヲ付与スルノ法律案ヲ第五九回帝国議会ニ提出セラレムコトヲ望ム

理　由

時勢ノ進運ニ伴ヒ婦人ニ対シ参政権ヲ付与スルコトハ最早今日理論トシテ国民大多数ノ認ムル処ニシテ唯其時期ニ於テ未ダ世論ノ一定ヲ見サルノミ而シテコレガ前提トシテ先ツ婦人ニ公民権ヲ付与スルコトハ最モ緊急ト認ムルヲ以テ来ル第五九帝国議会ニ対シコレガ法律案ヲ提出セラムコトヲ望ムモノナリ

右本会議ノ議決ヲ経テ意見書提出仕候也

昭和五年一二月二四日

広島県会議長　　望月乙也

内務大臣　安達謙蔵殿

発議者　角森好蔵、任都栗司、川手一之助、木島次朗、仁田竹一、大本徳市

賛成者　江草時太郎ほか一九名

このようにして県内の婦人参政権運動の潮流は高まり、軍港呉市においても広島講演会の翌日、支部同盟員の武田清らによって婦人問題大講演会が、呉新聞社後援で開催された。会場の呉中国会館には六〇〇名の聴衆が集まり、その八〇%が女性であった。武田清は「今度の講演会は特に学校の先生に聴いていただきたい。純然たる文化講演会でどなたに聴いていただいても結構です」[47]と学校教師に対する当局の圧迫を懸念し、講演内容も「熾烈な参政権要望の叫び」を抑制して漸進的主張にと講演者に注文をつけた。(後に彼女はこの消極的姿勢を自己反省している。[48])

このような弱点を表しながらも、武田は講演会をはさむ前後三日間「母性の立場からみた婦人参政権」を『呉新聞』に連載した。[49] 翌一九三一年二月彼女は第二回全日本婦選大会に出席し、第五九議会(開会中)に対して完全婦人公民権を強く主張した。更に帰呉して「地方の女性に檄す――婦選大会より帰りて」と題する檄文を『中国新聞』に掲載して、[50]県内の女性に婦人参政権運動への参加を呼びかけた。この時期には武田清は事実上広島支部を代表し、文筆活動を旺盛に行なった。

そこに記された彼女の婦人参政権主張の底流を一貫するものは、次節で述べるように市民的母性主義であった。

また彼女は地域婦人会・呉連合婦人会を母胎にしても婦人参政権運動を推しすすめた。このような動向から同盟広島支部の運動は、当初支部結成の経緯にみられた無産女性運動傾向から、中産市民的、改良主義的性格を濃厚にしたといえよう。

我が国の婦人参政権運動は、第五八議会及び第五九議会をめぐってピークに達した。第五九議会において政府提案（民政党）の「市制中改正法律案」、「町村制中改正法律案」（制限婦人公民権案）及び「治安警察法中改正案」（婦人結社権）が衆議院を通過した。しかし婦人公民権案は貴族院で六二対一八四の大差で否決され、婦人結社権案もまた審議未了となった。(51) 婦人参政権運動側は政府の制限婦人公民権案に絶対反対の態度を堅持していたのであるが、それにしても専制的天皇制の藩屏としての貴族院の壁の厚さには、反動的政府をも狼狽させるほどであった。この第五九議会ではもう一つの重要な婦人関係法案「公娼制度廃止案」も衆議院委員会において多数で否決され、「政府は売笑婦人に関する調査会を設け速やかにその対策を樹立すべし」と希望決議を付帯して本会議に報告した。『東京日日新聞』は二つの婦人関係議案（婦人公民権案と公娼制度廃止案）が多数で否決されたことを「道徳的にも思想的にも低調を極める我が議会政治」と非難した。(52)

政府はこのような最低限度の婦人公民権案を示しながら、他方において官製婦人会の統合をすすめ（一九二七年大日本連合女子青年団、一九三〇年大日本連合婦人会、一九三二年大日本国防婦人会を結成。第七章参照）、女性の自主的運動を国家統制のもとに編成しつつあった。更に政府は満州事変を契機にして、国内に排外主義を煽りファシズム体制を形成し、帝国主義戦争準備を着々と構築していた。この頃（一九三一年）、無産政党・社会民衆党は早くも国家社会主義に転落し、「満蒙の権益を無産階級の手に」と政府・軍部の満州侵略を合理化した。戦時体制に入った第六〇議会（一九三一年一二月召集、満州事変直後）では、もはや婦人参政権は問題にされなかった。

しかし翌一九三二年一月無産婦人同盟の提唱により、第三回普通選挙に対して無産、市民両女性団体の共闘組織・

婦選団体連合委員会が結成され（社会民衆婦人同盟は不参加）[53]、婦人参政権運動の体勢が再び整えられた。広島支部においても婦人参政権運動団体の県内各支部が、共同で婦選団体県連合委員会を組織した。二月一三日の「全国婦選デー」に「与えよ一票婦人にも、婦選なくして普選なし」のポスター数万枚を配布し、展開中の総選挙各候補者を歴訪し、県内一斉に署名活動を開始すると発表した[54]。

現実には呉婦人連合会代表武田清ら一五名が、市長や新聞社を訪問して婦人参政権の必要を説き、また街頭ビラ散布による宣伝活動を行なったに過ぎなかった。戦時体制下における民主主義的権利を要求する女性運動の後退は著しい。広島支部の村上安恵が「現在広島の他の婦人団体は殆ど全部兵器献納義金や派支慰問金などで、到底協力の見込みなく[55]」と述べているように、官製女性団体をはじめとする女性の戦争協力体制が急速に進行していった。従って婦選獲得同盟は、婦人参政権請願運動から「婦選に関係のない実際運動」（市政参加塵芥処理、市場改善、母子保護等の要求）へ戦術転換を行なった。やがて侵略戦争が拡大される中で、同盟は婦人参政権の幟旗は降さなかったが、内実は軍国主義体制に組み込まれていかざるを得なかった。

三　婦人参政権の世論と運動の不統一

広島県婦人参政権運動について述べてきたが、当時一般婦人は婦人参政権についてどのような意識をもっていたのであろうか。一九二六年広島市が行なった「職業婦人生活状態」調査によると、勤労女性（職業婦人）の権利意識は女性労働を通して、労働条件の改善要求をはじめとする男女平等の権利要求や、職業婦人に対する社会的蔑視観の廃止要求等が、大正末期の労働争議の高揚に伴って確実に高まりつつあった[56]。

しかし一般的にはそれが、必ずしも直線的に政治的意識に発展したとはいえない。同調査によれば、婦人参政権運動に対する意識については、例えば「婦人参政権云々と徒に扇動するよりも、女らしくお茶の会、音楽会を開いて皆で楽しみたい」（女性教師）、「新進婦人の権利主張には反対です」（看護婦）、「私は婦人参政権論者ではないが、職業婦人を尊重してほしい」（タイピスト）等の意見がみられる。このように彼女らは婦人参政権運動には批判的であり、勤労女性自身が要求している女性の諸権利要求と婦人参政権要求とを統一的に把握していない点が特徴である。[57]

これを裏づけるように県内女性の婦人参政権に対する意識は、「女子教育研究室」[58]の婦人参政権全国調査（一九二九年）によると「広島県の尚早論一五、即時付与論三の不振は、隣県岡山の尚早論一〇、即時付与論八の好成績に比べて解し難きものである」と調査者川崎なつを嘆かしめたほど保守的であった。従って県内の婦人参政権運動の組織化とその展開は、大恐慌期における生活擁護闘争の最も高揚する時期を待たなければならなかった。

次に全国的な婦人参政権意識は、同全国調査によると、婦人参政権賛成二四六（四〇・八％）、反対一八（三％）、時期尚早三〇四（五〇・四％）、不明三五（五・八％）という結果で、反対論は時期尚早を含めて五三・四％を占め[59]、婦人参政権に対する世論は依然としてかたくなであった。しかしその六年前の一九二三年朝日新聞社の調査[60]に比べれば、反対四六・二％であったのが三％に激減（時期尚早に移行したと考えられる）したことは、資本主義社会の矛盾の深化を反映して、婦人参政権運動に対する支持が徐々に拡がりつつあったことを示すものといえよう。

婦人参政権是否の内容は前記全国調査によると次のようである。先ず婦人参政権賛成の理由は①「政治と家庭生活は不可分の関係にあり、かつ国家意識を強盛ならしむるには参政権を与ふるに如《マ》く《マ》はなし」、②「母性保護、女権拡張を政見とする候補者あらはれ、自然女性尊重の気風が養はれる」、③「女子の特性の一つは責任感とその永続性であり、政治に対してむしろ男子より真摯である」等の三点を挙げている。次に反対の主な理由としては①「我が国家族制度の維持発達を妨ぐために否とする。男は外に位し、女は内に位す、これ自然の命数なればなり」、

②「思想的にも経済的にも真の独立を有する婦人甚だ少し」等を挙げた。時期尚早理由としては①「未だ女子の政治に不馴れである」、②「政治教育の普及なし」等を指摘している。[61]

以上の調査結果から婦人参政権運動の当面の課題は、半数を占める時期尚早論に立つ反対派をいかに説得して賛成側に移行させるかであった。婦選獲得同盟はその対応策として、明治以来良妻賢母主義を貫いてきた女子教育の改革を急務とした。具体的には公民としての政治教育を学校教育の正科にカリキュラム化することを課題とした。

ところでこの全国調査の婦人参政権賛成理由の①にみられるような国家意識高揚のためという観点から賛成する考え方は、当時の知識人や言論界に珍しくなかった。例えば普選運動に熱意を示した『芸備日日新聞』の婦人参政権をめぐる社説の論調の推移にもこうした考え方が表れている。一九二三年一一月三日付社説は「男子に普通選挙を与えるならば、同じく人間たる女子にも婦人参政権を与へてはどうかといふ説があるが、女子には政治力がない。したがって女子の天分を敬重するがために永久に参政権を与へるべきではない」と論じて、普選運動が大衆的運動に発展し、激化している最中に婦人参政権否定の立場を明らかにした。[62]ところがそれから七年後、一九三〇年婦人参政権運動の高揚期には、同紙の社説(一九三〇年一一月二七日)は「女房、女と云い下す時代は去った。女性の人格を認識するが故に婦人参政権は必要である」と論調が変容し、その論拠として「婦人の職場進出の現実と、女子青年団の活動振りは仮設軍隊行動にも参加して、立派に職務を果たしている」と女性の国家への貢献度を尺度にして婦人参政権支持を説いている。即ち婦人参政権は個人の尊厳(女性の権利)に基づいて考えられたのではなく、専制的天皇制国家に尽くすための女性の政治参加という国家主義的な思考に依って論じられた。[63]

このように国家目的(帝国主義政策)を優先させる考え方は、恐慌期における市民的女性団体の指導者にも共通してみられ、市民的婦人参政権思想の特徴の一つとして指摘される。[64]しかし本来市民的婦人参政権思想の主流をなしたのは、新婦人協会(一九二〇年結成)、平塚らいてうの思想を継承する母性主義の確立であった。市川房枝が「婦人参政権は欧米に於いては、婦人の人間としての権利として要求されたのであったが、日本に於いては参政権はむしろ手段にして、これによって今日現存している封建的な法律制度其の他婦人並に子供に不利な法律制度を改廃せんとするものが多く、婦人参政権はその立場で行なはれている」[65]と述べているように、婦人参政権運動は女性の封建的隷属からの解放と、母性と子供の権利の社会的確立を目的とするものであった。

例えば前節で述べた呉市の武田清が、県内女性に訴えた「母性の立場からみた婦人参政権」を始めとする新聞投稿文にもその思想的特徴がみられる。その論旨は「教育の立場からみて、女性の本質たる母性の権能を完全に発揮すべく（家庭における母権の軽重がその子女の教育に影響する）、換言すれば家庭の中のみならず社会的に一個の人格として立つ権利として婦人参政権が与えられるべきことの必要を信じます」[66]と述べられ、そこでは母権の確立のために婦人参政権が主張され、それを妨げている家族制度が批判されている。

こうした母性主義に基づく女性の権利の主張・市民的母性の復権は、市民的女性解放思想の中に根強く貫かれた（第二章参照）。新婦人協会広島支部圧迫事件を経験した女教師平田のぶは、その後「子供の村」保育園を経営し、その父母の会（お母様学校、お父様学校）を組織するのであるが、彼女は「母という立場から進んで婦選獲得同盟に参加した。母には婦選がなければならない」と強調した。「子供の村」お母様学校は全日本婦選大会の後援団体に参加した。[67]

また県内社会事業に従事する女性たちもそれぞれの立場から婦人参政権の必要を説いた。広島社会事業婦人会（一九二九年結成、乳幼児託児所と母親保護施設）の早速千代野や小田静子は無料乳幼児託児や貧しい母親保護事業を人任せにしないためにも、平和のためにも女性が地方自治上の公民権を得ることを切実に要求した。小田は特に女性の経済的自立と婦人参政権獲得を強調している（第七章参照）。呉市の婦人矯風会支部長の十時菊（帝国海軍軍人ホーム経営）も参政権が得られなければ一人前の人間とはいえない、自分たちは母心を以て真の平和を望んでいる。四〇

余年廃娼、廃酒、純潔を主張してきたが一票の権利も無い女性の如きは、万事人任せで時代遅れだと批判した。(68)

要するに市民的婦人参政権運動を支えた思想の特徴は、反封建的母性主義（市民的母権）の確立を主流としたが、昭和恐慌期に入るとそれは次第に帝国主義政策を優先させる国家中心主義に傾斜していった。政府は日本資本主義の全般的危機からの脱出の道を侵略戦争に求めた。従って女性労働者や勤労女性が、反独占、反戦、反ファシズム運動に起ち上がらざるを得ない現実の前に、帝国主義政策に妥協的傾向を強めつつあった婦人参政権運動は次第に精彩を失っていった。婦選獲得同盟は一九三二年第三回全日本婦選大会で「反ファシズムの決議」をしながらも政府に容易に妥協し、ファシズム体制に組み込まれていった。市民的母性主義はやがて国家主義的母性に変容するのである。

ところで婦人参政権は、無産女性諸団体側においても当然女性解放の主要な項目として掲げられた。関東婦人同盟の宣言には「婦人が社会的にも家庭的にも侮蔑と差別をうけている制度、伝統を打ち破るためには、婦人の団結（婦人同盟）によって、婦人の自由のために戦うべきである」(69)と述べられ、専制的天皇制下封建的家族制度打破のための女性の結集を呼びかけた。その運動の道すじとして「労働者、農民其他一切の圧迫されている民衆の政治的自由獲得のために、勇敢に闘争している無産政党の旗の下に進めていかねばならない」(70)として、女性解放をプロレタリア階級の解放と一体に把握し、婦人参政権要求の論拠を女性の階級的解放においた。

関東婦人同盟の宣言及び綱領には、婦選獲得同盟と同様に婦人結社権、婦人参政権及び母性保護などの共通の諸要求が掲げられている。つまり宣言によっても明らかなように、女性を隷属的地位にとどめる天皇制家族制度からの女性の解放という目標は無産、市民両女性団体ともに共通していた。そこで一九二八年三月婦選獲得同盟の呼びかけで、第五五議会（普選後最初の議会）にむけて無産、市民両女性団体の共闘組織・婦選獲得共同委員会（市民女性団体・婦選獲得同盟、日本婦人参政権協会、婦人参政権同盟、無産女性団体・関東婦人同盟、全国婦人同盟、社会婦人同盟、労働婦人連盟）が結成された。

関東婦人同盟（労働農民党系）は一九二七年結成以来、各地の女性労働者、農民の闘いを指導し漸次地方支部の組織を拡げつつあった。[71]しかし同盟は三・一五弾圧の打撃を受けた直後に、突如として共産党の「婦人対策」指導（コミンテルン・二七年テーゼに依拠）により解散を余儀なくさせられた。[72]こうして共闘組織・婦選獲得共同委員会は一九二九年解体し、以後婦人参政権運動の高揚期を迎えながらも無産、市民女性団体の実質的共闘は遂に成立しなかった（一九三二年部分的には無産婦人同盟との共闘・婦選団体連合委員会成立）。関東婦人同盟の解散は歴史的制約によるものであるが、恐慌下における各地方の女性労働者、勤労女性の生活擁護要求や民主化運動に対する階級的指導が最も期待された時期であっただけに、この解散の打撃は大きかった。

では無産、市民両女性団体は婦人参政権獲得という共通の目標を掲げながら、なぜその統一運動を成立し得なかったのか。先ず市民的婦人参政権運動側の問題点とされるのは、一つは婦選獲得同盟の運動方針・政党に対する「絶対中立」路線である。幅広い女性の結集を目的したのであろうが、現実には平塚らいてうが指摘しているように婦人参政権綱領を掲げる新興の無産政党との提携には関心を示さず、無産婦人団体とは「運動の方向を異にしている」と一線を画した。[73]むしろ同盟は天皇制権力と結託した既成政党（民政、政友）に対して、自由主義の幻想を捨てきれずそこに依存して婦人参政権運動を推進した。二つには国民が深刻な失業問題と平和の危機に直面しているなかで、婦人参政権運動は婦選三権（結社権、公民権、婦人参政権）の請願運動にエネルギーを集中的に投入した。そのために特に地方に生じた女性労働者や勤労女性の生活擁護の切実な要求を吸収し、婦人参政権要求に結びつける力を発揮できなかったと考えられる。

例えば婦選獲得同盟広島支部の場合をみると、支部組織段階では無産女性が先鞭をつけ当然無産党の支援を得たことは既述した通りである。同盟本部が「婦選は赤いとの誤解から順調な発展（支部）を阻害された」[74]と述べているように底辺生活者擁護の闘いの中から政治的権利に覚醒しつつあった行動的な無産女性との連携に消極的であった。従って婦人参政権運動が、地方に拡大され勤労女性をふくむ大衆的運動に発展し、同盟本部を中心とする議会請願運動が一定の成果を挙げながらも、女性大衆の生活擁護要求と政治参加を直結させる幅広い国民的運動の形成にはまだ道程があった。

このことは無産女性運動側にも問題点があった。共闘組織（婦選獲得共同委員会）解体後、無産女性団体もまた市民女性団体との共闘に積極的でなかった。その主要な原因は無産女性団体が組織上不安定であったこと（無産政党の外郭団体的性格）、更に天皇制権力の暴虐な弾圧も指摘されなければならない。が関東婦人同盟の解散に象徴されるように、女性解放の課題である女性特有の権利要求が、体制変革や労働運動に解消されて民主主義的一般要求が見過ごされたことである。

即ち婦人参政権運動の最も高揚期（一九三〇—三一年）において、左翼女性運動はセクト主義に陥り著しく狭隘化した（これは三二年テーゼで修正された）。[75]例えば左翼女性は婦選獲得同盟と共闘した社会民主主義婦人団体（無産婦人同盟、社会民衆婦人同盟）に対して「婦人労働者の問題をば、ブルジョア階級の有閑婦人を先頭とする一般婦人との共同の議会運動によって、婦人の状態を改善するといふ所謂街頭的婦人運動の思想に解消させようとしている。それは労農階級の婦人の利害の階級性を隠蔽し、プロレタリア婦人とブルジョア婦人との間の階級性を曖昧にするのみならず、現在婦人労働者の革命的進出と闘争心をにぶらせ[76]……」と両者の共闘を批判した。のみならず労農党系の無産女性同盟を当時右傾しつつあった社会民衆婦人同盟と同列視して、婦選獲得同盟との共闘を反動的女性運動ときめつけ対立を深めた。更に社会民主主義女性団体が、婦人参政権を目的として「最近では総同盟、組合同盟等の左右の改良主義組合婦人部との提携の下に所謂日常活動に進出してきた[77]」と非難した。

確かに一九三一年満州事変を境にして社会民主主義政党（全国労農大衆党、社会民衆党）は、急速に国家社会主義に傾倒し、政府の帝国主義戦争を肯定したために、それに所属する「婦人同盟」運動も相応して曲折した。しかしこのように戦争協力体制が強化される情勢の中で、婦人参政権運動を含むあらゆる民主的運動が抹殺されんとした危機に直面して、女性運動の緊急の課題は民主的女性の統一的結集であった。つまり婦人参政権運動の最も高揚した満州事変の前夜において、各地方に噴出した女性労働者、勤労女性による下からの生活擁護、婦人参政権運動に対して、無産女性団体はその階級的指導性の発揮に立ちおくれた。更に市民的女性団体・婦選獲得同盟の「絶対中立」の偏向とあいまって女性の統一運動を成立せしめるに至らなかったと考えられる。

おわりに

本章は昭和恐慌期、地方における婦人参政権運動の形成の経緯とその活動を、婦選獲得同盟広島支部を中心に考察したものである。そこから私は二つの歴史的意義を抽出することができると考える。一つは我が国の婦人参政権運動が、恐慌期における階級対立の激化を背景に従来までの中産階級的知識人による啓蒙的運動から、女性労働者、勤労女性を巻き込んだ大衆的運動に発展（質的変化）し、運動が高揚したことは、一般民主主義の担い手としての働く女性の役割を改めて示唆するものである。二つには専制的天皇制と結合した帝国主義政策が推し進められる中で、婦人参政権運動は市民的女性運動の限界と無産女性運動の歴史的制約とによって、両者の実質的共闘が成立し得なかった。そのことが全国的に高揚した女性労働者、勤労女性の噴出的要求のエネルギーを結集できなかった所以であった。以上のことは、戦後日本の新たな歴史的条件下における女性解放運動の統一の課題を提起しているといえる。

即ち日本女性は長い苦闘の歴史を経て、戦後新憲法によって婦人参政権を獲得し主権者として国政に参加できるようになった。しかし新憲法下においても社会、職場、家庭における男女の実質的平等が実現されたとはいえない。また政治的にも核開発や核戦争の危機を孕み日米安保体制を見直して、平和憲法擁護の声が高まっている。このような社会情勢のもとで、男女平等、子供の権利の保障を達成するためには、男女労働者を中心に広範な国民が結集し、歴史的遺産である憲法精神に基づき議会制民主主義を擁護、発展させることである。このような観点から戦前における各地方の婦人参政権運動史研究が進められ、その全体像が明らかにされることを期待する。

注

(1) 江口圭一「大恐慌期の人民闘争」『歴史評論』一二九号。
(2) 前掲市川房枝『市川房枝自伝』。
(3) 井手文子「日本における婦人参政権運動」『歴史学研究』二〇一号。
(4) 『日本労働運動史料』第一〇巻、労働運動史料委員会。
(5) 『芸備日日新聞』一九二五年七月二五日。
(6) 『広島県史』近代現代資料編、広島県史編纂室、一九七六年。
(7) 同右。
(8) 山下はる(丹野セツ)「革命的婦人同志に与ふ」『赤旗』一九二八年二月一五日。
(9) 『芸備日日新聞』一九三一年三月三日。
(10) 『中国新聞』一九三二年八月七日。
(11) 前掲『日本労働運動史料』第一〇巻。
(12) 『日本労働年鑑』大原社会問題研究所、一九二九年。『労働婦人』(総同盟婦人部機関誌一九二八年六月号)には当日雨の中、傘をさしたメーデーの写真とレポートが記載されている。この誌上には福山労組の女性労働者が朝鮮女工と連帯している様子などの意気盛んな通信、投書などを散見できる。

(13)『中国新聞』一九二八年一一月二九日。
(14)前掲『日本労働年鑑』一九二九年。
(15)『芸備日日新聞』一九二九年四月二九日。
(16)『婦人運動』一九二九年八月号。
(17)前掲『日本労働運動史料』第一〇巻。
(18)前掲『日本労働年鑑』一九三一年。一九三〇年第二回国勢調査による全国失業者の概数は三二万二、五二七人。
(19)『芸備日日新聞』一九三〇年一一月二〇日。
(20)山木茂『広島県社会運動史』労働旬報社、一九七〇年。
(21)『中国新聞』一九三〇年一一月二六日。
(22)『芸備日日新聞』一九三〇年一一月二六日。
(23)前掲『日本労働年鑑』一九三一年。
(24)前掲『広島県社会運動史』。
(25)『女人芸術』一九三〇年七月号、中島幸子「何を為すべきか」。『女人芸術』創刊は一九二八年七月。
(26)同右。大谷藤子「広島女人連盟講演会」。講演内容は葵イツ子「必要に迫られた表現」、新妻伊都子「婦人職業の二つの使命」、馬場孤蝶「旋風の中に立ちて」、織本貞代「婦人の社会的地位の変遷について」。
(27)・松村静子の経歴については、同右一九三〇年六月号「読者通信」に本人が書いているので簡単に紹介しよう。彼女は貧しい労働者家庭に生まれ、満州―日本―アメリカ―カナダと転々と生活してきた。満州での貧しく惨めな小学生時代を縷々語っている。一五歳の時、帰国女学校三年に編入、社会問題に関心を持つ。卒業後小学校教員、事務員、看護婦をやり一九歳で結婚した。結婚生活は不調和で一九二五年に渡米、放浪生活五年で得たものは愛児一人だったが、この五カ年の生活は無駄ではなかった、と女人芸術への熱い共感を記している。前掲山木茂著によると彼女は後に左派弁護士窪田貞三郎と結婚した。
・大谷藤子（一九〇三年一一月三日―一九七七年一一月一日）、板垣直子『婦人作家伝』によると、埼玉県秩父郡出身、東京三田高等女学校卒業、東洋大学聴講生。海軍士官井上良雄と結婚、呉市に住む。数年で離婚。高見順らの「日暦」の同人、「人民文庫」のメンバーに加わる。一九三四年『改造』の懸賞募集に「半生」が当選、戦後は一九五二年「釣瓶の音」で第五回日本女流文学賞受賞、地味な作風であるが非常に堅実であると評される。私の聴き取りによると(一九七六年九月一四日)、本人は女人芸術広島支部時代活躍したが、当時思想的には覚醒していなかったと語った。
(28)『女人芸術』一九三〇年八月号、一五七頁。
(29)『中国新聞』一九三一年二月一三日。
(30)『女人芸術』一九三一年四月号「読者通信」。女教師・川路すみか、同一九三二年一月号、呉市OY、同四月号、呉市信、同五月号、広島Nなど。
(31)『芸備日日新聞』一九二九年二月二日。
(32)『呉日日新聞』、『中国新聞』一九二九年四月八日。
(33)『中国新聞』一九三〇年二月八日、『婦選』一九三〇年七月号。
(34)同右『婦選』。
(35)『中国新聞』一九三〇年六月三日。
(36)『婦選』一九三一年七月号「広島支部の人々」、その他の県支部員の氏名、職業については村上安恵、大谷藤子両氏からの聴き取りによる。
(37)村上安恵氏から聴き取り。
(38)衆議院議事録第一一号、第五九議会「市制中改正法律案」および「町村中改正法律案」一九三一年二月一一日。
(39)同右。
(40)同右。
(41)貴族院議事速記録第三八号、一九三一年三月二五日。
(42)『婦選』一九三〇年一一月号。
(43)前掲『日本労働年鑑』一九三二年。
(44)『婦選』一九三二年一月号。
(45)『芸備日日新聞』一九三〇年一二月五日―一〇日。
(46)一九三〇年通常広島県会議決録、『婦選』一九三一年一月号。

(47)『呉新聞』一九三〇年一二月二日。
(48)『婦選』一九三一年一月号。
(49)『呉新聞』一九三〇年一二月四日。
(50)『中国新聞』一九三一年三月五日。
(51)第五九議会に提出された労働組合法案、労働争議調停法改正案も貴族院で審議未了となった。
(52)「阻害まれた婦人の解放」『廓清』一九三一年四月号
(53)五団体――婦選獲得同盟、婦人参政権協会、婦人参政同盟、全関西婦人連合会、無産婦人同盟で結成された。
(54)『中国新聞』一九三二年二月一三日。
(55)『婦選』一九三二年二月号。
(56)広島市社会課「職業婦人生活状態」社会調査第七編一九二七年四月（調査時期一九二六年、四―六月、八〇〇人の職業婦人を調査対象）「社会、勤務先、家庭に対する希望と感想」の項目によると第一に勤務条件の改善要求が最も多く、なかでも「毎日一二時間働いて帰ると何もする時間がない」、「退社時間が一定していない」等の長時間労働に対する批判から、改善要求が出されている（事務員、看護婦、女教師の順）、第二は第一とほぼ同数の要求であるが「職業婦人の社会的地位を認めて欲しい」と、当時の職業婦人蔑視の風潮を不満として、女性労働の意義を主張している。（看護婦、事務員、女教師の順）、第三には職場における男女平等の権利の要求が出されている。（女教師、事務員、看護婦の順）
(57)同右「社会、勤務先、家庭に対する希望と感想」の項目。
(58)『婦選』一九二九年三月号、「女子教育研究室」の調査、全国中等学校八〇〇余校を対象、その内回答は六〇五校。
(59)同右。
(60)信夫清三郎『大正政治史』によれば、一九二三年二月東京朝日新聞社は紙上討論で婦人参政権の可否を読者に問うた。その結果は応募者数五九五人、その内賛成二八一人（四七・二％）、反対二七五人（四六・二％）、中立三九人（六・六％）である。
(61)『婦選』一九二九年三月号。
(62)安藤福平論文「大正デモクラシー期の『芸備日日新聞』」『広島県史研究』第二号によると、当新聞は一九一八―

一九年婦人参政権を視野にいれた普選を提唱していた。
(63) 米田佐代子「婦人解放史における民主主義の課題」『人文學報』八九号で治安警察法第五条改正運動において女性の政治参加をめぐる論議が「国家のために」という意識に基づいて展開されたと指摘している。
(64) 井出文子「日本における婦人参政権運動」『歴史学研究』二〇一号によれば、例えば一九二九年九月全関西婦人連合会主催第一回日本婦人経済大会で安達内相が緊縮政策に対する女性の協力を求めた時、感激した一女性は「参政権などはダイヤモンドのようなもので、今もらっても使い道に困る。このような場合に大いに働けば黙ってもお上から下さる」と述べ婦選獲得同盟提案の「婦人参政権に関する決議」は否決された。同盟も政府の緊縮政策に協力することを呼びかけた。
(65) 市川房枝「現代の婦人問題」『大思想エンサイクロペディア』21、春秋社、一九三〇年。
(66) 『呉新聞』一九三〇年一二月四日、『中国新聞』一九三一年三月五日。
(67) 『婦選』一九三二年一〇月号。
(68) 『呉日日新聞』「公民権に就いて婦人の立場から」一九三一年三月一二、二四、二七日。
(69) 田島ひで『ひとすじの道』青木書店、一九六八年、二五七―二五八頁。
(70) 同右。
(71) 山内みな『山内みな自伝』新宿書房、一九七五年、によると、静岡、岡山、大阪等に関東婦人同盟支部を結成した。
(72) 一九二八年三月頃日本共産党はコミンテルン・二七テーゼにより「婦人対策」を出し「男子も婦人も同一階級利害を有するものであり、同一階級戦線に立ってのみ、その解放を果たしうる」として当時の婦人同盟を根本的に背反していると指摘された。従ってこの指導を受けた労農党の勧告によって、関東婦人同盟は三月三一日解散声明をした。同盟は労働組合、農民組合その他に所属することになった。
(73) 平塚らいてうは「婦選とその綱領を掲げたる無産政党を応援せよ」『婦人運動』一九二八年三月号のなかで婦選獲得同盟の政党中立主義を批判し、無産政党との提携及び無産女性団体との統一運動を勧め、いまや「新婦人協会以来の運動方法の転換期」であると警告した。
(74) 『婦選』一九三二年七月号。
(75) 「日本共産党の五〇年」『前衛』三四二号、二七年テーゼの最も重要な弱点として社会民主主義全体を無条件で敵視したことを指摘している。
(76)『赤旗』一九三一年八月五日。
(77) 同右、一九三一年九月六日。

第四章　母子保護法制定運動

はじめに

戦前における母性保護に関する立法としては、工場法、救護法、健康保険法、母子保護法を挙げることができる。なかでも母子保護法成立に至る運動は、第一次世界大戦後の独占資本主義の発展期に発生し、昭和恐慌期に高揚をみ、戦時体制下においても展開され、国家独占資本が進展する時期に至ってようやく母子保護法は制定された。

その長い運動過程は、日本資本主義の特徴とされる極めて非人権的な資本収奪による勤労者家族の窮乏化が、特に母子保護問題に集約的に表れる歴史過程と重なり合っている。母子保護法制定運動は次の三期に時期区分できる。[1] 第一期（一九一九－一九二九年）は運動の萌芽期で社会事業関係者や婦女新聞社を中心とする市民運動として形成され、慈善的、改良的性格をもっていた。第二期（一九二九－一九三二年）は昭和恐慌下における生活擁護闘争として展開された興隆期で、運動の担い手は無産女性団体（中間派、右派）である。運動は改良的性格をもつが、従来の恩恵的、社会事業的性格を脱し勤労女性自身が社会政策を要求する。第三期（一九三二－一九三七年）は戦時体制下における運動のいわば展開期で民主的運動は弾圧され、無産女性団体は自ら分裂し運動の主体は市民的女性団体の母性保護連盟に移る。一九三七年三月母子保護法は政府の戦争遂行目的のための「福祉増進」政策とあいまって軍事扶助法と同時に公布された（一九三八年一月施行）。

戦後母子保護法は生活保護法（一九四六年）にかわり、児童福祉法（一九四七年）や母子福祉法（一九六四年）等の制定によって法的保障が整備されるに至った。一般に母子保護問題は要保護母子家庭に対する公的扶助として、憲法第二五条による生存権保障の側面が強調されている。しかし真に母子保護を実現するためには、同時に憲法第二七条のいう女性の勤労権を実質的に確立することが重要な課題となる。本章はこのような問題意識に立って、母子保護法制定運動の萌芽期及び興隆期を中心に運動の展開過程を辿り、その歴史的意義を検討したい。

一　大正後期の既婚女性労働問題

第一次世界大戦後一九二〇年の恐慌を契機に日本独占資本は確立した。それに伴って労働者数が増大し労働者階級の構成にも変化が生じ、出稼型から賃金のみに頼る都市の独立労働者が男女共に形成された。(2)米騒動後も引き続く米価の高騰と戦後恐慌が勤労者階層の貧困化を進行させた。家庭内労働に従事していた中間層家庭の女性も、賃金労働者化して職業婦人層が形成された。(3)このような女性の社会的労働の場への進出は、家父長的家族制度の実質的解体を孕む一方で、資本の隷属下への女性の再編成を意味した。即ち資本家は家族制度の封建的遺制を利用し、資本主義的性・年齢差別（女性、児童）を助長して収奪を強化したのである。

かくして我が国の女性、児童労働の非人間的状態は、国際資本主義の見地からも非難を受けた。(4)このような女性、児童労働問題が、人道的社会問題として顕著になったのは、一九二〇年前後で普選運動、労働運動の興隆期と重なる。即ち大正デモクラシーの思想的影響を受けた民主的知識人たちが、女性労働問題を論じ、他方ロシア革命の影響のもとに階級的自覚を高めつつあった労働者が組織的に女性の権利を要求し始めたからである。

前者についていえば例えば法学者津村秀松は資本主義経済発展のために労働力保全の立場から、女性、児童労働者保護規定の確立を急ぐべく工場法の改善を説いた。特に女工寄宿舎制度は心身の退廃を著しくし、第二の国民（労働力）の養成に支障をきたす、と日本資本主義経済を担う労働者養成に主眼をおいて母性の危機を警告している。[5] また森戸辰男は社会民主主義者の立場から「婦人労働問題」をテーマとした社会政策学会第一二回大会（一九一八年一二月）で「日本における女子職業問題」を報告した。この学会は女性労働を討論テーマとして開かれた戦前唯一のものといわれる。[6] 当時女性労働問題といえば繊維女工問題が主として論じられていたが、森戸は婢、女坑夫、娼妓や職業婦人など広く全般にわたって女性労働問題を把え、そこに共通する隷属的労働状態を統計で示した。特に森戸は既婚女性労働者の家庭との二重負担問題に言及して、女性労働問題の解決は「封建的家族制度よりの解放と共に、資本的経済制度よりの解放が留意されなければならぬ[7]」と述べている。

後者即ち労働組合友愛会が女性労働問題を階級的要求として取り上げたのは、戦争景気の矛盾が表れ、労働争議が激発した一九一九年八月友愛会第七周年大会においてであった（同年全国争議件数二、三八八件で、昭和恐慌期一九三一年につぎ、争議参加人数は三三万五、二二五人で戦前のピークを記録）。

第七周年大会宣言の中に「わが産業界を見るに、女工は紡績会社にうめき、幼年工は勤労の長きに疲れ、地の底より女坑夫の叫び立ち上がる。嗚呼、今は解放の時である。又労働者の死亡率は増加し、その生活の不安の為に嬰児の死亡と死産、流産は著しく増加し[8]、労働者の顔に死の蔭のささぬ時はない。物価は騰貴し、罷工は相継ぎ、組合の自由は認められず、労働者は全く自由民としての権利を否定されている[9]」と資本による搾取、収奪される女性、児童労働の非人間性が訴えられ、近代的市民の権利が強調されている点が特徴的である。

しかも大会は二〇項目の要求の中に女性労働者の要求として「同質労働に対する男女平等賃金制の確立」、「八時間労働制度」、「夜業禁止」、「婦人労働監督官を設くる事」等をようやく掲げるに至った。しかしこの時点では母性保護に関する要求項目はまだ表れていない。が同年一〇月には第一回国際労働会議において、「男女同一の価値ある労働に対する同一賃金の原則」が宣言され、同時に「産前及産後における女子傭使に関する条約案」(産前産後六週間就業禁止)及び「婦人の夜業禁止」が決議され、日本代表も先進資本主義国として、それに調印したのである(この条約を批准した国は、一九二二年七月一日より実施の義務をもつ)。

こうした国際情勢もあって女性労働者の母性保護問題は、本格的に社会問題化し女性労働者の組織的要求も高まり、政府、資本家側も又問題を黙視できなくなった。当時政友会原内閣は、戦後恐慌による労働運動や普選運動の急進化に対して、一方で弾圧し、他方で譲歩した。後者に関して政府は、失業者救済の為に社会事業(託児所、職業紹介所、公設市場、簡易食堂など)をすすめ、社会政策や調査に乗り出すなどの協調主義的政策を行なった。政府が諮問機関として設置した救済事業調査会(一九一八年六月設置され一九二一年社会事業調査会と改称)は、調査事項八項目の中に児童保護事業(嬰児保育、貧児教育、児童虐待防止、小児労働制度など)や労働保護事業(工場労働の改善、婦人労働、労働組合及救済制度など)を置き、女性、児童問題を主要な調査対象とした。しかし調査会は労働者保護問題を恩恵的救済事業として把え、「低所得者や失業者乃至労働者対策」[10]に重点を置いた。同様に女性、児童労働者保護問題も、女性労働者や児童の権利としてでなく貧者救済の対象として考えられていた。

では大正後期の既婚女性労働者の労働実態がどのようであったか、次に述べておきたい。ここで特に既婚女性労働者問題を取り上げるのは、第一に資本の高蓄積が勤労者の貧困化を絶えず再生産し、年々既婚女性労働者数が漸増していること[11](表1参照)、第二に女性労働者の出産、育児問題が社会的に保障され女性の勤労権が確立されることが女性解放の今日的な課題であると考えるからである。

従来戦前における女性労働問題といえば、主として繊維女工の寄宿舎問題が取り上げられてきた。未婚者が八八

％（二五歳未満八七％、一九二四年労働統計実地調査）という圧倒的多数を占めていたこともあって、既婚女性労働者問題はその陰に押しやられた形となっていた。しかし有夫の繊維女工は、大工場には比較的少ないが、中小工場には相当多くみられた[12]。その通勤女工の産前、産後の休養、乳幼児託児の保障は、工場法適用工場（大正後期に工場総数の約五〇―六〇％）においても、極めて不完全で彼女らは二重の労働苦を強いられていた。

1　既婚女性労働者の割合

先ず女性労働者のなかで占める既婚者の割合は、一九二四年の労働統計実地調査「工場労働者の配偶関係[13]」によれば、一般工場で働く既婚女性労働者は約一七％（表1参照）を占め、繊維工場における既婚女工一二％の割合を上まわる。更に農水産業を含めた全国有業者の配偶関係調査（一九二〇年国勢調査）では有配偶女性有業者は、一、〇〇〇人中五六一人で五六％も占めている。業種によっては既婚女性労働者の占める割合は一層高まる。例えば一九二一年広島県呉工廠（従業者数約三万人）で働く女工数は一、七九六人でその内有夫女工は一、四三四人で約八〇％を占めた。授乳中の女工数は四一七人で約三〇％に当たることが記されている[14]。

また近代重工業の基礎産業である鉱山労働者（金属、石炭、石油など）の配偶関係（一九二四年）をみると、女坑夫（総数七万〇、四六〇人）は男坑夫（総数二二万一、〇二七人）の三二％を占め、既婚女坑夫は約七四％で、繊維女工の場合とは逆の割合を示している[15]。

職業婦人のなかで有配偶者が多いのは女性教師で五九％（「東京市内職業婦人調査」一九二四年[16]）、未婚者は二九％に過ぎない。しかしその他の職業婦人は未婚者が圧倒的に多数を占め、有配偶者は一〇％を超えていない。

表1．女性工場労働者数

	有配偶女性労働者	無配偶女性労働者
1924	122,327人	596,580人
1927	126,052人	626,773人

出典『労働統計実地調査』
但し1924年は『日本帝国統計年鑑』、1927年は『日本労働年鑑』に転載されたもの。

2　女性労働者の母性保護問題

次に改正工場法施行前における産前産後の休養の実態については、改正工場法施行規則（一九二六年実施）第九条の産前四週間、産後六週間の休養規定を基準にして述べることにする。

一九二四年の工場監督年報「職工妊産に関する調」（一九二四年中、警視庁管内工場における妊産婦三六五人についての調査）[17]によれば、既婚女工（通勤女工）の内、出産した女工の割合は、二三・六％を占める。年齢別では二一歳以上、二五歳未満の青春期の者が三四・七％の多数を占める。なお出産した女工の勤続年数は、半数以上が二年乃至五年である。

産前休養の状態は、四週間以内が全体の約三八％（三六五人中）で半数以下である。八週間以上の休業者が、全体の二八％（一〇二人）を占めているが、その理由は流産などの変調がみられたためと考えられる。逆に産前二週間以内の休業者が二〇％（七三人）をも占め、出産間際まで労働に従事した状態が示されている（表2参照）。産後の休業は六週間以内に就業する者が約二一％（二〇三人中）と少ない。八週間から九週間が高い数字を示すが、注目されるのは一〇週間以上の休業が四五％を占めていることである。就労までの産後休業期間が、比較的長い数字を示していることは、女工の労働条件が母体に障害を及ぼし、その回復に相当の時間を要したことを表しているものといえよう[18]（表3参照）。

繊維工場で働く女工の母性破壊については、細井和喜蔵の『女工哀史』にもみられるが、その原因を風早八十二は「高度に機械化された工場労働と残存せる家族制度下の家族労働との競合」によるものと指摘している。[19]

また職業婦人の中で比較的早くから産休問題が論じられたのは、共働きの多い女性教師の場合であった。「京都市小学校女教員調査[20]」（一九二〇年）の産前産後に関する調査によると、妊娠女教員二三八人中、産前休業を全くとらなかった人数が、全体の四九％（一一六人）もある。産前休業をとった五一％（一二二人）の平均日数は、僅かに九日で産後休業平均日数は三〇日と示されている。更に一歳未満の乳児死亡数は、死亡児六一人中三〇人で四九％の高率を記録している。このように女性教師の母性保護対策は、工場女性労働者と同様に緊急な課題であった。

従って女性教師の産休問題は、既に一九一七年の第一回全国女教員大会で議題とされ、ついで第二回大会（一九二〇年）では「産前産後八週間休養、全額支給」の決議がなされ、女性教師による運動が活発化したことは、第二章で述べた通りである。文部省は第一回国際労働会議（一九一九年）の決議に対する配慮もあり、国家主義的教育の効果という観点から[21]、工場法改正に先行して、一九二二年「産前産後の休養に関する文部省訓令」を発し、女性教師及び幼稚園保母に対し、産前二週間、産後六週間の休養を公認した。しかし政府は他の職業婦人に対する保護には触れていない。

表２．分娩前休業期間別分娩員数調（1924）

	人数	1週間以内	2週間以内	3週間以内	4週間以内	5週間以内	6週間以内	7週間以内	8週間以内	9週間以内	10週間以上	総数	1人平均
紡績業	346人	人										人	日
製紙業	11	53	20	33	33	54	38	32	26	25	51	365	37
菓子業	8												

表３．分娩後休業期間別分娩員数調（1924）

	人数	1週間以内	2週間以内	3週間以内	4週間以内	5週間以内	6週間以内	7週間以内	8週間以内	9週間以内	10週間以上	総数	1人平均
紡績業	184人	人										人	日
製紙業	11	0	0	1	1	20	20	17	26	26	92	203	69
菓子業	8												

出典『工場監督年報』「職工妊産ニ関する調」農商務省編纂、1924年

（注）表２の産前休業者数365人と、同調査の表３産後休養者数203人（162人不足、全体の44％にあたる）が、一致しないのは、流産か死産か、あるいは出産後乳児死亡にかかわるものと推測される。

3 保育所問題

公立託児所は米騒動を契機として大都市に設置されるようになるが、勤労者階級の貧困化が進行し、多就業家族の増加により保育所は切実な要求となった。一九二〇年第五回全国社会事業大会（中央慈善協議会主催）では「労働問題解決の補助作用」としての保育所の増設が決議された。保育所の目的は「母親が生計の費用を得んが為に子供を他人に委託することは不自然なことであり、児童の為にも不幸であると思ふ。されど保育所は家庭の事情が止むを得ざる場合に於いてのみ児童を収容すべきものである」(22)とされ、労働者保護の場合と同様に救貧対策として考えられてきた。

保育所の必要性は年々増加し、一九二二年に九九施設であった保育所が、大正末期の一九二六年には二九三施設と約三倍になっている。託児数も四倍以上に増加している（表4参照）。託児状態は神戸市社会課の調査（一九二二年燐寸軸木工場女性労働者の育児調査）によると、家族の者が子守りをする場合が、最も多く四五％を占め、それ以外では工場同伴が二三％、託児所にあずけるのは、僅かに一六％に過ぎなかった(23)。

表4．託児所・保育児数

	託児所数			保育児数
	公営	私営	計	
1922	15	84	99	5,018
1926	65	228	293	20,768
1929	101	318	419	48,509
1930	110	372	482	55,968
1933	167	467	634	59,475

出典『日本幼児保育史』第4巻
フレーベル館、25頁。

工場、鉱山の付設保育所数は、正確な統計が見当たらないが、「大正七、八年頃、工場付設のものは七五といわれ、昭和九年までほとんど増加していない」(24)という状況であった。この工場付設保育所について、一九一八年の「工場監督年報」（東京府管内における保育所を付設する工場は、紡績工場五、織物工場一、合計六工場）は、次のように報告している。工場付設保育所は、作業場に近い独立建築のもの五、寄宿舎の一部をあてたもの一で、保育には保母や、多くは女小使、子守があたった（一保育所に三人乃至九人）。託児数（生後乳児から学齢前児童）は、最少で幼児七名、乳児二名、最も多いのは幼児八〇名、乳児一〇名で夜間保育をする場合もあった。哺乳時間は一日三回の休憩時間（一五分乃至三〇分）が当てられる。しかし食事その他に要する時間、保育室への往復時間等を差し引くと、哺乳は短時間しかとれず、母子に影響を及ぼす健康上の問題が、工場監督官によって指摘されている。

以上述べてきたように、日本の独占資本主義確立期における既婚女性労働者は、出産、育児という母性の特性をもつがゆえに、男性にもまして隷属的労働状態にあったといえる。風早八十二は「我が国工場労働者の半数を占める婦人の生産力に対しては、男子の二分の一前後の低賃金と生理休暇、産前産後有給休暇制の欠如をもって報いている状態である」[25]といみじくも指摘している。この期における日本資本主義の搾取と収奪によって無権利状態にあった女性労働者保護問題は、労働者階級の成長と共に国民的課題とされた。

二　市民的女性運動と母子扶助法

1　母子保護要求の高まり

女性が封建的家族制度のもとにおける家内労働から社会的労働に進出したことは、資本主義発達による歴史的必然であり、経済的自立は女性解放への重要な要件である。

しかし独占資本主義確立期における既婚女性労働は、先に述べたように「人間的搾取材料」とされ、著しく「肉体的荒廃」と「精神的萎縮」をもたらし、彼女らの子供の健やかな成育を妨げるものであった。女性、児童労働者を保護するための工場法は、第一次大戦後の労働運動の高揚を背景として改善され、僅かに前進するのであるが、その実施は大幅に遅れ（一九二六年）、特に母親労働者に対する保護規定は最低であった。

こうした女性労働者の状態に対して、市民的女性が母性保護のための社会政策の必要性を説くに至った。それは米騒動の直後に展開された「母性保護論争」[26]における平塚らいてうの主張にみられる。らいてうは「母の仕事（妊娠、分娩、育児）」を全うするためには、母以外の労働とは両立しないことを前提にし、私生児や「貧困な母」に対して「妊娠、分娩、育児期における生活の安定を与えるよう国庫補助」を認めさせることは、「母の権利」であると述べている。

彼女の中産階級的女性労働観（「母の仕事」と労働は両立しない）は、論争相手の与謝野晶子や山川菊栄の激しい批判を受けるのである。しかし、らいてうのその後の活動を考慮に入れるならば、彼女の主張は必ずしも労働女性問題を除外した領域で論じられているのではなく、むしろ資本蓄積の高度化が「貧困な母」を創出している現状を見据えた主張である点に注目したい[27]。つまり母体破壊を招来し、乳幼児を死に至らしめるような隷属的労働条件のもとで労働と出産、育児を両立させることは困難であるがゆえに、国家が出産、育児期間の経済的保障をすべきである、と資本の無制限ともいえる搾取に対する批判をこめて問題提起しているのである。らいてうが出産、育児を「母性の権利」として社会的に位置づけている点が重視されなければならない。

「母性保護論争」に端を発した母性保護問題は、一九二〇年結成された新婦人協会によって婦人参政権要求と結びついた運動に発展した。即ち婦人参政権獲得は「婦人、母、子供の権利を擁護」する立法を実現するためである、と女性の政治参加の要求目的が明確化された[28]（第一章参照）。

一方無産女性による母性保護要求は、一九二五年に発足した政治研究会婦人部によって準備された。この婦人部の性格は「新婦人協会及び赤瀾会両団体の潜在的エネルギーを新しくひきつぐ」ものといわれる[29]。政治研究会神戸婦人部の山川菊栄は、政治研究会が準備した無産政党行動綱領草案に対して「婦人の特殊要求」を提議し、母性保護項目のなかに「無産者の分娩費用及幼児を有する母親の生活費国庫負担」[30]を掲げている。ここにらいてうが提起した母性に対する社会保障が、社会主義理論に基づく勤労大衆女性の要求として位置づけられた。

また社会事業関係者による母子保護法制定要求も、救貧問題として活発化した。即ち一九二〇年第五回全国社会事業大会（基督教婦人矯風会も参加）において「児童保護法案に関する建議」が決議され、更に第七回大会（一九二五年）には母性保護問題が明確化され、政府に対して「母子扶助法制定を建議する」ことが決議された。[31]

このように児童及び母性の保護は、国民的要求として高まり、政府は米騒動後、母子保護対策を検討せざるを得なくなった。救済事業調査会は既に一九一九年に「母子扶助法制度の急務」を決議した。その後一九二六年五月内務省（若槻内閣）は、母子扶助法要綱を発表し「貧困児童及び之を養育する寡婦調査」を行なった。最終的には社会事業調査会に、児童扶助法案を答申させた。このように政府が「母子扶助法」を避けて、貧困児童の保護、救済を目的とした児童扶助法案を打ち出した理由は、一つは日本資本主義を支える未来の労働者と兵士の育成を目的とする国家主義的児童保護を重要な課題としていたことである。守屋栄夫社会局部長は児童扶助法案の内容について、その立法精神を次のように述べている。「児童扶助法は母のために子が育つとか、母を助けるために子供を救うとかいう立場からでなく、子は府県の子であり国家の子であるという見地から、子は無条件に助けられなければならない。母性保護は子供の保護によって完成するのである」と。[32]二つに母性保護の権利を要求する市民的、社会主義的女性運動に譲歩することは、支配体制の危機につながるものと考えたからである。

2　婦女新聞社の母子扶助法制定促進会

市民団体による最初の母子保護法制定運動は、一九二六年四月、婦女新聞社々長福島四郎らが、母子扶助法制定促進会を社内に設立し（以下促進会と略称）、婦女新聞読者に呼びかけたことに始まる。[33]その一か月前（三月）に、総同盟婦人部、関東紡績労働組合が宗教団体等の参加を得て女性、児童の深夜業禁止請願運動を展開し、第五一議会に五万人の署名を提出した。請願は握り潰されたが、第八回国際労働会議の非難も加わり、同年秋には一〇万署名運動へと拡大していった。

こうした潮流の中で促進会は第五二議会にむけて、母子扶助法制定請願運動を開始したのである。しかし内務省が児童扶助法案を議会に提出する準備にかかったことが報道されると、促進会は請願を暫時ひかえ、専ら促進会の宣伝に重点を移すなど、最初から運動に一貫性を欠く傾向がみられた。促進会が国民的課題である母子扶助法制定運動に取り組みつつも、その脆弱性をしばしば露呈したのは、次のような理由からであった。第一に促進会の組織は婦女新聞社の読者の賛同者を会員とし、全国の読者に呼びかけて地方女性の運動参加を求め、母子扶助法制定促進の世論を高めていくという方法をとった。確かに新聞を通して運動の啓蒙、宣伝の面では一定の成果を挙げたが、企業利益と運動とを一体化して展開したという点で運動の性格を曖昧にした。第二には福島が主唱する母性保護思想はエレン・ケイの観念的思想に依拠したもので、[34]一九二〇年代後半無産政党が結成され、社会主義的女性論が形成されつつある時期、社会的矛盾と対決できる思想となり得なかった。しかし促進会は以上のような弱点を持ちつつも、母子保護法制定運動発生期における啓蒙的役割を果したたといえよう。

促進会の目的は「幼児を抱いて生活のために苦しんでいる寡婦又はそれと同一の環境にある母親に、政府より扶助金を交付する法律を速に制定せしむること」[35]と記されている（私生児の母も対象）。扶助の対象が「寡婦又はそれと同一の境遇における母親」とされている点について、かなり多くの会員が「失業中の夫、あるいは低収入で数人の子供の扶養ができない夫の境遇」に適用を拡げるよう修正を求める意見を寄せている。例えば会員でもある平塚らいてうは「今日、日本の無産階級の母のすべては、夫によって自分と子供の生活が安全に保障されては居りません。

夫の失業時はいうまでもありませんが、そうでなくても最低賃金法が行なわれていないのですから、多くの家族は程度の相違こそあれ、皆生活に悩んでいるのが今日の状態です」[36]と「貧しい母」の一人として目的達成のための奮起を促している。

ところで母子保護法制定運動の直接の動機は、独占資本の進展による大工業の技術発展と一九二〇年以来の恐慌が失業者を続出させ[37]、その生活苦から母子心中を頻発させたことにある。婦女新聞は母子心中の実例を詳細に報道し、諸外国の母子扶助法を紹介して運動の拡大につとめた。読者中の賛同者数（会員）は数千名を数え、会員は朝鮮、満州や全国各地に点在した。奥むめお、久布白落実、坂本真琴らの名もみられる。母子扶助法制定要求に対する賛同者の反応も活発で、多くの共鳴や意見が届けられたことは、女性の抑圧的地位からの解放欲求のエネルギーを示すものといえよう[38]。

促進会の議会請願運動は、一九二六年第五二議会から開始され、一九二九年第五六議会の救護法通過によって終了する。その三年間に三回の請願が行なわれているが、第五五議会（第一回普通選挙実施後最初の議会）に対する「母子扶助法制定に関する請願」の要旨は、「寡婦にして其の幼児の扶養に苦しむ者、又は寡婦ならずとも夫病気の為、児童扶養の資を稼ぐに堪えざるもの、及び孤児にして之を扶養すべき両親の無き者は、其の境遇甚だ憐むべきものなり、……依って母子扶助法を制定し、以て是等の不幸なる者を救済せられたし」とされている（署名者数五七四名、紹介議員守屋栄夫）[39]請願の内容は、政府の児童扶助法案（第一条、一四歳未満の子を自己の家庭にて養育する寡婦及びその一四歳未満の子または、一四歳未満の孤児にして貧困のため生活すること能わざるものは、本法によりこれを扶助すること）とさほど変わらないのに、それをあえて促進会が母子扶助法案（名称）に固執したのは、女性問題の解決は母性保護の国家保障制度の確立であると、この一点を運動の基本方針としたからである[40]。

この第五五議会において田中内閣は治安維持法の改定案を提出し、共産党や社会主義運動、労働運動に対する弾圧の準備に終始した。次節で述べるように母子保護への要求が、無産女性団体の綱領にも掲げられ、その運動が拡がりつつあった情勢にも拘らず、母子扶助法請願は日程には上がったものの、議題にはならなかったのである。結局母子保護法に関しては、一九二九年四月、田中内閣の救護法公布により、そこに含まれる形となった。救護法は従来までの恤救規則より一歩前進してはいるが、政府見解によると「国民生活の不安と思想の動揺を防止する」(41)ものに他ならなかった。更に救護法の実施は、財政窮迫を理由に一九三二年まで延期され、その財源は競馬法を改正して、勝馬投票売得金から得られる政府納金中から、その一部が当てられた(42)。

救護法における母子救護規定の内容は、次のようである。第一に貧困妊産婦については、労務に従事することができない期間、即ち産前一週間、産後三週間、合計四週間の生活費を給与すると共に、医師または産婆により助産を受けさせることが出来る。第二には乳児をもつ母親の扶助については、施行令第二二条により幼児一歳以下までを救護の対象とすると規定され、最低限の扶助内容を示し実態に合わないものであった(43)。実際に救護法施行後の母子救助状況は、被救護者数の内「幼者哺育の母」が最も少数で、次いで妊産婦となっている(44)（表5参照）。

広島市の方面委員の一人は「幼児一年以下の扶助」が切れた母親は社会的施設（保育所は三歳以上の幼児を対象）も少ない現状で、どのように生存を維持していくことが出来るのか、扶助の年齢を引き上げてほしい、と控えめに訴えている(45)。更に一九三一年五月

表5．年度別被救護者別救護状況調

	1932	1934
65歳以上の老衰者	人 44,116	人 51,349
13歳以下の幼者	66,406	94,250
妊　産　婦	3,310	3,073
不具廃疾者	8,751	11,681
疾病傷痍者	40,503	51,271
精神耗弱又は身体虚弱者	8,198	10,825
幼者哺育の母	1,424	1,018
計	172,708	223,467

出典　『日本社会事業年鑑』1939、40年版による。

に広島県が救護法の対象者となる要救護妊産婦を調査したところ、僅かに八名しか対象者がなかったことに対して、次のような批判がなされている。「広島、呉、福山の三市を除いた尾道市外郡部町村から申請してくる貧困妊産婦診察券の利用数は、一カ年三〇〇件以上にのぼっている現状からみても、単に救護法に認められる程度の妊産婦は少数である」と述べ「貧困妊産婦を救護すべく産まれた救護法は、県下の貧困妊産婦を殺す」結果になると揶揄している。(46)

促進会は以上のような母子扶助を含む救護法が実現したことを評価しつつ、その実施を延期している政府を批判するにとどまった。その運動の弱点は前述したように、救貧的思想を底流とする市民的母性思想の限界であり、権力に妥協的な改良主義に終始したことである。更に運動を支えた熱意ある市民の声も全般的に慈善的で、母子保護法を最も渇望した勤労女性自身の生活擁護運動と結びついて展開されるということもなかったのである。

三　無産女性運動と母子扶助法

1　無産女性諸団体と母子保護問題

昭和恐慌期における無産女性団体による母子保護法制定運動の特徴は、慈善的、救済的性格を脱し、勤労女性の生活擁護運動として母性及び児童の保護問題を婦人参政権等の諸要求と結びつけて展開された。(47)母子保護法制定運動が無産階級女性の要求として明確化されるに至った社会的背景としては、次のようなことが考えられる。即ち大恐慌後、労働者数は急増したが（一九二五年約七、一九万一、〇〇〇人から一九三〇年には約七、八二万二、〇〇〇人、一九三五年約八、一七万五、〇〇〇人に増加)、その雇用内容をみると中小零細企業や日雇が増加して、失業者数は日雇労働者を含めると約二〇〇万人近く(一九三〇年)を記録するほど、勤労大衆の貧困化が拡大したことである。(48)

特に女性労働者は、貧困化のしわ寄せを蒙った。日本の主要な近代産業、繊維工業を支える圧倒的多数の女性労働者が、合理化や大量首切の対象とされた結果、女性労働者の争議は極めて苛烈であった。更に半封建的寄生地主制を基礎とした農村の窮乏は、一九三〇年以降一層深刻となり、農村少女の身売りが社会問題となった。都市では親子心中が増加し、その原因は生活難が第一位を占め、母子心中が最も多かった(表6参照)。

母子保護法制定運動の担い手となる無産女性団体(49)は、一九二七年政治的自由の要求(治安警察法第五条改正、婦人参政権)と男女の不平等撤廃等を主目標に掲げて結成された。無産女性団体は結果的には無産諸政党の系列に属して、それぞれ関東婦人同盟、全国婦人同盟、社会婦人同盟を結成して運動を展開するのであるが、三者共に女性解放の綱領の中に児童及び母性保護に関する項目を掲げている。(50)

表6.「親子心中に関する調査」

(イ)親子心中数
1927年7月〜1930年6月
総件数　389件

親の数	男	145人
	女	325
	計	470
子供の数		569

(ロ)原因別調査
1927年7月〜1935年6月
総件数　1,735件

1位	生活困難	460
2位	家庭不和	322
3位	精神異常	298

出典　中央社会事業協会発行のパンフレット。

なかでも婦人参政権、女性労働者の労働条件の改善要求と共に母子保護法制定を強調したのは、中間派の全国婦人同盟(一九二九年無産婦人連盟と合同して無産婦人同盟となる)と、右派の社会婦人同盟(一九二八年社会民衆婦人同盟に改称)であった。特に後者は、失業と生活苦の現実を注視し、母子保護法制定を重点目標とし、あわせて無料託児所及び無料産院設置、産児制限などの運動を展開した。社会民衆婦人同盟のこうした運動は、無産女性の階級的闘争というよりも、むしろ社会政策的側面が強調され「小ブルジョア的社会事業団体に近いもの(51)」とその改良的色彩が無産女性左派から批判された。

全国婦人同盟と社会民衆婦人同盟は、時に共闘しつつ母子保護法制定運動を次のように展開していった。先ず最初に全国婦人同盟は結成間もない一九二七年一二月一八日に「婦人解放デー」運動を開始し、「婦人参政権獲得、母性保護法制定、婦人の夜業、坑内労働の禁止、寄宿舎制度の廃止、公娼私娼の廃止」等のスローガンを掲げたビラ一〇万枚を東京市内で配布しつつ、女性、児童の深夜業禁止請願街頭署名運動を行なった。この時、前年（一九二六年）に高潮した深夜業禁止署名運動の勢いに乗って八、〇〇〇名の署名を集めることができ、婦人問題演説会が盛大に開催された（神田基督教青年会館）[52]。

ここに女性労働者の深夜業禁止等の諸要求と母性保護法制定要求が、女性労働者問題として統一的に把握され、その諸要求を実現するために婦人参政権獲得が必至である認識が固められた。この「婦人解放デー」運動は、全国婦人同盟の支持政党である日本労農党の三運動（徹底普選獲得、生活擁護、既成議会弾劾）の指導の下に、日本紡織労働組合との提携によって行なわれたものである[53]。

その後一九二八―二九年にかけては、全国婦人同盟単独では母子保護法制定に関する具体的な動きは見られず、「緊急勅令による治安維持法改正にたいする声明」や「政友会の反動的婦選にたいする声明」（いずれも一九二八年六月）等が出されているに過ぎない。こうした無産女性運動の一時的消極的傾向は、第一回普通選挙（一九二八年二月）で無産政党各派が初めて八名の当選者を得たことに対して、田中内閣が恐慌対策として独占資本を強化し、対外的には大陸侵略に活路を求めつつ、国内では暴力的弾圧政策を行なったことによる。このために無産政党は分裂、合同、右傾化等の諸傾向を強め、傘下の婦人同盟もまたこれらに連動して混迷していったことが、その原因であった。

2　社会民衆婦人同盟と母子扶助法制定運動

母子保護法制定運動が最も高揚したのは、恐慌期において民衆闘争が激化した時期、即ち一九三〇―三一年で、社会民衆婦人同盟（以下社民婦人同盟と略称）を中心に展開された。一九二九年社民婦人同盟は「新宣言」を発表し、次の運動目標を掲げた。(54)

① 労働時間の短縮、最低賃金法の制定、婦人労働者の産前産後六週間公休制の制定、職業婦人保護を目的とする法律制定
② 封建的諸法律（親族法、婚姻法、離婚法）の改正、母子扶助法の制定
③ 農村婦人の農会進出と産業組合進出
④ 右の目的を達するために婦人参政権、婦人公民権、婦人政治結社権の獲得

なかでも母子扶助法制定は主要な運動目標とされた。即ち一九三〇年六月二一日社民婦人同盟は第二回全国協議会（代議員三三名、東京、横浜、名古屋、大阪等から参集、中央執行委員長山田やす子、中央委員赤松明子、赤松常子、阿部静枝ら八名）を芝協調会館で開き、母子扶助法制定運動を全国的に展開する方針を決議した。(55) そして二三日、次のような決議文を内務省に提出した。

母子扶助法制定要求に関する決議

――今や失業問題は社会の重要問題となり、現内閣の一大癌となりつつある。

また最近頻発するところの貰い子七人殺し事件、板橋細民部落の貰い子殺し事件等、或は一家の主婦の夫殺し、子殺し、一家心中、母子心中等はそのほとんど凡てが一家の働き手である主人又は寡婦の失業による生活難に起因して居る。且又、最近朝飯を喰べないで登校する学童、弁当を持たないで登校する学童が非常に増加しつつあ

るが、これ等も又父親或は母親の失業もしくは、就職日の激減によるものなることは明らかである。かくの如く現代の失業問題はその由って来たるところ深く影響するところ広く、失業者それ自身の重要問題であるばかりでなく、同時にまたこれは愛児の問題であり、母性の問題となってきた。

茲に於いて、我々は社会的原因による失業の為に多くの母性とその愛児が悲惨な運命を辿ることを阻止する為に、又失業した家族——殊にそれが一家の主柱をなして居るものが寡婦である場合は尚更のこと——の生活の最低限度に安定せしむる為に、一方失業保険法その他の失業対策を要求すると共に、他方特に婦人の立場よりして母子扶助法の即時実施を要求するものである。勿論従来とても母子扶助法要求の声が全然なかった訳ではない。而しながら我々は児童、母性に関する血なまぐさい事件の殆ど凡てが、社会的原因による失業の深刻化に起因することを信ずるが故に、単なる母性、児童の保護という観点ばかりでなく、失業対策の一つとして母子扶助法の即時実施を要求するものである。

右決議す。

昭和五年六月二一日

社会民衆婦人同盟全國協議会(56)

決議文には世界恐慌下における失業による家庭破壊、とりわけ母子の貧窮が縷々説かれている。ここでは母子保護法制定運動は、単に貧困母子の慈善的救済ではなく、資本主義経済の構造的危機によって生じた一家の働き手（夫であれ、母であれ）の失業が、家族の崩壊を招来している悲惨な状態に対する生活擁護問題とされている。つまり、それは女性の社会的労働を保障する勤労権の確立と、子供が健やかに成長できる生存権の保障を要求するもので、母子保護法制定運動の質的発展として一定の到達点をみることができる。(57)

社民婦人同盟は母子扶助法制定を全無産階級女性の要求として、その法案要項を発表して、[58]婦人参政権運動が最も高揚した第五九議会を目標とし（第三章参照）、法律制定へ全力を注ぐのである。即ち一九三〇年一〇月母子扶助法獲得闘争デー（一一日—一三日）を定めて、東京、大阪、名古屋等全国的に街頭署名運動とビラ配布を行ない、婦人生活擁護大演説会を浅草公会堂で開催した（安部磯雄、片山哲、奥むめお、阿部静枝、赤松常子らが演説した）[59]。

同時期（一〇月）、社民婦人同盟は無産婦人同盟と提携して徹底婦選共同闘争委員会を組織した。これは第五九議会に提出される浜口内閣の制限婦人公民権案に反対し、満一八歳以上の男女平等選挙権の要求を目的としたものである。一一月二九日徹底婦選獲得、生活権擁護大演説会が神田女子基督教青年会館で開催された。この時、織本貞代、岩内とみえ、阿部静枝らは女性労働者の生活擁護を主張し、赤松明子は「婦人参政権と母子扶助法」について演説した[60]。この徹底婦選共同闘争委員会は、翌一九三一年二月八日に東京と大阪の両地で無産婦人大会を開催した。東京大会では労働総同盟婦人部等の女性労働者や社会主義女性、職業婦人など約七〇〇名が参集して気勢をあげた。婦人参政権と共に母子扶助法制定や女性の人身売買の禁止等の諸要求も掲げられ、政府の制限婦人公民権案を批判し「徹底的婦選の実施」を要求する決議がされた[61]。

社民婦人同盟単独の運動としては、一九三〇年一二月第一回全国大会を東京（芝協調会館）で開催し、そこで闘争目標である母子扶助法即時制定、労働組合法獲得、婦人の政治的自由獲得、産児制限運動の徹底化等を再確認している。しかし社民婦人同盟は思想的には社会民主主義の正当性を強調し、共産主義者、非合法陣営に対する敵対を明白にし[62]、更に社会民衆党が政府の弾圧政策によって急速に右翼化していくその影響を直截に受けて、女性運動の大衆性を歪曲していくという弱点を露呈していった。

こうした一面をもちつつ社民婦人同盟の運動が最も精力的であったのは、一九三一年三月一日の母子扶助法案と労働組合法案（団結権とストライキ権保障を内容とし、社会民衆党片山哲提出）の両法案獲得闘争デー運動の展開であった。

当日は総同盟婦人部と共に東京、神奈川、静岡、埼玉、岐阜、広島等の各地でデモやビラ、風船による宣伝活動を行ない[63]、地方公共団体に公立無料産院、託児所設置を訴えた。[64]広島市内では社民婦人同盟広島支部準備会の会員一〇名が、パンフレット『母子扶助法とはいかなるものか』の街頭販売を行なう等、地方における無産女性団体の支部組織化がすすみつつあった。[65]

その第五九議会（一九三一年三月）に社民婦人同盟は社会民衆党議員片山哲を通して、母子扶助法案を衆議院に提出した（同党は労働組合法案も同時に提出）。その法案は扶助の対象を次のようにした。

①　貧困な寡婦が一四歳未満の児童をもつ場合

②　夫が失業あるいは半失業の場合も該当する

③　扶助金額は児童一人に一日一円、二人の場合は一円七〇銭、一人を増す毎に五〇銭を追加する、という内容で扶助を要する費用は国庫負担とすることを明記している。[66]法案の特色は救護法が「失業による困窮」に対する扶助を除外した点を補足して、国家責任という見地から失業家族の救済を規定するものであった。母子扶助法案は上程されたが会期切れとなった。しかし勤労女性が自ら生活擁護を求めて母子保護の権利に基づく母子扶助法案を立案し、国家権力にこれを認めさせるべく議会に提出した歴史的意義は大きい。なお救護法実施期成同盟会は、同議会に対し財政措置がとられないまま延期されている救護法の実施を執拗に働きかけたのである。

この第五九議会は恐慌期における勤労女性の生活擁護、婦人参政権獲得をめざす議会闘争の頂点を画すものであった。それは大正デモクラシー期に組織され、闘い続けられてきた女性運動の総決算を意味した。しかし民政党政府提案の婦人公民権でさえ、衆議院を通過したものの貴族院で否決された。また婦人結社権案や労働組合法案は衆議院を通過したが、貴族院では審議未了となった。母子扶助法案については前述の通りである。こうして天皇制と独占資本に癒着した既成政党が、長年にわたる女性の政治的要求を拒絶し、勤労大衆に対する恐慌対策を何ら示さなかったことは、その後政党政治に対する民衆の失望感を深める結果となった。

同年（一九三一年）五月三日、社民婦人同盟は戦線の建直しを計り、総同盟系の労働婦人連盟（組織五〇〇）と合同して、無産女性組織を強化した。合同前の社民婦人同盟員数は約二、二〇〇名で、支部数は一八、主な支部所在地は東京、横浜、名古屋、大阪、岐阜、山梨、高知等、他に支部準備会が川崎、沼津、長野、下関、唐津、尼崎、京都、神戸、広島等である。[67]合同の理由として無産階級女性の解放を実現するためには、第一に無産女性が左派、中間、右派の三派に分裂していることは戦闘力を弱める、第二には組織女性労働者と市民的女性、農村女性の提携による幅広い運動が必要である、と述べている。[68]

このように社民婦人同盟が無産女性の統一的運動論をうち出したのは、第五九議会における既成政党の圧倒的多数の力と、非民主的圧力の前に運動側の非力を実感し、従来までの議会請願運動重点主義に対して自己批判したものと考えられる。そして当面の闘争方針は「婦人大衆の社会主義的意識の高揚と議会外の政治的大衆行動への婦人の自主的参加を慫慂する」ことに重点をおくべきである、と軌道修正をした。[69]更にそこには戦争の危機と国家社会主義への傾斜が強まりつつある情勢への危機感も示されている。

合同後の社民婦人同盟は、これまでの婦人参政権や勤労権と結びついた政治的要求としての母子扶助法制定運動から一歩後退した。即ち母子扶助法、無料託児所及び無料産院設置、女中待遇改善要求などを三大要求として掲げ、勤労女性の身近な現実的生活に直結した生活擁護問題に運動の重点を移した。無料託児所及び無料産院設置要求は、各無産婦人同盟の結成当初から掲げられている。当時全国婦人同盟の結成大会（一九二七年一〇月）で、看護婦班の代表が児童保護法と無料託児所の要求を述べ、工場班の代表も産前産後八週間休養と無料産院の設置を訴えているように、勤労女性にとっては母性保護の要求と子供を安心して託せる保育所の設置が緊急課題であった。[70]

実際に社民婦人同盟鎌田支部（山梨県）は、一九三〇年農村託児所を開設し、同盟支部員や平田のぶ（一九三一年子供の村保育園を開設）らの応援を得ている。[71] 同年は保育所が全国的にも急速に増設され、広島市においても公立託児所が貧困地帯に三施設（仁保、広瀬、江波）も開設されるなど、[72] 勤労女性の保育所要求は高まり、行政も恐慌対策としてこれに応じざるを得ない状況であった。

一方翌一九三一年には労働者階級の乳幼児教育運動として保育所を位置づけた無産者託児所運動が、労働組合や文化団体などの支援を受けて行なわれるようになった。[73] この無産者託児所運動を通して、救貧対策としての託児事業が科学的教育理論によって克服され、民主的保育所運動と女性労働者の解放とを結びつけた保育理論が、我が国に初めて確立されていくのである。[74]

例えば保育問題研究会の浦辺史は『学齢前児童の諸問題』（扶桑閣、一九三八年）に、「託児所、幼稚園により労働者や農民の乳幼児を保育することは、児童自身の教育のためにも必要であるが、賃労働者と母たることの二重の重荷のために悶え苦しんでいる多くの労働婦人の解放への第一歩を促進するものである」と述べている。

満州事変以後、社会民主主義政党は、次第に戦争協力の姿勢に傾斜していった。特に社会民衆党は一九三二年一月第六回大会で「三反綱領」（反ファシズム、反共産主義、反資本主義）を採択した。五月には党は分裂し、国家社会主義を主唱する赤松克麿を中心に日本国家社会党が結成され、天皇制ファシズムの一翼を担うことになる。傘下の社民婦人同盟も分裂し、七月に右派の赤松明子を中心に日本国家社会婦人同盟が結成された。彼女らは婦人参政権を批判するのみならず、自らの社会民主主義をも「行詰まり」と称して排撃し、「祖国日本の発展と国民生活の安定」を国家社会主義に求め、女性の民主的運動から脱落していった。[75]

他方七月、社会大衆党が結成されると（全国労農大衆党と社会民衆党残留者が合同）、八月には社会大衆婦人同盟結成大会（社民婦人同盟と無産婦人同盟が合同）が芝協調会館で開催された。このように無産女性団体（中間派、右派）も分裂や組織再編にあけくれ、進行しつつあった天皇制ファシズム体制に抵抗する戦力を弱めた。同時期農業恐慌によって疲弊した農民や都市の失業者、主婦たちが「米よこせ闘争」を消費組合を中心に全国的に拡げていくのであるが、(76)こうした生活擁護闘争の盛り上がりのなかで、社会大衆婦人同盟は有効な力量を発揮できず、勤労女性の宿願であった母子保護法制定運動も著しく凋落していったのである。

おわりに

本章は我が国の女性労働問題が現実に社会問題化した一九二〇年代から三〇年代初、独占資本主義の歯止めのない搾取と収奪にさらされた既婚女性労働問題について、不充分であるが統計に基づいてその状態の把握を試みた。そして彼女たち勤労女性の母性と子供の権利の要求がどのようにして運動化されたかを母子保護法制定運動に焦点を絞って述べてきた。

母子保護法制定運動は、初期の貧困母子の救済的性格から、昭和恐慌期における家族の崩壊の危機に直面して、労働運動や社会主義運動を背景に女性の勤労権と子供の生存権の社会保障を要求する内容に質的に成長したのである。この運動の推進力となったのは、いわゆる右派の社会民衆婦人同盟である。その運動の限界と一定の歴史的役割を現代民主主義の視点に立って検討することは、民主的福祉を確立させるためにも、女性解放の道すじを探求する上でも重要と考える。

母子保護法制定運動の第三期にあたる発展期は、前文にも触れたように戦時におけるファシズム体制のもとで、運動が変質する過程である。この期の歴史的検討については稿を改めて論じたい。本稿をまとめるにあたって、元広島県立女子大学の田代国次郎、故河合幸尾両教授の御指導を受けたことを深く御礼申しあげる。

注

（1）母子保護法制定運動史研究としては、一番ケ瀬康子「母子保護法制定促進運動の性格について」『社会福祉』日本女子大学紀要第一四号がある。特に戦時体制下の母子保護連盟を中心とする運動が詳しい。本論から多くを参考にした。
（2）大橋隆憲『日本の階級構成』岩波新書、一九七七年、五六頁。
（3）岩下清子「第一次世界大戦における職業婦人の形成」『社会学評論』一九六九年三月、四六頁。職業婦人調査によると彼女らの世帯主職業は、新中間層（公務自由業）と財産生活者や失業者（無職）が著しく多い、と指摘されている。
（4）前掲『現代婦人運動史年表』一一九頁。第八回国際労働会議（一九二六年六月）でインド資本代表、英国労働代表は、日本政府が工場法規定の深夜業廃止の実施を延期していることについて「婦人、児童の犠牲の上に富をつくることは、人類文化の大汚点である」と日本代表を難詰した。
（5）津村秀松「日本経済と女子」『太陽』一九一八年二月号。
（6）『日本婦人問題資料集成』第三巻、ドメス出版、一九七七年、三七頁。
（7）同右、五四九頁。
（8）前掲『日本労働年鑑』一九二〇年版、五七八頁。一九一九年大阪府下の女工が出産した乳児の死亡率は、一歳以下で一〇〇人中三二人で同年全国平均満一歳以下死亡率一〇〇人中一七・一人に比較して著しく高率であり、女工自身の死亡率も高い。
（9）『総同盟五〇年史』第一巻、日本労働組合総同盟、一九六四年、二七八頁。
（10）『日本の救貧制度』日本社会事業大学救貧制度研究会編、勁草書房、一九七六年、一七九－一八〇頁。
（11）『労働統計実地調査』ただし一九二四年については『日本帝国統計年鑑』、一九二七年は『日本労働年鑑』一九三二年版に転載されたもの（本文表1）。
（12）前掲『資料集成』第八巻、丸岡秀子「母子保護の一視角」にも一九三三年の工場監督年報によれば、福井県の繊維工場においては通勤女工中有夫の女工が相当多く、乳幼児問題が報告されていることが述べられている。
（13）第四五回『日本帝国年鑑』。

(14) 前掲『日本労働年鑑』一九二三年版、呉工廠の女工調査。
(15)『労働統計実施調査』一九二四年。
(16) 前掲『日本労働年鑑』一九二五年版、四六頁。
(17)『工場監督年報』農商務省編纂、一九二四年、二一七―二二三頁。一九二四年中警視庁管内一二工場における妊産婦三六五人について調査したもの。
(18) 前掲「母子保護の一視角」二五四頁にも同様の指摘がある。
(19) 風早八十二『日本社会政策史』上巻、青木文庫、一九七四年、二七二頁。
(20) 前掲『日本労働年鑑』一九二二年版、女教員調査人数四七六人。男女比は男子六三%、女子三七%、有夫女教員二四二人・五一%、子供総数三三四人、子供の死亡者数六一人、内一歳未満三〇人。
(21) 前掲『資料集成』第三巻、四三六頁、文部省は女性教師の産前産後休養規定の理由を「母体胎児並嬰児ノ健康障害ヲ来スノミナラズ、直截間接ニ教育上忽ニスベカラザル問題」と述べている。
(22) 前掲『日本社会事業年鑑』一九二〇年版、一八八頁。
(23) 一番ケ瀬康子他『日本の保育』ドメス出版、一九七六年、六二頁。
(24)『日本幼児保育史』第四巻、フレーベル館、一九七一年、三八頁。
(25) 前掲『日本社会政策史』下巻、五一六頁。
(26)「母性保護論争」は、与謝野晶子、平塚らいてう、山川菊栄、山田わかの間で展開された。香内信子「母性保護論争の歴史的意義」『歴史評論』第一九五号参照。
(27) 平塚らいてうは「母性保護論争」の直後（一九一九年）、新婦人協会の組織に先立ち、女工問題に深く関心を寄せ、愛知県下の工場視察をした。前掲『平塚らいてう自伝』完結編、五〇頁。その後「この社会悪の怖ろしさを知れ」には、幼児をもつ生活力のない母に対しては、欧米で行なわれている母子扶助法を速やかに実施することを切望している。前掲『資料集成』第七巻、二四一頁。
(28) 平塚らいてう「社会改造に対する婦人の使命」、前掲『平塚らうてう自伝』完。
(29) 丸岡秀子『婦人思想形成史ノート』上、ドメス出版、一九七五年、一三七頁。
(30) 山川菊栄「婦人運動小史」『社会科学』一九二八年二月号、二七〇頁。

（31）『日本社会事業年鑑』一九二六年版、二一四頁。
（32）『婦女新聞』一九二六年一一月一四日。
（33）福島四郎は一九〇〇年五月に『婦女新聞』を創刊し、市民的立場から女性問題の啓蒙につとめた。婦女新聞社の三大綱領は、①本紙は男女が人格的に対等である意義を明らかにし、女子の能力を自由に発揮せしむるため、教育、職業及政治、経済上の機会均等を主張する。②本紙は婦人をして喜んで、妻母の天職に奉仕せしむるに足るよう家庭の改善に努力する。③本紙は男女の協力による愛と平和の社会を実現せんことを理想とする。
（34）『婦女新聞』一九二六年一一月一四日。
（35）同右、一九二六年四月二五日。
（36）同右、一九二六年五月二三日。
（37）前掲『日本の階級構成』六二頁。日雇及び失業者数は、一九二〇年に三二万人、一九二五年には二〇〇万人をこえている。
（38）婦女新聞の一読者は「川崎（造船・今中注）や一五（銀行・同上）などの大企業の救済（国庫特別融資・同上）よりも全国いたるところに毎日発生している母子心中を解決する方が、政治家の務めであると思うし、そのために母子扶助法制定こそ急務である」という意見を寄せている（『婦女新聞』一九二七年七月一〇日）。
（39）前掲『日本労働年鑑』一九二九年版、五〇九頁。
（40）『婦女新聞』一九二六年八月一日。
（41）前掲『日本の救貧制度』二三八頁。
（42）同右、二四三頁。
（43）嶂南慧海「救護法の実施に際りて」『社会時報』広島県社会事業連合会、一九三二年一月号。
（44）前掲『日本の救貧制度』二五三頁。
（45）「救護法実施一ケ年を回顧して」、前掲『社会時報』一九三三年四月号、二四頁。
（46）有地虎吉「救護法への児童の不満」、同右、一九三二年一月号。
（47）丸岡秀子は前掲論文「母子保護の一視角」に、母子保護制定運動の救済事業的性格を批判し、母子保護問題は社会的労働に従事する勤労婦人の生活擁護問題と結びついた母性および児童の問題である、と述べている。

(48) 前掲『日本の階級構成』六二頁。
(49) 無産女性団体及び無産「婦人同盟」運動については、石月静恵「一九三〇年代の無産婦人運動」『日本女性史』第五巻、女性史総合研究会編、一九八二年参照。
(50) 関東婦人同盟も宣言のなかに、母子保護法制定を婦人参政権獲得と共に当面の要求としている。前掲『ひとすじの道』二五八頁。
(51) 野坂竜「無産婦人団体概観」『改造』一九二八年三月号。
(52)・(53)『日本労農新聞』一九二七年一二月二〇日。前掲、石月静恵論文参照。
(54)『民衆婦人』一九三〇年一月一五日。
(55)『社会民衆新聞』一九三〇年七月一〇日。
(56) 大原社会問題研究所所蔵ビラ。
(57) 赤松常子は母子扶助法制定は、労働者の権利であると述べている（総同盟婦人部機関誌『労働婦人』一九三〇年八月第三二号）。
(58)『民衆婦人』一九三〇年八月二五日。
(59)『社会民衆新聞』一九三〇年一〇月一五日、大原社会問題研究所所蔵ビラ。
(60) 大原社会問題研究所所蔵ビラ。
(61) 前掲『日本労働年鑑』一九三二年版。
(62)『民衆婦人』第一九号、第一回全国大会出席者は東京、横浜、名古屋、大阪の代表三〇数名で議長は赤松常子。
(63)『民衆婦人』第二二号。
(64) 前掲「母子保護法制定促進運動の社会的性格について」三七頁。
(65)『芸備日日新聞』一九三一年三月三日。二月二八日、社会民衆婦人同盟広島支部準備会結成（広島市観音町日野キミ）、同盟員三〇名。八月八日には無産婦人同盟広島支部が発会した。
(66) 第五九議会『帝国議会衆議院議事録』第三二号、一九三一年三月二四日第一読会。母子扶助法案の提案理由として、第一に「家庭ノ母ヲシテ生計ノ維持ト子女ノ教育ノ二重ノ負担ヲ免ガシメ、安ンジテ子女ノ養育ヲ完カラシメルタメ」と述べられているように、家庭における母の保育が重要であること、第二に子供は親の私有物ではなく、社会の一人格者であるから、親が子供の養育に支障を来した場合は、国家がその養育の任にあたる義務があること、の二点が強調されている。

(67)『社会民衆新聞』一九三一年五月一〇日。
(68)『民衆婦人』第二三号。
(69)「合同大会宣言」『民衆婦人』第二四号。闘争方針を変更した社会民衆婦人同盟は、無産婦人同盟が婦人参政権獲得共同闘争委員会を提唱（一九三一年一二月）したことについて、婦人参政権のみを目的とした議会闘争は、ブルジョア的議会万能主義であると批判している（同右第三三号）。
(70)大原社会問題研究所『婦人運動史資料』七五－七六頁。
(71)『民衆婦人』一九三〇年一月－三月。
(72)『広島市社会事業要覧』一九三六年一二月。広島市議会（一九二八年三月一二日）予算審議質疑において佐伯善吉は「託児所設置は急務中の急務であります。江波におこった悲惨なる親子五人心中は、これがためであると思います」と陳述している（『広島市議会速記録』）。
(73)無産者託児所運動は新興教育所内の学齢前児童研究会を中心に発足した。勅使千鶴「無産者託児所運動について」『教育運動史研究』第13号、教育運動史研究会、一九七三年参照。
(74)前掲『日本の幼児教育史』二八四頁。
(75)『特高月報』一九三二年八月分。
(76)山本秋『昭和米よこせ運動の記録』白石書店、一九七五年参照。

第五章　広島県女給同盟と生活擁護運動

はじめに

大恐慌期における勤労女性問題の課題は、資本主義経済の破綻と帝国主義戦争準備態勢のもとで、勤労女性が生活擁護の闘いを通して、前近代的な家父長制家族からの解放と女性の社会的、経済的自立（勤労権）をどのように保障させていくかであった。

この期の勤労女性の多くは、政府の産業合理化政策によって勤労者階級や農民層の極度な貧困が進行したために、主として家族の家計補助を理由に職場に進出した。当時失業者が日雇を含めて二〇〇万人近くにのぼる状況のなかで、男子労働者の求人数は激減するが、代わりに男子よりも低賃金で雇用できる女子労働者の需要が相対的に増すのである。求人者数が求職者数を上まわる結果が、公設職業紹介の統計にもみられる。(1) 従って職業婦人層は量的には拡大されていくのであるが、それだけに封建的、資本主義的性差別に基づく搾取が露骨化するのである。故に勤労女性運動の当面の目標は、生活擁護（労働力の再生産の保障）と隷属的女性労働観に依拠した非人間的搾取からの解放であった。

本章の目的は一つは当時新しい職業婦人として登場した接客業者女給を勤労女性として位置づけ、女給の前近代的雇用関係や人格の商品化をも伴った労働(2)を通して、近代職業婦人問題を考察することである。二つにこれら職業婦人の解放運動はどのようにして組織され、運動が展開されたのかを広島県女給同盟を中心に歴史的検討を行ない、女性労働問題の現代的意義を見いだすことである。

一　勤労女性としての女給

1　昭和恐慌と女給の増加

戦前における接客業とは、芸妓、娼妓、酌婦、仲居、旅館女中及び女給等を指し、なかでも女給は大正年代半ば以降、カフェー業の発達による新しい職業として登場した。カフェー、バー等の飲食店は、大恐慌期に入って深刻な経済不況からの逃避を求める庶民の慰安、享楽の場として急速に増加した（表1参照）。従ってそこに働く全国女給数も一九三〇年には約六万七〇〇〇人に激増し、以後一九三六年のピーク期（約一一万二、〇〇〇人）まで、年々増加の一途をたどる（表2参照）。広島県においては軍都、軍港呉、多くの軍工廠をもつこともあって、カフェー、バー業者数は同一九三〇年約四〇〇、女給数は約一、二〇〇人（新聞報道によると実数はもっと多い。北海道を除き全国第八位、表3参照）で、五年後には倍加する。

従来この新サービス業としての女給は、私娼の予備的存在として認識される傾向が一般的で、職業婦人の中でも特殊視された。しかし次に述べる理由から彼女たちを勤労女性として位置づけるのが妥当と考える。第一に一九三〇年の国勢調査によると、女子接客業従事者は約七一万五〇〇〇人で女子有業者中（農水業を除く）の一七%を占め

表1．カフェー・バー数

年次	全　国	広島県
1930	27,532	371
1931	27,041	377
1932	30,598	473
1933	35,200	428
1934	37,056	447
1935	36,202	418
1936	34,971	421
1937	32,813	319
1938	31,289	322

出典　内務省警保局『警察統計報告』により作成。

表2．酌婦・女給数

年次	全　国		広　島　県	
	酌　婦	女　給	酌　婦	女　給
1929	73,942	51,559	3,262	1,022
1930	75,535	66,840	3,258	1,147
1931	81,019	77,381	2,645	1,211
1932	85,951	89,549	2,765	1,854
1933	85,590	99,312	3,699	1,912
1934	85,121	107,478	3,339	2,157
1935	82,621	109,335	2,906	2,292
1936	85,685	111,700	3,064	1,977

（同上）

表3．カフェー・バー女給数の全国順位

順　位		女給数
1	東　京	20,656
2	大　阪	13,284
3	兵　庫	4,124
4	愛　知	3,412
5	京　都	2,761
6	神奈川	1,987
7	福　岡	1,851
8	広　島	1,147

出典　内務省警保局『第7回警察統計報告』1930年（但し、北海道を除く）。

（就業順位第三位）、その内女給は約一割にあたる。今日においてもサービス業は女性の職業分野として拡大の傾向にあり（一九七五年広島県女子サービス業従事者は、女子有業者中の二五・七%（農水業を除く）を占める（表4参照）。そこには現代的性差別雇用問題が厳存している。第二に当時、職業婦人の賃金は家計補助的低額（一九三〇年月収三五円以下が五三%）[3]であった。従って職業婦人が独立して生計をたてるためには、家族の補助が必要である。それが不可能である時、生活のためには「職業婦人の堕落とその娼婦化への大きな誘因」[4]が潜んでいると指摘される職業婦人の低賃金問題を、女給は象徴的に抱えていたのである。前近代的性差別雇用による非人間的な資本による収奪は、一般勤労女性にとって共通の問題であった。

大恐慌以降、女給数が急増していった主要な原因は、失業や賃金切り下げによる労働者世帯の窮乏化である。大阪における女給調査（一九三〇年）の「父の職業」[5]を例にとると、父が無職または無収入である者が四一％を占め、次いで物品販売等商業が二〇％、農業一五％、職人八％となり、過半数の戸主が失業者か雑業層であることがわかる。更に同地女給の「前歴職業調査」[6]によると、女給の前歴は女中奉公、家事手伝や農業手伝が最多で一四％を占め、他に事務員、女工、裁縫等あらゆる職業分野にわたっている。女給業は一見華美にして職業的技術や熟練を必要としない上に、比較的高い収入も得られることもあって、貧窮層職業婦人の転職先でもあった。長野県松本市や伊那町のカフェーに、失業女子製糸労働者が殺到した例のように[7]、戦前における女子就業率第一位であった繊維工場の女子失業者の多くが、女給業に流れ落ちた。

広島県関係で注目されるのは、女給数が東京に次いで多数である大阪の女給の出生地調査によると[8]、広島県出身者が全体の第三位を占めたことである。これは出稼者を多く出す広島県の女性労働者の移動先及び職種を示して興味深い。県内の女子出稼者は山間部や島嶼部出身者が多く、一九二五年の「出稼者調査」[9]（中央職業紹介事務局）によると、その数は五、八〇六人で出稼者総数（二万七、八五九人）の三三％にあたり、彼女らは大阪をはじめ岡山県や愛媛県方面の紡績、織物業に就職した。大恐慌期の一九三〇年には女子出稼者は更に増加して、八、〇〇〇人（出稼者総数の三五％）に達したのである[10]。こうした女子出稼者が不況下に工事操短、閉鎖によって失業すれば、糊口をしのぐために求める職業が女給であったことは容易に推察できよう。

表4．広島県女子サービス業就業者の推移

年次	女子人数	女子有業者中の割合（但し農林水を除く）
1930	24,108	26.7%
1950	32,936	22.7%
1960	61,723	25.1%
1970	96,160	24.6%
1975	105,223	25.7%

出典　広島婦人少年室『広島の婦人の動き』（国勢調査による）。

以上述べてきたように大恐慌期に急増した女給は、他の職業婦人に比較して深刻な貧困及び性的隷属と対峙しつつ、勤労者家族の扶養と自己の経済的自立を求める勤労女性であった。

2　女給の労働実情

先に女給を勤労女性として位置づけたが、その雇用関係や労働条件は職業婦人中、極めて前近代的、女性隷属的であった。そうした女給の労働実態を全体的に把握することは資料上難しいので、本項では主として前掲書『女給生活の新研究』（一九三〇年大阪地方の女給調査）を基本資料にして女給労働の問題点を考察したい。

先ず、女給業を選択する女性はおおむね経済恐慌下に零落した勤労者家庭の貧困子女で、転職者が多いことは既述した通りである。従って「女給業選択の理由」は第一位が「収入が多いため」とか「家計補助や家の事情のため」等の理由が半数近くの四二％を占める。(11) 注目されるのは、一般に女性職業としては特殊視された女給であるが、女性の「自立生活のため」とするのが八％あり、知的業務とされる女性事務員の場合の一〇％とほぼ同程度を示すことで、両者共に数値は低いが女性の解放指向の潜在性を表すものと考えられる。(12) それは「女給職業のよい点」の調査で「気楽で自由」や「自活の誇りを覚える」等の理由が「収入が多いため」という経済的理由とほぼ同率の一二％を占めていることからも裏づけられる。(13)

しかし女給従業者の教育程度は一般に低い。業種柄、特別の技能や知識を要しない理由によるが、義務教育の尋常小学校や高等小学校の卒業者（両者の中退者も含む）が七二％と圧倒的多数を占め、不就学者も少数いる。(14) それにひきかえ知的技能を要請される女性事務員の場合は、中等学校教育を受けた者が六〇％で最も多く職種の対象性を表わしている。(15)

次に女給の収入であるが、その収入方法は営業主から労働賃金を受け取るという近代的雇用関係とは異なり、給料、歩合、チップ等複雑な組合せから成る。しかし全体の約七〇%が顧客から得るチップが収入となる形態をとり、固定給を決めている業者は僅少である（表5参照）。それゆえに女給の収入は、男性顧客の胸算用に左右され、彼女らは勢い媚態を商品化するという退廃的、享楽的傾向に陥らざるをえない。このようにカフェー業者は前近代的雇用関係を導入することにより巧妙に営利を貪ったわけで、女給は職業婦人のなかで最も性的隷属的労働（人格の商品化）に甘んじる羽目になる。[16]女給の平均月収は最も多数が三〇円から三五円で、女性事務員の場合（二五－三五円）よりも多少よい程度で、男女の賃金格差はおよそ四〇%内外と見当づけられている。[17]月収入が更に低額であったのは、女工の場合で二〇－二五円が最も多い。[18]

ところが女給の毎月の支出額をみると、最も多数が一〇円以上一五円未満、次いで一五円以上二五円未満で、収入の殆どか、大半を支出し、両者を合計した割合は全体の三五%を占める。[19]支出の内訳は着物の購入が最も多く、次いで食費、家賃と続く。とりわけ着物は接客業者女給にとっては、職業上の必要経費に属するのであるが、毎月一〇円以上一五円未満が最も多く、収入に対する比率は高い。[20]故に女給は安易に雇用主から借金を重ね、雇用関係を一層隷属化する結果を招くのである。女性事務員の被服費は五円以下が四〇%であるから、女給の場合はその二－三倍にも当る。[21]更に女給は独立の生計を営む者が多いため、家賃支出も負担を重くした。従って女給の貯蓄高は全般に低く、全体の八二%が預金をしていない。[22]この統計からも生活に追いつめられた女性の転職先としては、世評ほどには収入が容易で楽な職業とはいえないことがわかる。その上女給の勤務時間は一〇時間以上一三時間が多数を占め、しかも深夜業である。[23]

このような女給業に対する女給自身の認識は、女給業の最も悪い点として「世評が悪く世間から蔑視されてい

表5．女給の収入方法

チップ収入	66.6%
給料	9.2%
チップと給料	2.5%
チップと手当	1.9%
その他	1.1%
不明	18.6%

出典　大林宗嗣著『女給生活の新研究』104頁。

る」[24]としながらも「女給は職業婦人としての自覚をもち、職業婦人全体の地位の向上を痛感し、女給組合をつくって団結すべきである」等の意見を述べている。[25]この女給の女性隷属的雇用、非人間的労働条件やチップ制等の前近代性が、恐慌期における女給の増加と共に女性労働問題として社会問題化した。[26]

二　広島県女給同盟の結成と活動

1　女給同盟と無産女性団体

女給を労働者と位置づけて女給組合の結成を呼びかけたのは、一九二〇年代初め日本労働総同盟であり、一九二七年以降は各無産政党の傘下に組織された無産女性団体である。初期における女給の要求の内容は、雇用主に対する前近代的雇用関係の改善であったが、女給相互の結束が困難で、たとえ女給組合が組織されても実際に活動には発展していない。その理由はたしかに雇用主（カフェー業者）と被雇用者（女給）との雇用関係は、半封建的、身分拘束的で雇用主の支配力は強いのであるが、反面女給は比較的移動が自由で一―二年で頻繁に職場を渡り歩く不安定職業婦人であったことである。

しかし大恐慌期に入って地方庁当局が財政難を切り抜ける弥縫策の一つに女給税を新設したのを契機に女給は生存に関わる問題として、主体的に女給同盟を組織し、生活擁護及び労働条件の改善の要求を各地に展開するのである。[27]この時期多くの女給が日常生活の死活問題打開のための運動を通して、勤労女性として階級的、政治的に覚醒し、労働組合や無産政党、無産女性団体とも連帯しつつ運動を拡げた。

そこで女給組織の歴史的過程を遡ってみよう。最初の女給組織は一九二二年四月、日本総同盟左派の有志（野田律太ら）の指導によって結成された大阪女給同盟である。[28] 同盟の発会式には賀川豊彦（総同盟関西労働同盟会）や覚醒婦人協会々員・賀川はる、小見山富恵らも参加した。[29] ここに大阪の女給は女性労働者であることを明示し、「宣言」として「女性を男子の隷属物とせる旧道徳を破壊し、歓楽のかげに潜む犠牲的奴隷の境遇より脱却し、自由と愛に充てる人生の再建を期す」[30] ことを表明し、女給の団結を呼びかけたのである。[31]

同時に大阪女給同盟は、日本労働総同盟への加入及び婦人講座の開設や第三回メーデー（一九二二年）の参加に関する議案を可決した。事実同年の大阪メーデー（一万余人参集）に初めて参加した。[32] 同月末、女給同盟は「婦人労働問題」講演会を主催するのであるが、[33] その背景には治安警察法第五条一部改正が成立し、その運動の主導をなした新婦人協会が各地で婦人政談演説会を開催したという画期的女性解放運動の高揚と関連するものと考えられる。しかし総同盟加入後の大阪女給同盟の動向に関する資料は見当らない。

その後一九二七年に結成された各無産婦人同盟は、いずれも運動の一環として女給組織の呼びかけや女給争議の支援を積極的に行なうのである。即ち左派の関東婦人同盟は女給に同盟加入を呼びかけ、[34] 同年八月には東京、花月食堂の女給五名の解雇反対争議を関東俸給生活者組合と共に支援し、女給の待遇、労働条件の改善要求を行なった。[35] 中間派の全国婦人同盟も同年職場班の中に女給班を設けて同盟加入の宣伝を行ない、[36] 女給班は職業婦人班と共に「団結の力により経済的、社会的政治的解放を期す」ことを宣言した。[37] また右派の社会民衆婦人同盟（総同盟右派を支持）は一九三〇年に入って、大阪ウエイトレス・ユニオンの結成（女給約五〇名）に尽力し、このユニオンは「我等女給にも労働者としての権利を与えよ」と被服費の店主負担、食費の全廃、固定給の確立などの諸要求を決議した。[38]

広島県における最初の女給組織は、一九二六年三月広島市内の二、〇〇〇余名の女給による関西女給総同盟の発会である（広島市研屋町）。その動機について『中国新聞』（一九二六年二月二八日）が次のように伝えている。「市内九〇〇軒のカフェーや酒場で二、〇〇〇人以上の女給が働いている。その中には東京、大阪方面から流れ来た者もあれば、知識階級から飛びこんだ者もいる。いずれもここで働かなければ、生きていけない悩みをもって就職口を求めて来る彼女達を相手に、悪辣極まる周旋業者が非常に多い。求職者を留めておいて高利で前貸しして、就職後膏血を絞ることを常套手段としている。その他雇用主から人畜同様に虐使される例もあり、社会人として正当な生活をしていく上には多くの問題を解決していかなければならない。昨年六月広島ホテル食堂部で待遇改善問題から同盟罷業をやって気炎を吐いた新田留さんやその他の女給達が先頭に立って関西女給総同盟を組織することになった」そして彼女らは次のように宣言を公表した。

宣言書[39]

私達の一団は何者にも束縛されない自由人の天地であります。思ふままに思ひ、志のままに進み、自己の信ずるままに行動する同志を全國各地に有っています。本同盟は私達のエプロン生活者の本塁でありまして、お互いによき日の生活を謳ひ美しき生活を営んで行くことを求めているのであります。

このように同盟発会はしたものの、当初から女給の団結が懸念された通り、この段階では彼女らの主体的活動は展開されるに至っていない。だが女給自らが関西女給総同盟の結成と、宣言を新聞報道に載せたことは、女性労働問題を世間に大いに訴え得たといえよう。

即ち翌一九二七年三月、広島市議会予算委員会で女給税創設議案が審議されたのを契機に[40]、県内女給運動は無産市民の生活擁護闘争と連動して、新たな段階を迎える。労働農民党広島県支部（一九二七年二月結成）の佐竹新市らは、三月二七日無産市民大会を広島市内鷹匠町勝行寺で開き、満員の盛況の中で「吾等無産市民大衆は自転車税、乳母車税の増税及び女給税の創設は無産階級の日常生活を圧迫するものと認む」ことを決議した。[41]同時に広島県支部は広島市議会員不信任の宣言書を市議会議長に提出し、支持団体である広島一般労働組合と共に増税及び新税反対生活擁護日常闘争を展開するのである。[42]こうした無産市民の動きが、その後再び新たに広島県女給同盟の結成をみることになる。

同年五月には奈良県においても、同じく労働農民党奈良県支部連合会が、第二回大会で女給税反対の態度を明らかにし、女給組合の促進を提案した。[43]やがて一九二九年八月に大阪の女給五〇〇名が、女給の生活改善や地位の向上を求めて女給組合を結成したのである。[44]こうした動きにみられるように、女給の組織化は女給税課税問題を契機に大都市を中心に活発になった。

2　広島県女給同盟と女給税反対運動

一九三〇年一二月の広島県議会で県税賦課条例改正案のうち芸妓、酌婦税（女給及び旅人宿以外の仲居も含む）の修正案が可決された。その際、修正案動議理由として、池田議員は「税率が高率であるという多数の陳情を受けて、周章狼狽して再調査したところ、食うことも着ることも出来ないような課税のやり方であることがわかり、酌婦税中に新たに女給及び旅人宿以外の仲居を一括含め、税率を下げる」と陳述している。[45]こうして翌一九三一年度から新たに女給税徴収が決まったことによって、県内女給税反対運動は噴出的に高揚するのである。改正酌婦税（女給税）は次に記す通りである。[46]

酌婦税（女給及び旅人宿以外の仲居を含む）

一等・市及尾道市、福山市の接続町村に於いて営業する者
・月税一人に付金一円七五銭
二等・厳島及府中町に於いて営業する者
・同　　金一円二五銭
三等・竹原町、西条町、三原町、三次町、庄原町及該地の接続町村に於いて営業する者
・同　　金一円
四等・一等乃至三等以外の町村に於いて営業する者
・同　　金　　七五銭

右の改正条例に対して、運動側が反発した第一の理由は、県行政側が酌婦税の範囲を女給や仲居までに拡げたことで、私娼的職業とされる酌婦と同様に女給業を認識する行政側の根強い偏見に対してである。第二に新たに徴税される女給税が（運動側は女給の場合だけ取り上げている）、女給にとって生存権を脅かす課税であることだ。即ち課税改正条例によると、女給税は月税一人につき県税一円七五銭に、市の付加税一円四〇銭を加算すると合計三円一五銭、年税三七円八〇銭となる。[47] これを仮に営業税で比較すると、年税二一円の該当者は、年間総収入額二、〇〇〇円以上で月収入額にすれば一六〇円以上である。[48] 前節で述べたように女給の月平均収入は三〇－三五円である。更に平均額以下の収入者も相当数あり、しかも不安定なチップ収入であるから、当然彼女らにとって死活問題であり、女給税を有力な財源として徴税を構える行政側と激烈に対立した。[49]

このような女給税課税問題は、女給だけでなくカフェー業者にも波及した。カフェー業者は当時、警察のカフェー風俗取締規則の強化で営業が窮屈な上に、更に女給税問題で営業の不振を託つことになる。ここに対立関係にあっ

た雇用主（カフェー業者）と被雇用者（女給）が、共通の利害である女給税反対の一点で労使共闘を成立させた。一九三一年一月二〇日広島県四市（広島、呉、福山、尾道）連合女給大会と四市食堂組合連合会の創立大会が、同時に広島市公会堂で開催された（参加者七〇〇名、内女給が六〇〇余名）。この大会の模様は、「口唇をついて苛税反対の叫び」と写真入り見出しでダイナミックに新聞報道された。当日四市連合女給大会では、女給側は広島紅屋河本晴江、業者側は広島藤井礎輔がそれぞれ提案説明を行なった。前者は改正酌婦税反対を、後者は営業権の擁護を求め、両者の代表は県市当局に陳情書を提出した。[50]

大恐慌による民衆生活への打撃が極みに達した一九三一年、広島県内においても右派、中間派の無産女性団体結成の動きが活発になった（二月社会民衆婦人同盟、八月無産婦人同盟の各準備会結成）。こうした潮流の一環として、同年二月に広島県女給同盟（四市）が結成されるのである。先ず結成準備会は運動の基本方針を発表した。[51]

綱　領

一、われらは同盟相互の親睦をはかり地位の向上に努めんことを期す
一、われらは階級的立場をあきらかにし、社会の観念的誤謬を一掃せんことを期す
一、われらは生活権の擁護に努めんことを期す

県女給同盟結成大会は広島市西横町朝日倶楽部で開催され、各地から女給二〇〇余名が結集して二つの議案が検討された。第一議案は「女給税絶対反対」の件で、次の決議をした。

第一、女給は絶対に酌婦にあらず、故に酌婦といふ限られた行為に賦課さるべき酌婦税を納付するの義務なし

第二、単に歳入の減収補塡のためのみに汲々として、女給の階級的立場ならびにその収入、経済界の情勢などについては寸毫の調査もなく、担税能力を遥かに越える殺人的課税に対しては完納しうる能力なしここにおいて女給は結束して断然本税を納付せざることを決議す。(52)

第二議案の「女給に対する検黴廃止」(梅毒検診)については嘆願書を作成し、両件を併せ携えて県当局と交渉を行なった。(53)

綱領及び大会決議に示されたように、県内女給がここに結集して行政側に直接陳情運動をおこしたことは、女給税反対を契機に噴出した女給の生存権要求と彼女らに強制されてきた性差別(梅毒検診など)に対する積年の抗議を意味した。なお広島女給同盟結成当初の指導者は、かつて広島自由労働組合結成(一九二四年県下最初のアナキズム系労働組合)に関与し、その後もアナキズム運動を続けた吉田昌晴である。(54)

女給同盟結成後、県内各地において女給税反対の対市陳情活動や示威運動が活発に繰り拡げられた。女給数が広島市に次いで多い呉市では、市内女給が地位の向上と労使協調を強調する呉女給修養会を結成し、(55)給仕女給税が付議される三月予算呉市議会に女給一〇〇余名が大挙して傍聴席に押しかけ、反対陳情を行なっている。(56)同じく三月尾道市予算市議会に市内女給や仲居が傍聴席に殺到し、同様に女給税撤廃を要求するなど、(57)各地に運動が拡大した。

このような県内各主要都市における女給による必死の対県市陳情の結果、県酌婦税は八〇銭に、市税は二八銭に減額され、女給一人月額一円八銭となり、当初の半分以下に減額という譲歩を勝とった。(58)それはとりもなおさず県市行政の杜撰な恐慌対策を曝け出すものであった。四市の女給同盟及び食堂組合連合会は、これに納得せず女給税はあくまでも「能力のない者への課税」、「不合理な税目」であること、更に検黴制度は人権問題であることを重ねて強調し、撤廃運動の徹底化を主張したのである。

中国無産党の市会議員佐竹新市は、広島市議会において（一九三一年六月一五日）「失業救済や社会事業では一部の救済しかできない現状で、一家の経済を補助するために貞操を犠牲にしなければ生活できない女給に女給税を賦課するのは不合理である」旨の反対弁論を行なった。[59] 更に佐竹は広島市税務課に対して女給税不納を訴える女給同盟を支援し、伊藤貞次広島市長に陳情書を提出するなど旺盛に活動した。[60] ここに女給同盟運動は労農党系無産政党と結ぶ無産女性運動として、この時期最も高揚するのである。また女給問題に対する社会的関心も高まり、第一一回全関西婦人連合大会（一九三〇年）では「カフェー女給のチップ制を廃止し、日給制度にするよう営業者と監督庁に運動する、勤務時間を夜一二時までにする」の議題が討議されている（第七章参照）。

一方県市当局は一九三一年度から女給税徴収を決めたものの、女給同盟の抵抗と移動のはげしい女給本人からの徴税に手をやいた。そこで行政側は女給同盟と共闘を結ぶ広島食堂組合（業者）に対して、女給税徴収強制執行を宣告して両者の切崩しをはかった。食堂組合側は妥協して女給税代納を決め、事実上女給税を認めた。組合の共闘脱落に対して女給同盟は、「自分たちに課せられた税であるから私たちの手で解決する。今後いっさい手を引いてもらう」旨を食堂組合側に宣告し、あくまで同税撤廃運動を推進する決意と、毅然たる主体性を表明するのである。[61] この時期女給同盟は日本司厨士同盟の援助を得て、更に運動を発展させるものと期待された。

広島女給同盟運動にみられるような雇用主や行政に対する生活擁護、性的隷属からの解放運動は、各地に高まり女給の勤労者階級としての自覚を助長させ、勤労女性の連帯を拡げつつあった。[62] ところが同一九三一年九月満州事変勃発以後「非常時」体制のもとに我が国の民主主義運動が弾圧されるか、または自ら後退を余儀なくさせられたように、県内女給同盟の運動も退潮するのである。近代社会における勤労女性が「人に値する」労働条件と日常生活の実現をめざす組織は、戦時体制と共に瓦解した。戦時体制下においても女給数は年々増加し、女給の貧困と性的隷属状態は、戦争政策によって増幅され深刻化したのである。

おわりに

以上述べてきたように女給は一九三〇年代資本主義経済の破綻がもたらした社会的退廃を象徴する近代的職業として、職業婦人の中で最も性的隷属性が濃く、雇用主及び行政による収奪も非人間的であった。それだけに女給は勤労女性としての解放要求（近代的雇用関係の確立、性的隷属からの解放、生活擁護など）を掲げ、どの職業婦人（女工を除く）よりも結束を強め運動を展開したのである。その解放運動は短期間であったが、専制的天皇制下における労働女性運動として歴史的特性を示すものといえよう。

近代勤労女性の多くは、生活破壊に直面した家族の扶養を担いつつ、自らの経済的、精神的自立をめざすことによって、家父長制家族制度からの解放に挑んだのである。その女性の職業的自立生活は、帝国主義政策のもとでは「働きがいのある労働」から遥かに縁遠い職業を選択せざるを得なかった。近代勤労女性の悲願は男女平等を前提とする人間性の回復であった。

現代再び先進国資本主義経済の構造的大不況の下で、女性の経済的、社会的自立（勤労権の確立）や女性労働者の「労働こそ人間の自己実現そのもの」[63]への課題が模索されている。この課題を解く一歩としても、国連の「女子差別撤廃条約」が実効されなければならない。現代女性解放の課題を探求する上で、近代勤労女性による運動が提起した問題点と、女性解放の前提である平和の保障は、極めて重要な歴史的示唆をあたえるものと考える。

注

(1)第五一回『帝国統計年鑑』公設職業紹介の統計一九二七―三一年。
(2)本章で述べる女給の労働、生活状態については、戦前における唯一優れた研究書である大林宗嗣『女給生活の新研究』巌松堂書店、一九三二年を参考にした。
(3)東京市統計課調査『職業婦人の生活状態』『日本労働年鑑』一九三三年、七九頁。
(4)山川菊栄「現代職業婦人論」『日本婦人問題資料集成』第八巻、ドメス出版、一九七六年。『女給生活の新研究』の著者大林宗嗣は女給調査の結果、女給や仲居を職業婦人と規定し、密娼行為をなす者は少数であろうと述べている、一五二頁。
(5)前掲『女給生活の新研究』四八頁。
(6)同右、七二頁。
(7)藤原彰編『日本民衆の歴史』八巻、三省堂、二二一頁。
(8)前掲『女給生活の新生活』五一頁。
(9)『社会時報』広島県社会事業連合会、一九二八年一二月号、一七頁。
(10)『福山市史』下、福山市史編纂会、八〇三頁。
(11)前掲『女給生活の新生活』八三頁。なお『中国新聞』(一九三〇年七月一六日)広島市の女給インタビューによれば、女給になった動機は十中八までが家庭の事情によるもので、中産階級出身者が多い、と記されている。
(12)『婦人職業戦線の展望』一九三二年(前掲『日本婦人問題資料集成』第三巻、一二二頁)。
(13)前掲『女給生活の新研究』八五―八六頁。
(14)同右、六九頁。福山市カフェー女給調査によると(福山署)、尋常小学校、高等小学校卒業者が全体の八九%を占め、不就学者を含めると九五%になる(『中国新聞』一九三〇年四月二八日)。
(15)前掲『婦人職業戦線の展望』一二四頁。
(16)『社会時報』一九二九年六月号、カフェー取締規則(大阪府)が施行され(一九二九年一〇月)、女給の芸妓類似行為を禁止している。
(17)前掲『婦人職業戦線の展望』一二六頁。

(18)前掲『日本労働年鑑』一九三二年、七九頁。
(19)前掲『女給生活の新研究』一一〇頁。
(20)同右、一一一頁。
(21)前掲『婦人職業戦線の展望』一二九頁。
(22)前掲『女給生活の新研究』一〇六頁。
(23)同右、一一六頁。カフェーの営業時間は深夜一二時―午前一時迄であるから、女給の帰宅時間は深夜の二時―二時半になる。
(24)同右、八六頁。
(25)同右、一二七頁。
(26)例えば軽部透治「人頭税――女給の生活――」(『未来』一九二六年六月―七月号)や大林宗嗣『女給生活の新研究』など、職業婦人として女給問題について論じている。
(27)一九三〇年一二月東京府給仕人税案反対大会に女給も約五〇〇人参加(『中国新聞』)。一九三一年六月神戸の女給五〇〇余名、女給税撤廃を要求して市役所にデモを行なう(『近代日本婦人問題年表』、前掲『日本婦人問題資料集成』第一〇巻)。
(28)前掲『日本労働年鑑』一九二二年。
(29)『女たちの近代』近代女性史研究会編、一九七八年、二九六頁。
(30)前掲『日本労働年鑑』一九二三年。
(31)同右、メーデーに散布した宣伝ビラ。
(32)『労働』一九二二年六月。
(33)前掲『日本労働年鑑』一九二二年。
(34)「婦人同盟の旗の下に」『婦人運動資料』(1)資料11、大原社会問題研究所。
(35)大原社研所蔵ビラ。
(36)同右ビラ。
(37)前掲『日本労働年鑑』一九二七年。

(38)『労働婦人』一九三〇年三月号。『婦選』一九三〇年三月号。
(39)『中国新聞』一九二六年三月一二日。
(40)一九二七年度広島市予算委員会は、従来酌婦税、仲居税として年税三円を賦課していたが、次年度から年税一〇円に増税し、市内の女給一、〇〇〇名を概算して約七、〇〇〇円の増収を見込んだ（『中国新聞』一九二七年三月一八日）。
(41)『中国新聞』一九二七年三月二九日。
(42)前掲『広島県史』近代現代資料編3、六〇四頁。
(43)前掲『婦人運動史資料』(1)資料一四。
(44)前掲『近代日本婦人問題年表』。
(45)『通常広島県議会議事日誌』一九三〇年一二月一一日、三八八―三九三頁。
(46)『広島県議会史』第四巻、広島県議会、一九六三年、九一八頁。
(47)・(48)『中国新聞』一九三一年一月二一日。
(49)広島市は県の月税一人につき一円七五銭徴収に対して、付加税八割（一円四〇銭）市内二、五〇〇名の女給から四二、〇〇〇余円の新財源を見込んだ（『大呉市民史』昭和編上、一九九頁）。
(50)『中国新聞』一九三一年一月二一日。四市連合女給大会で決議された陳情書の内容は第一に女給に課せられた酌婦税額が女給の収入実情からみて、担税能力をこえる苛酷な課税であること、第二に女給は生活の特技をもたないために止むを得ず女給に従事し、家族扶養の義務を背負った職業婦人であるから、一定の花代を受ける酌婦と異なる、というものであった。
(51)『中国新聞』一九三一年二月七日。広島女給同盟組織のための第一回準備会を一月二二日、平田町鶴屋食堂で開き、発起人一五名が集合し、創立準備について協議した。第二回準備会は二月三日、堀川町中央亭で開き、二月一二日創立大会開催を決定し、綱領を作成した。
(52)・(53)『中国新聞』一九三一年二月一三日。
(54)『広島県労働運動史』第一巻、広島県労会議、一九八〇年、一一七頁。
(55)・(56)前掲、『大呉市民史』二〇〇頁。呉女給修養会々員一八〇名。

(57)『中国新聞』一九三二年三月三一日。
(58) 同右、一九三二年五月二三日。
(59)『広島市議会速記録』一九三二年六月一五日、七月一四日。
(60)『芸備日日新聞』一九三二年六月二八日。
(61)『中国新聞』一九三二年七月五日。
(62)『働く婦人』一九三二年三月号、八月号、「読者の頁」。
(63) 芝田進午『現代の課題』2、青木書店、一九七八年、四六頁。

第六章　広島県廃娼運動

はじめに

近代日本における廃娼運動が、日本国憲法第一八条「何人も、いかなる奴隷的拘束も受けない」の規定を実現するまでには、一八七〇年代から一九四〇年代を通じて約七〇年を要した。その間政府や多くの学者・有識者たちは日本経済が先進資本主義国並みに発展した段階に至っても、公娼制度は市民社会にとって「一つの必要な社会制度」であることに固執し続けたのである。それゆえに廃娼運動の昂揚や国際的非難の高まりに対して、政府は一時的には廃娼の姿勢を示す時期もあったが、遂に断行に踏み切ることはなかった。このように二〇世紀半ばまで、政府が法律と警察権力をもって人身売買的性奴隷制度を社会の安全弁として維持したことに、改めて驚異の念を抱くのである。

ところで廃娼運動史研究においては、これまで通史や一八七〇年代から一九〇〇年代を中心に個別研究の成果がみられるが、いわゆる大正デモクラシー期からファシズムに移行する一九一〇年代から一九三〇年代の研究、とりわけ地域史研究は緒についたばかりである。(1) そうした研究状況に対して本章では、戦前有数の軍事基地・軍港を備えた広島県の場合をとり挙げ、一九二〇年代から一九三〇年代における公娼の実態を明らかにし、廃娼運動の歴史的意義を考察することを課題とした。そこでの本章の視点は、公娼制度が性奴隷制度であり、富国強兵の一連の政策であったという従来の説を踏まえつつ、さらにつぎの二点を強調するものである。

その第一は公娼制度が女性の近代的労働権の確立を遅延し、同時に国家権力によって貧しい「未成年者」・子供の育成・保護が放棄されたことである。すなわち近代日本資本主義の急速な発展をはかる政府が、強圧的な資本による収奪から生ずる諸矛盾、とりわけ社会的貧困問題を「家」制度を利用しつつ女性や子供に肩代わりさせた。地主制下における高額の小作料にあえぐ貧農や都市低賃金労働者、無職者の少なからぬ娘たちが、「家」の窮乏を救うために娼妓に身を落した。本来ならば女性の経済的自立や家計補助は、基本的人権としての労働によって保障されるべきである。しかし近代日本女性の職業（芸娼妓を含む）には売春を伴う労働が相当数を占め、未成年も多く含まれていた。売春を伴う職業が、いかに非人間的で非人権的であるかという社会的認識は、「家」思想（親孝行）と政府公認の公娼制度のまえに解消され、女性の労働権思想の発展を妨げた。このように公娼制度は、性奴隷としての女性蔑視観と子供の無人格扱いを「家」思想との関連において一般化させ、近代市民社会における人権思想の発展を阻害し、男性中心社会の性差別や性退廃をおし拡げる役割を果たした。

第二には日本資本主義が侵略戦争を飛躍台に進展したように、公娼制度もまた戦争（軍人の慰安）と深く結びついて拡大されたが、同時に女性の戦争協力の側面も見過すことはできない。例えば広島県の娼妓数・遊客数は、戦争勃発の度に増加し、全国的に上位にランクされるが、その一方で体制側女性団体の組織化や編成がすすめられた。ちなみに『愛国婦人会広島県支部沿革誌』（広島県支部、一九四三年）によれば、県内の愛国婦人会会員数もまた戦争の節目毎に増えており、わけても一九三七年は一二万二、八八六人（前年の五万二、九一九人増）に激増している。ここに女性が「性」を含めて全身で戦争に協力する体制に組み込まれるという現象に気づくのである。したがって本来廃娼運動の課題は、女性解放の基本的課題である男女差別の解消、子供の健やかな成育を妨げる貧困の克服や、生命を産む性の尊厳を脅かす戦争政策の抑止などであったはずである。以上の視点を確認しつつ課題に接近したい。

一　広島県における公娼制度の特質

一九一〇年代から一九三〇年代前半までの全国娼妓総数は、約五万人を数え、広島県の遊廓は全国的にも有数地であった。一九二九年の内務省警保局調査によれば、広島県の娼妓数二、二四二人は、①大阪、②東京、③京都、④愛知、⑤兵庫に次ぐ第六位で、それら六県の娼妓合計数だけで全国の娼妓総数の五四%を占めた（表1参照）。伊藤秀吉著『紅燈下の彼女の生活』（不二出版、一九八二年復刻版）によれば人口一万人中の娼妓数でみると広島県は京都、大阪に次ぐ第三位といわれ、県下遊客数も約五八万人にものぼるのである（表1参照）。このように全国的にも屈指の遊廓地帯をもつ広島県は、貸座敷免許地を一九ヵ所指定し、その指定地は瀬戸内沿岸および島嶼部に帯状に点在した（表3参照）。なかでも広島市の西遊廓（舟入町、小網町）、東遊廓（薬研堀、下柳町、平塚町）と呉市の朝日、吉浦遊廓の娼妓数の合計は一、三九一人で、県内娼妓総数の六二%に当たり、遊客数もまた同様の数比（六一・三%）を占めるのである（表4参照）。

この県内有数の広島市と呉市の遊廓の発生は、いずれも一八九〇年代に免許地として認可されたことに始まる。すなわち広島市の西遊廓は一八九一年に、東遊廓（下柳町の一角）は安芸郡仁保島村宇品の一角と共に一八九四年に、[2]また呉地方の「和庄町鹿田及び荘山田村原」の遊廓は一八九五年に認定された。[3]このように両遊廓は、のちに『中国新聞』（一九一九年一月一一日）が「日清戦争で広島の地は花柳界に大殷盛を極めた」と記しているように、広島市が日清戦争のとき派兵基地になったことと深く結びついて発生したのである。遊廓で働く娼妓をはじめ芸妓・酌婦・

女給（大正期以後）などの底辺の女性が、近代日本を象徴する軍事基地、軍港としての広島・呉の繁栄を下から支えてきたといっても過言ではなかろう。なかでも軍港呉は佐世保・横須賀と並んで軍艦碇泊中の海軍将兵や海軍工廠職工の慰安街として殷賑を極め、呉朝日遊廓の娼妓数は県内で最も多い（表3参照）。県内娼妓数は日清・日露戦争、第一次世界大戦、満州事変、日中戦争と戦争の節目毎に増加している。このことからも公娼が単に男性の性奴隷であっただけでなく、国家に強いられた戦争協力者・慰安婦としての性的奴隷の面が浮かびあがってくる。

しかし軍部が最も懸念したのは性病の蔓延で、毎年徴兵検査の壮丁や陸海軍人の花柳病患者の統計調査を克明に行い、花柳病の感染源の五四％が娼妓によるものと発表している。[4] 一九三〇年代には海軍の高官でさえ「陸奥、長門の如き戦艦は常に百人位の性病者がある」と軍隊内の腐蝕を憂慮し、公娼制度の弊害を論じているが、[5] 政府は廃娼の決断をしぶるのである。政府が「必要な社会制度」としての公娼制度に固執することによって、花柳病は当時三大病（結核・酒害・性病）の一つとして、軍人・労働者・農民・市民に蔓延し、さらに全国児童の一割に及ぶ先天性梅毒患者が憂慮される始末であった。[6] それだけでなく公娼制度が、女性の性・人格を商品化し、日常的奴隷的束縛を公許したことで、どれだけ近代日本の非民主的、退廃的体質を根強くしたか計り知れない。広島県の「徴兵検査成績」によると、壮丁の花柳病患者は大正年間に一、〇〇〇人中二三・七一人（全国二一・一三）で、昭和年間一五・四二人（全国一〇・八四）と全国平均を大きく上回る数値を示すのである（表5参照）。したがって徴兵検査成績に対する所感には、広島県は一九三一―一九三五年の五年間をみても連年不良地域として批判されている。[7] 県内

表1．娼妓数の多い県の順位（1929年）

順位	県名	娼妓数	遊客数
1	大阪	8,577人	4,278,305人
2	東京	6,360	4,183,012
3	京都	4,505	1,793,651
4	愛知	2,627	1,460,934
5	兵庫	2,490	1,347,679
6	広島	2,242	583,730
全国総数		49,477	22,360,170

出典　内務省警保局『第6回警察統計報告』（1930年）、広島県の遊客数のみ『広島県統計書』（1930年）による。

における徴兵検査成績と性病の関係が示す社会風紀の退廃は、女性蔑視と体制妥協的土壌を育成し、その原因は全国的にも屈指といわれる遊廓の存在と軍都の性格に関連づけられるものといえよう。

では県内の娼妓がどのように形成されたかを、できるだけ明らかにしてみよう。一九二三年の広島県社会課の職業婦人調査[8]によれば、芸娼妓は六、一七五人（一一・八％）で、第一位女工一万四、六二九人（二七・七％）、第二位日稼労働者六、五一八人（一二・四％）に次ぐ第三位である（表6参照）。これらの女工・日稼労働者・芸娼妓だけで県内職業婦人全体の五一・九％を

表2．広島県貸座敷、娼妓、遊客数と娼妓年齢別表

年次	貸座敷数	娼妓数	遊客数	18以上20未満	20以上25未満	25以上30未満	30以上35未満	35以上
1894	160	770						
1895	299	1,293						
1903	309	1,623						
1904	366	2,499						
1912	358	1,910	469,427					
1914	396	2,112	438,049					
1918	412	2,254	520,951	576	1,126	471	75	6
1919	432	2,223	575,407	439	1,163	496	120	5
1920	435	2,266	518,842	422	1,322	413	97	12
1921	459	2,420	534,363	276	1,443	584	106	11
1922	466	2,574	634,147	449	1,415	599	97	14
1923	473	2,707	537,412	365	1,479	741	107	15
1924	481	2,696	509,528	594	1,513	501	75	13
1925	465	2,564	526,393	268	1,510	709	71	6
1926	456	2,307	558,319	422	1,248	558	74	5
1927	446	2,219	481,700	360	1,247	529	78	5
1928	433	2,186	568,459	451	1,086	542	97	10
1929	422	2,242	583,730	432	1,264	482	58	6
1930	409	2,403	537,074	446	1,399	489	63	6
1931	399	2,470	498,726	473	1,437	492	64	4
1932	390	2,433	511,693	434	1,565	384	46	4
1933	372	2,391	521,181	327	1,545	481	33	5
1934	369	2,290	551,404	669	1,319	279	22	1
1935	360	2,285	669,948	704	1,373	200	8	0
1936	354	2,457	590,204	668	1,495	281	13	0
1937	355	2,596	703,855	642	1,565	372	17	0
1938	350	2,636	727,346	956	1,057	440	183	0
1939	343	2,355						

出典　広島県『広島県統計書』(1894～1912年)、広島県警察部『広島県警察統計表』(1914～1939年）による。

表3．広島県の遊廓免許地、貸座敷、娼妓数と遊客数（1929年）

管轄署名	免　許　地	貸座敷数	娼妓数	遊客数
東　　署	広島市（薬研堀、下柳町、平塚町）	42	409	159,005
西　　署	広島市（舟入町、小網町）	50	410	86,171
呉　　署	呉市　朝日町	45	488	95,672
呉　　署	呉市　吉浦町	13	84	17,120
音戸署	安芸郡　音戸町	9	68	10,153
厳島署	佐伯郡　厳島町	5	19	3,124
竹原署	賀茂郡　竹原町	8	30	3,389
忠海署	豊田郡　忠海町	9	37	9,562
瀬戸田署	豊田郡　瀬戸田町	—	—	—
木ノ江署	豊田郡　木ノ江町　字宇浜	5	13	1,401
木ノ江署	豊田郡　木ノ江町　天満鼻	9	19	2,795
木ノ江署	豊田郡　東野村　字鮴崎	15	58	7,089
木ノ江署	豊田郡　御手洗町	10	43	7,421
尾道署	尾道市　久保町	82	223	118,568
因島署	御調郡　三庄町	7	60	8,536
三原署	御調郡　糸崎町	22	53	7,237
鞆　　署	沼隈郡　鞆町	8	33	16,813
福山署	福山市　新町	59	149	20,000
府中署	芦品郡　府中町	24	46	9,585
合　　計		422	2,242	583,730

出典　前掲『広島県警察統計表』(1930年)。但し遊客数に不明あり。

占め、芸娼妓が上位にあることは、女性労働そのものがいかに低劣な位置にあったかを示すものである。

県内娼妓の析出は諸資料を総合してみると、おおよそ貧農・貧漁民層・都市下層零細者や無職者の出身であったと考えられる。[9] 県内娼妓の出身地調査については、一九二六年広島県警察部が全県内公娼調査を実施[10]しているはずであるが、その資料を未だに入手していないので、新聞資料に依ることにする。一九二〇年代初めの「広島県娼妓の本籍地調査」によると、地元の広島県出身者は三五%である（表7参照）。県外では九州地方出身者が最も多く三七%、次いで四国地方出身者が二〇%、それら三地方出身娼妓数は、約九〇%を占める。広島市内の西遊廓（貸座敷五四軒、娼妓四三八名）でみると九州地方出身者が、半数近くの四一%を占

表4．広島、呉両市の貸座敷、娼妓、遊客数

年次	広島市					呉市				
	東遊廓		西遊廓		遊客数	朝日遊廓		吉浦遊廓		遊客数
	貸座敷数	娼妓数	貸座敷数	娼妓数		貸座敷数	娼妓数	貸座敷数	娼妓数	
1914	45	291	77	555	198,617	42	579	12	84	135,413
1915	46	274	64	491	203,705	45	617	11	87	124,339
1916	43	250	59	401	202,644	45	657	11	106	150,311
1917	41	227	58	391	180,159	44	607	11	120	164,593
1919	42	273	56	473	169,204	45	611	13	90	178,539
1923	40	291	56	534	175,270	46	741	13	145	187,493
1927	42	339	54	435	246,845	46	432	13	173	105,036
1929	42	409	50	410	245,266	45	488	13	84	112,792
1930	44	423	50	443	193,516	45	553	13	109	111,667
1933	46	415	47	416	179,323	44	649	12	128	134,392
1934	44	403	51	421	189,732	46	638	12	143	140,692
1935	46	398	48	399	188,702	46	663	11	147	152,428
1936	45	433	47	451	191,061	46	697	11	144	142,528
1938	48	506	47	550	270,411	46	726	11	153	178,983

出典　前掲『広島県警察統計表』(1914～1938年)。

め、広島県人が二七%とより少なくなる。(11) 一九二〇年代後半の調査では、同じく広島市内の東遊廓娼妓の六八%、呉朝日遊廓娼妓の六四%が九州地方出身者で、より多くなり、特に、福岡・長崎両県との結びつきが深くなる(表8参照)。

　このように県内の娼妓は、北部九州地方出身者が多く、逆に広島県から北部九州地方に出稼ぎに行った娼妓も少

表5．徴兵検査花柳病患者調査人員1000分比

年次	全国	広島県	年次	全国	広島県
1912	25.11	35.45	1926	13.17	15.34
1913	27.02	32.26	1927	11.80	21.94
1914	26.36	23.19	1928	12.74	11.78
1915	25.15	23.56	1929	11.06	13.44
1916	23.02	23.63	1930	9.96	15.88
1917	24.65	31.47	1931	9.64	15.79
1918	22.24	30.11	1932	9.90	17.28
1919	21.86	22.18	1933	11.94	18.27
1920	21.63	20.52	1934	10.54	15.30
1921	18.50	21.56	1935	10.71	17.91
1922	17.34	15.72	1936	9.08	10.39
1923	15.16	20.88	1937	9.62	11.52
1924	14.16	16.34	1938	10.81	15.62
1925	13.57	15.04			
平均	21.13	23.71	平均	10.84	15.42

出典　1912～1925年『陸軍における花柳病』陸軍省印刷、1926～1938『廓清』から作成したもの。
　全国比は植民地を除いたもの。但し1930～1938年はカラフトを含む。

表6．1923年広島県職業婦人調査

職業	人数	%
女工	14,629	27.7
日稼労働者	6,518	12.4
商業	4,971	9.4
家政補助婦	4,207	8.0
娼妓	3,507	6.7
芸妓	2,668	5.1
女教員	1,845	3.5
結髪業	1,223	2.3
看護婦	753	1.4
産婆	656	1.2
事務員・タイピスト	574	1.0
電話交換手	399	0.8
理髪業	191	0.4
官公吏	120	0.2
医師	11	0.02
その他	10,464	19.8
合計	52,736	

出典　広島県社会課の職業婦人調査。1923年1月現在『日本労働年鑑』。

表7．1920年広島県娼妓の本籍地調査

出身県名	人数		%
広島県	801		35
九州地方・福岡県	177	829	36.6
長崎県	175		
鹿児島県	162		
熊本県	159		
宮崎県	57		
佐賀県	64		
大分県	35		
四国地方・愛媛県	331	449	19.8
香川県	70		
高知県	36		
徳島県	12		

出典　『中国新聞』1921年3月5日、「大正9年芸娼妓酌婦仲居調査」による。

表8．九州地方出身者

(A)東遊廓の娼妓	380人中	(B)呉朝日遊廓の娼妓	602人中
福岡県	87	長崎県	110
熊本県	37	福岡県	83
宮崎県	36	熊本県	78
長崎県	36	鹿児島県	47
佐賀県	26	宮崎県	45
鹿児島県	21	佐賀県	22
大分県	14	大分県	2
合計	257人 (67.6%)	合計	387人 (64.2%)

出典　(A)は『呉日日新聞』1927年7月7日、田代国次郎「広島の廃娼運動」『ヒロシマ草の根福祉』。
(B)は『呉日日新聞』1930年9月12日により作成。

なくないことが推察される。その理由の一つは、地元での娼妓稼業を恥じ、見知らぬ遠い土地を選んだといわれる。もう一つの理由は、広島県が九州筑豊炭坑の出稼坑夫の供給地であったことと関連するものと考えられる。一九二八年の『筑豊炭坑労働者出身地調査』によると広島県出身者は九州・朝鮮を除いて、広島県が最も多い[12]。このことは森崎和江『からゆきさん』（朝日新聞社、一九七六年）の「密航少女たちの出身地調査」（資料は古いが『福岡日日新聞』一九〇二年―一九一一年の記事により集計されたもの）に、広島県出身者が九州地方（長崎・熊本・福岡）を除けば最も多く、その数値が筑豊炭坑夫の出身地の場合と一致するという指摘と符合するのである。県内の出稼ぎ筑豊炭坑夫の出身地は、県北部の①高田郡、②山県郡、③比婆郡、④賀茂郡とされ[13]、いずれの土地も耕地面積が少なく（小作地率三五％―四三％）、農業生産力は低い。娼妓の出身地は、旧くから「高田芸者に比婆巡査」といわれるように、出稼ぎ炭坑夫の場合と同様に推察される。例えば一九二三年の広島市西署の接客婦調査によると、県内接客婦の出身地は、山県・安芸・双三の三郡が多い[14]。また一九二七年新たに鑑札を受けた福山新町遊廓の娼妓四七名の多くは農村出身者であった[15]。さらに広島県出身娼妓の出稼ぎ先を示す資料として、一九三〇年の「朝鮮における娼妓出身地調査[16]」によると、娼妓総数一、八四一名中広島県出身者は一三八名で、長崎（四四八名）、福岡（二八四名）、熊本（一五三名）に次ぐ第四位である。このように広島県は紡績女工の有力な供給地であっただけでなく、九州や朝鮮にまで身売りせざるをえない痛苦に満ちた娼妓供給地でもあった。

ところで一九二〇年代は、平塚らいてうらの治安警察法第五条修正と花柳病男子の結婚制限法制定運動をはじめ、「家」制度改造熱が高まる。その一方で約五万人の貧困家庭の娘が、公娼となって「家」制度を支え続けていた現実が留意されなければならない。県内の娼妓数は、一九二〇年代半ばまで逓増するのである。そこで「娼妓の家庭調査[17]」をみると、殆どの娼妓が一家の負債弁済と貧困家庭の家計補助を理由に身を売り、しかも両親が揃っている者が最も多いことが注目される。広島女学院校長ナニ・B・ゲーンス（メソジスト教会）は、「親が貧乏して薬が買えない、弟を学校へやれないといって娘が身を売る。それを世間の人は褒めるが、間違っている。神から貰った体を売るのは罪悪である」と考えキリスト教の女学校を創立したと述べている（『芸備日日新聞』一九二〇年二月三日）。

娼妓の前借金（身代金）は、「景気のよい時で一、〇〇〇円～二、〇〇〇円まで、不況時は一、〇〇〇円以下で、年期は六ヵ年以下の契約」となっているが、実際に親の手に入る金額は、紹介人手数料や公正証書・旅費・雑費と身付金（衣類・鏡台・手廻品代）を差引いて六割内外でしかない。[18] ちなみに一九二九年春、福山新町遊廓の娼妓になった一九人の前借高は、一、〇〇〇円～一、六〇〇円が最も多く、最高の二、五〇〇円が一人、最低の三五〇円が一人で、年期は四－五年が最も多く、最も短い一年が一人という実情であった。[19] それに経済不況期には労働者数は減るが、芸娼妓数は増加していくのである。

しかも娼妓の年齢は、娼妓取締規則（一九〇〇年内務省令第四〇号）の「第一条一八歳未満ノ者ハ娼妓タルコトヲ得ス」と規定され、国家自らが未成年者の娼妓稼業を法律で承認するという前近代的体質を維持するのである。県内の一九三〇年娼妓稼業年齢調査を例にとると、未成年娼妓数（一八歳以上二〇歳未満）は四四六人で一八・六％も占め、二〇歳以上から、二五歳未満が最も多く一、三九九人の五八・二％である。したがって娼妓の大半（七六・八％）が未成年者および青年層という驚くべき若い女性、子供の棄民であった。さらに未成年娼妓は、一九三四年を境に戦争体制に向って急増するのである（表2参照）。ここに貧しい女子未成年者・青年層が、「家」制度と戦争体制のもとで、「家のために」、「国のために」という「二重の犠牲」になった姿が示されている。

その上娼妓は、義務教育を受ける権利からも疎外され、職業的、精神的自立も容易ではなかった。一九二四年の呉朝日遊廓と吉浦遊廓の娼妓一、〇八〇名の教育調査によると、小学校中退者が三三〇名で最も多く、全く教育を受けていない者一〇六名で両者あわせて四〇％、小学校卒業者が二八％である。また高等小学校教育から女学校教育を受けた者は、中退者も含めて三四三名で三一・七％をも占め、経済変動による中産階級の没落が、直接的に娘の身売りに結びつく場合も多くみられる。[20] このように娼妓の七〇％が、小学校教育以下か無教育であるから、多くの娼妓は「二重の犠牲」に疑問を抱く以前にひたすらに忍従・諦観に徹するか、退廃に陥るかであった。この「二重の犠牲」の上にさらに身分的差別に呻吟したのが、被差別部落出身の娼妓であったことを見落してはならない。広島県は全国第二位の部落数をもち（一九一八年調査で四七五部落）、部落人口は四万六、〇〇〇人で、そこに住む女性の出稼ぎ職業は「妓楼、料理店」などであった。[21]『広島県水平運動の人びと』[22]の聴きとりによると、一九〇八年福島町に生まれた一女性は、九人兄弟姉妹の四番目で小学校に一年も通っていない。父親が病気がちで借金を払えず、彼女は一六歳の時山口県の遊廓に五年年期（五〇〇円の契約）で身売りされた。それでも両親がつぎつぎと借金を重ねるので、年期を延ばし一〇年間勤めた、と語っている。この一家は二人も娼妓を出しているが、部落の女性の状況はおおむね変らなかったという。この聴き書きからも、娼妓取締規則に定められた年齢制限が守られず、子供の成育に必要な義務教育も身体的成長も保障されなかった実態が証明されるのである。

二　娼妓の抵抗と女性・子供の保護問題

政府が公娼制度を設けたことは、貧困な女性・子供に対する差別・蔑視観を社会的に根づかせただけでなく、警察や貸座敷業者による暴力的な人権の蹂躙を許す風土を助長することにもなった。廃娼運動の当面の課題は、女性・子供の身売り防止や娼妓の解放を通して、女性・子供の権利の回復と人格的退廃の克服を行政・業者側に迫る民主主義の土台づくりであった。そこで娼妓が直面する三つの苦痛と拘束を、運動側も解放課題とするのである。その一つは業者に対する前借金の返済契約の年期問題であり、二つには娼妓取締規則第七条による居住・外出の自由の拘束、そして三つには性病罹患と妊娠・出産問題である。

前述の如く娼妓は、大半が教育から疎外されていたので、これらの娼妓稼業の苦痛を文字に綴って世間に訴える方法での自己表現は少ない。だがここに呉朝日遊廓の一娼妓が、稼業の辛酸を新聞に投書した「妾達の身上話」（おそらく記者が代筆したもの）がある。[23] 前借金問題をつぎのように訴えている。前借金は働けば働くほど、毎月借金が増え、年期は延びるばかりだという。その理由は、仮に一ヵ月の上げ高が三〇〇円（三〇〇円上がる人は少ない）とすると、その三歩の九円が娼妓の賞与となるが、毎月の生活入用費一一円（客用茶代、化粧品、洗濯、髪結代など）を差引くと毎月二円が不足し、借金をする。その上娼妓が五日毎の検診で梅毒と診断されて入院したり、他の病気で休養した場合もその日数だけ年期が延期され、その間の諸雑費も借金に加算される。さらに楼主は病身な娼妓に対して冷酷に扱い、使い捨てるので、前途を悲観した多くの娼妓が自殺する羽目になる。「今少し人間らしい扱いをしてほしい」と結んで訴えている。

娼妓が最も苦痛としたのは、例外なく罹患する花柳病と健康体ならば避けられない妊娠と出産問題であった。伊藤秀吉はいみじくも内務省の娼妓花柳病患者二％以下の統計報告は「詐術」だと酷評し、血液検査と顕微鏡検査を行ったらおそらく娼妓の一〇〇％は「有毒者」であろうと内務省を非難している。[24] また娼妓の妊娠について、一九二〇年の新聞記事によると広島市東西遊廓娼妓（一九一九年娼妓数七四六人）の出産は一年に二〇人の率である（一九三〇年代大阪府の調査によると娼妓妊娠率は四〇〇人に一人の割合、『廓清』一九三六年五月号、二五頁）。広島県令による娼妓妊娠保護規定は妊娠六ヵ月以上、分娩後五〇日間の休業になっている。このような娼妓問題に対して、当時の広島診療所長（早川）は、娼妓の妊娠休業を妊娠四ヵ月以上に繰り上げるべきであること、娼妓が出産した子供（心身共に虚弱児が多い）に対する社会的救済が急務であることを強調している。[25] 青春期の殆どの娼妓が、花柳病のために不妊症に罹り、子供を産む権利をも剝奪されたのである。また娼妓が稼業中に妊娠したとしても、人工中絶は勿論のこと（堕胎罪）、出産した子供を育てることも許されず、あまつさえ乳児は「不良児」のレッテルを張られて捨ておかれた。公娼制度は女性の人類的機能を否定するだけでなく、子供の未来も含めて遺棄するものであったことが留意されなければならない。同時にその国家責任が問われるべき問題であった。

しかし国家に棄民され、貸座敷業者に虐げられたこの娼妓たちが、大正デモクラシー思潮の昂揚のなかで、人間性の回復、生存権への意欲をかきたて、逃走・自由廃業・同盟休業など、まさに生命をかけての苦闘を楼主・警察との間に展開するのである。県内において娼妓の逃走や自由廃業の動きが、新聞紙上に頻繁に現れてくるのは、米騒動を境にして娼妓数が増える時期でもある（表2参照）。「娼妓の逃走頻々」の『中国新聞』記事(26)によれば、広島市東西遊廓の娼妓が、約五〇名逃走したまま所在不明だが、その他逃亡して暴力団に取り押えられた者は百数十名におよぶという。捕らえられた娼妓は、楼主が捜索に使った費用を負担させられ、一層悲惨な状態に置かれるけれども、依然として娼妓の逃走は止まないのである。

ところで一九二〇年代前半、全国的に廃娼運動は転機を迎え高まるのである。その第一の理由は、高潮する普選運動・労働運動のなかで、一九二一年原敬内閣が調印した「婦人および児童の売買禁止に関する国際条約」の批准が国民的課題とされ、議会においては「公娼制度廃止に関する建議案」（第四五議会、憲政会横山勝太郎提出）や「公娼制度制限に関する法律案」（第五〇議会、政友会松山常次郎提出）が本格的に論議されるようになったことである。第二の理由は新婦人協会が治安警察法第五条一部改正（婦人の政談集会を許可）をかちとり、婦人参政権運動への突破口をきり拓いたことである。そして第三には、関東大震災を機に、これまで運動を推進してきた廓清会、基督教婦人矯風会に加えて、幅広い女性を結集した全国公娼廃止期成同盟会が結成されたことなどをあげることができよう。

とりわけこの期の運動の特徴は、かつてモルフィが実践した自由廃業の合法性に関する教宣活動が活発化し、多くの娼妓が自由廃業に成功している。廓清会は機関誌『廓清』に、布施辰治の「自由廃業新判例の解説(27)」をはじめ多くの論説を載せ、民法九〇条「公ノ秩序又は善良ノ風俗に反する事項ヲ目的トスル法律行為ハ之ヲ無効トス」と民法七〇八条「不法ノ原因の為給付ヲ為シタル者ハ其の給付シタモノ、返還ヲ請求スルコトヲ得ズ」に依り、芸娼妓契約は無効であることを立証するのである。

さて県内においては婦人矯風会呉支部（一九〇八年創立）・広島支部（一九一六年設立）や、短期間ではあるが広島・呉の無政府主義者らが自由廃業運動に活力を与えた。前者矯風会呉支部の十時菊は、海軍軍人ホームを設立し（一九〇八年、呉市下山手通り）、軍人援護活動を一貫して行ないつつ、一九一〇年代以降は広島支部と共に廃娼講演会を開催して啓蒙活動を展開している。とりわけ一九二四年四月の講演会（矯風会広島支部主催、広島市公会堂）に招かれた久布白落実は、公娼制度を廃止させるために婦人参政権が必要であることを力説している。矯風会はしばしば救世軍・廓清会の広島支部やメソジスト広島教会と共同して、地道に運動を推し進めた。なかでも実践活動として注目されるのは、一九一八年二月の新遊廓設置（因島三庄遊廓）反対演説会（矯風会広島支部主催、於広島市公会堂）[28]や、翌一九一九年広島支部の多辻敏子らが、「婦人ホーム」（広島市千田町）を設立し、貧しい女性に職業紹介を行ない、身売りする女性・児童の救済事業を行なったことである。[29]

他方、後者無政府主義者の廃娼運動は、直接遊廓のなかに侵入して娼妓の自由廃業を援助する行動をとった。その一人は広島自由労働組合を結成し（一九二四年）、のちに広島県女給同盟の結成（一九三一年）[30]に関与する吉田昌晴である。吉田の活動は、極めて短発的で、例えば一九二三年に呉朝日遊廓で公娼廃止の宣伝文をまいたため楼主側から暴力を受けたり（三月）、広島西遊廓日之出楼の娼妓の同盟休業（一二月）を援助したことなどがあげられる。この年はその他に広島西遊廓三州楼の娼妓七人の自由廃業争議（一月）、己斐芸妓の同盟休業（四月）などが集中的に発生している。新聞記事には廃娼活動者が、廓内に潜入[31]したことを暗示し、己斐芸妓同盟休業（花代手数料値下げ要求）を労働争議として扱うなど、高まる労働運動の影響がみられ、県内廃娼運動の最初の転機と考えられる。芸娼妓が「公休日も与えられず、過労と粗食のために病妓が続出するような犬猫にも劣る待遇[32]」（三州楼）に怒り、「年増の私達はよいが、若い妓達に悲惨な生活に埋もれさしたくない[33]」（己斐芸妓）と決意して遂に同盟休業に起ち上がるという時期の到来を迎えたのである。以来、呉・広島・福山の遊廓娼妓が脱走、自廃したという新聞記事が跡を絶たない。

同じく無政府主義者の弘中柳三は、呉市において一九二六年週刊『中国評論』(中国評論社、呉市外天応) 紙上に、一年近くにわたって自由廃業論を掲載し、精力的な教宣活動を展開するのである。その一方で、弘中は中国評論社内に「芸娼妓自由廃業相談所」を設けて、「自由廃業は社会正義論に立脚する合法的手段では実現しない。楼主に妥協する警察をたよらず、テロリズムの行動でなければ成功しない」と芸娼妓の救済を実力行使するのである。弘中は警察が自由廃業を申し出た娼妓に「借金と体とは別物」というたてまえだけで、楼主のもとへ合意を求めに帰らせる処置に対して、痛烈な批判を浴びせている。[34] 弘中の自由廃業論がラディカルであったのは、県内最大の呉遊廓の楼主側と警察権力との癒着が強力であったことを物語っている。弘中の自由廃業運動は県内の廃娼運動史上、短期間であるが旺盛な文筆活動を特色とし、以後これほど集中的な取り組みは現れない。しかし弘中の自由廃業論は、基本的には無産者の生存手段として公娼制度を認め、娼妓が稼業を廃める意思表示をしたならば、楼主・警察は自由廃業を認めるべきであるというあくまで娼妓の自由意思を尊重するアナーキズムの思想的限界をもち、矯風会の廃娼論と一線を画した。

表9．5年間における娼妓自由廃業者数調査

年　次	1925	1926	1927	1928	1929	合計
全　国	128人	249人	186人	158人	156人	877人
広島県	3	11	1	3	3	21

出典　『廓清』1931年9月号。

ともあれ県内の自由廃業数は、全国的にもピークを示す一九二六年には一一件を数えた (表9参照)。主に広島・呉・吉浦・音戸・福山などの娼妓が自由廃業を成立させているが、総じて楼主との交渉は困難を極めた。なかでも世間の注目を集めたのは、広島東遊廓繁昌楼の娼妓二人が、楼主の酷使と虐待を東京警視庁に上京して直訴し、自由廃業を願い出たことである。[35] 結局娼妓らは、所轄の広島東署に戻されて自由廃業を認可されたが、この事件はそ

の楼主が所轄の警察官であることを暴露され、警察と楼主の一体化による娼妓解放の困難さを世間に知らせる結果となった。

こうした娼妓の勇敢ともいえる行動は、その背景に一九二五年一〇月、加藤高明内閣が「婦人および児童の売買禁止に関する国際条約」を留保条件（第五条の年齢「満二一歳」の制限を「満一八歳」に保留し、植民地は除外する）つきで批准したことで、芸娼妓問題への社会的関心が、一挙に高まったことによる。廃娼運動側は、ただちに第五一議会に「婦女売買禁止ニ関スル国際条約ニ対シ帝国政府の留保条件撤廃並ニ娼妓取締規則改正ニ関スル建議案」（提出者、内ケ崎作三郎・星島二郎）を提出した。[36] その内容は、植民地除外には触れず、年齢留保条約の撤廃、つまり娼妓取締規則の第一条娼妓の年齢制限「一八歳未満」を「二一歳未満」に改正するという生ぬるいものであった。しかし国際的廃娼運動の高潮のなかで、天皇制国家の中枢である枢密院でさえ、政府の「年齢保留」を「五大国の一つとして誇る帝国政府の失態」[37]である、と国家の体面から一九二七年二月に年齢保留のみを政府に修正させるのである（国内法改正は据置）。これに対して貸座敷業者側は、逆にあくまで娼妓年齢制限を「満一六歳」に引き下げることを決議し、運動側との対立を激化させていく。

こうした情勢のもとで、一九二六年全国警察部長会議（松村義一警保局長提案）と地方長官会議が開かれ、公娼制度改廃に関する諮問に対し意見が交わされている。両者の会議では共に廃娼論者は少数であったが、娼妓の人権を最低限度認める方向で意見が一致したのである。伊藤秀吉が「県知事、警察部長等が仮令少数にしても、堂々廃娼意見を述ぶるが如きは、全く空前の出来事」[38]と記すほどの変貌であった。この全国警察部長会議で、娼妓待遇改善策として、①娼妓前借期間の限度を五～六年とし、借金の有無を問わず再登録を許可しないこと、②外出の自由、自由廃業を認める、③客の選択を認める、などが打ち出された社会的反響は大きい。同年六月、内務省の指示で広島県警察部も娼妓改善のために全県内の公娼調査を実施している（注10参照）。『呉日日新聞』の社説では、指導監督権をもつ警察の怠慢が、抱え主の苛酷な娼妓待遇を許してきたことを非難し、同時に貸座敷業者に反省を促している。[39]同紙は積極的に廃娼論を唱えているわけではないが、「公娼解放の時機近し[40]」の社会的趨勢を肯定する論調に傾いていく。管轄警察署、貸座敷業者側の娼妓待遇改善案は、すでに一九二〇年代初め頃から呉・広島・府中・糸崎などで形式的には出されていたが、一九二五年から二六年にそれが再燃するのは以上のような内外の廃娼の動きを反映するものであった。例えば呉警察署と貸座敷業者は、娼妓の「外出の自由」は除外しているが、揚げ代中の賞与の配分、一日三度の食事、毎月一回の公休日など、二五条にわたる娼妓待遇改善規定[41]を設けている。

このような僅かながらも行政・業者側の譲歩は、娼妓に人間性回復への手がかりを与え、廃娼運動の前進に拍車を加えることになる。つまり娼妓が主体的に日常的要求を抱え主に突きつけ、人間解放への気概をみせるようになる。例えば一九二九年三月の呉朝日遊廓松明楼の娼妓六名は、「午後一二時の夕食を冷飯でなく、何とか暖かいものにしてくれ」などの待遇改善を叫んで同盟休業に入り、自由廃業を願い出ている。[42]また賀茂郡西条町の芸妓二名が置屋の虐待に耐えかね逃走するが、途中警察に捕まり「妾達は何時までも虐げられてばかりいません。この機会を幸いどこまでもたたかいます[43]」と下積みの女性の気骨を示すのである。

三　広島県廃娼期成同盟会結成と婦人参政権

一九二〇年代前半の廃娼運動は、前述のように帝国議会への請願と自由廃業に重点が置かれた。しかし普選法実施が可能となり、施行される一九二〇年代後半から一九三〇年代前半においては、請願運動の力点が地方議会に移され、地域差はあるが婦人参政権運動と結びついて展開される。すなわち一九二六年六月、廓清会と婦人矯風会は連合して組織の強化をはかり、廓清会婦人矯風会連合（のちに廓清会婦人矯風会廃娼連盟と改称、以下廃娼連盟と略称する）を結成した。廃娼連盟は新興の無産政党、無産女性団体や婦選獲得同盟などと連携しつつ、対地方議会請願運動を行ない、廃娼決議県や廃娼県を拡げることで、廃娼法律案の成立を促進するという下からの国民的運動を展開するのである。

この時期に、廃娼運動がにわかに隆盛の転機を迎えた第一の理由は、前節でも述べた国際的人権思潮の高まりである。一九二〇年後半以降、国際連盟の婦人児童売買禁止委員会では、各国代表が公娼制度廃止に関する論議を精力的に交わしている。例えば一九二八年国際連盟第九回総会において、オーストラリア代表が「奴隷制度が国内的又は国際的婦人児童売買の根源をなすものである」ことを実証的に論じた。また一九三〇年の婦人児童売買禁止委員会では、「公娼制度廃止により性病の増加をきたすおそれは、根拠なきこと」が決議されている。[45]このように世界平和を維持するために、国際的人権の確立を指導する国際連盟が、日本政府や貸座敷業者の一貫した主張である存娼論の根拠を覆した社会的衝撃は大きい。その上、一九三一年六月、国際連盟の婦人児童売買状態調査団が、東洋実地調査に来日したことで、政府は公娼問題への対応に迫られた。一方廃娼運動側は弾みをつけ、女性・子供の保護に対する世論を一層高めていく。第二の理由は、労働者・農民の利益を代表する各派無産政党が、階級的立場から婦人参政権要求・公娼制度廃止などの婦人政策を掲げ、その傘下の無産婦人同盟や婦選獲得同盟も時として廃娼連盟と連携して運動を展開したことである。とりわけ無産婦人同盟が、廃娼運動に力を注いでいる。例えば一九二七年秋、全国婦人同盟の廃娼班に属するもと娼妓松村喬子（名古屋中村遊廓を自由廃業）らは、廓清会と共同して東京市外で廃娼署名運動や娼妓救済を行なっている。[46]また一九三一年一〇月には、無産婦人同盟大阪支部が、松島遊廓（大阪市）の娼妓一三人の同盟休業を全国大衆党や労働組合の援助も得て応援するという独自の運動を展開したのである。このように無産婦人運動・婦人参政権運動の昂揚は、大正初期から久布白落実らの悲願であった「廃娼

表10．府県議会の廃娼決議および実施県

1882年	群馬県決議
1893	群馬県廃娼実施
1928	埼玉県・福井県・秋田県・福島県決議
1929	新潟県決議
1930	神奈川県・長野県・沖縄県・埼玉県廃娼実施
1931	山梨県・茨城県決議
1932	秋田県廃娼実施、岩手県・宮崎県決議
1933	長崎県・青森県廃娼実施
1935	高知県決議
1936	愛媛県・三重県決議
1937	宮城県・鹿児島県・富山県・滋賀県・広島県決議
	廃娼決議県23県

出典　『廓清』1938年１月号、19頁。

のための婦人参政権要求」をより現実に近づけた。廃娼運動は従来までの救済的性格から、階級的視点に立つ娼妓解放運動を含み込んで民主主義運動（人権の確立）へ転化したといえよう。

ところで廃娼連盟は、冒頭に述べたように、これまでの運動方針を転換し地方議会請願運動を全国的に展開する目的で、各府県にその運動の拠点となる廃娼同盟会（支部）を精力的に組織していった。同時に廃娼連盟は、全国の県会議長宛に「公娼制度廃止請願書」を発送した。その請願理由には、公娼制度が、第一に人身売買と人間の自由を拘束する事実上の奴隷制度であること、第二に貞操の売買を公認するために公序良俗の紊乱を助長させる、第三には、公娼が私娼の発生を促していること、などがあげられ、県議会の総意による廃娼の決断を要請している。[47] 府県議会における廃娼決議は、一八八二年群馬県を嚆矢とし、一九三七年日中戦争開始までに二三県において成立した。その内、群馬、埼玉、秋田、長崎、青森の五県は廃娼実施に成功している。廃娼決議県をみて気づくことは（表10参照）、一つには一九三〇年前後の民衆運動の昂揚期に廃娼決議に成功した県議会数は（一九二八―一九三二年）、議決県総数の約半分を占め、それらの県は群馬県の廃娼が自由民権運動の一つの結実であったように、かつての民権運動の土壌と無縁でないように思われる点である（今後歴史的検証が期待される）。二つにはいわゆる「非常時」期における決議県は、周辺県である。大都市の有力な遊廓県は、廃娼決議さえ成立していない。そのなかで広島県議会の場合は、後述するように、一九三七年廃娼運動の凋落期に廃娼決議の掉尾をなすのである。

廃娼連盟の支部組織・廃娼同盟会は、一九三〇年度末までに全国の半数以上の二六県に設立された。同年五月に広島県廃娼期成同盟会が、遅播きながら結成の運びとなる。この大恐慌下における一九三〇年は、県内においても民衆運動が最も高潮し、とりわけ働く女性を中心とする生活擁護・婦人参政権運動が活発になる。すなわち女人芸術連盟広島支部（五月）、続いて婦選獲得同盟広島支部（六月）が結成されている。[48] 翌年二月には広島県女給同盟と社会民衆婦人同盟広島支部準備会、[49] 八月に無産婦人同盟準備会の発足へと、一九三〇－一九三一年は県内の女性団体が簇生する時期で、短期間ではあるが、女性解放へのエネルギーが噴出するのである。これらの女性が、主体的に止むに止まれぬ自らの諸要求を実現するために女性団体を組織したのに比べ、広島県廃娼期成同盟会は、キリスト教徒を中心とする人道上・宗教上の見地から娼妓解放をめざす、いわば他者による救済的社会改革的特徴をもった。

そこで、この広島県廃娼期成同盟会が結成される経緯について述べよう。結成前の一九二七年、第五二議会に対して廃娼連盟が、廃娼請願書（貴族院一万五、七五四名、衆議院一万五、八三三名）を提出しているが、広島県の署名数は貴族院五五六名、衆議員五三二名で、東京・大阪・福岡・兵庫に次ぐ第五位である。この署名数からみても、廃娼運動の地下水の水脈を読みとることができる。[50] 婦人矯風会の十時菊は、廃娼連盟発足当時から広島支部づくりを考え、新聞紙上に婦人参政権要求意見を発表したり、署名活動を行なっている。十時菊らはまず一九三〇年一月、廃娼連盟広島支部設置協議会を発足させ、広島・呉・尾道・福山・三次・岩国などの婦人矯風会、キリスト教会の代表を呉市下山手町の軍人ホームに集め支部結成の準備を行なっている。[51] 続いて翌月、広島市流川町日本メソジスト中央教会で同盟役員を選出した（理事長川合錠治［日本メソジスト広島中央教会牧師］、理事谷広虎三・長安夫人・古賀円太［以上広島］、十時菊・山内豊吉・和田方行・中山国三・元吉潔・白戸良作［以上呉市］）。また事業内容は「県会へ請願其他事情によりては、自由廃業娼妓の世話をなすこと」と決め、同盟会事務所を広島市千田町谷広虎三方に置いた。[52] 同盟会の婦人役員は、十時ら二人だけで娼妓解放運動の中心的役割を男性が担ったことも廃娼連盟運動の特徴であった。

ともかく五月、広島県廃娼期成同盟会発足の講演会は、廓清会理事長安部磯雄（社会民衆党）が招聘され、県学務部長藤田僙治郎の参加もあって、広島市袋町小学校講堂で開かれた。だが貸座敷業者側は、その直前の四月に、広島県貸座敷組合第三回大会を福山市公会堂で開き、楼主三〇〇余名が「娼妓最低年齢を満一六歳に改正を要請」することなどの時代に逆行する内容を協議していた。[53] 遊廓楼主側の無法振りは、講演会に先だって楼主八九名が、市会議員（楼主）を先頭に安部磯雄に会見を強要し、廃娼講演の内容を糺すことから始まった。講演会当日は、聴衆一、二〇〇―一、三〇〇名のなかに二〇〇有余の東西遊廓楼主や暴力団が、前列中央部に陣取って八方から弥次を飛ばし、遂には一〇数名の暴漢が壇上に駆け登り、司会者川合牧師に三週間の傷害を負わせるという乱暴狼藉をつくした。このような混乱のなかで、十時は次の宣言文を読み上げている。

宣　言

公娼制度は人格の尊厳を知らざりし封建時代の遺物陋習にして天意に背き人道にもとり風紀衛生教育上有害無益なるのみならず、国際条約を無視し、帝国の体面を傷つける悪制度なれば速やかに之を廃止すべきものなることを茲に宣言す

昭和五年五月五日

広島県廃娼期成同盟会[54]

安部磯雄は「かかる状態では如何なる雄弁家といえども話すことはできぬ。また話す必要はない」と僅か四―五分

で降壇し、閉会となった。ひき続き予定された呉市での講演会も、地元の社会民衆党が遊廓側との対決を申し入れたこともあって、流血事件をおそれて中止したという。[55] この事件について『中国新聞』(一九三〇年五月七日)は、「廃娼は賛成であるが、先決問題は家庭の貧困を救済する社会政策が必要である。今日の貸座敷業者は、巧妙な自由廃業のためにむしろ経済上の脅威を感じるものもある」と業者側を弁護している。

翌六月の第五回全国廃娼同志会大会(大阪・中之島公会堂)に広島県代表が六名も参加し、廃娼運動への関心は一層高まる兆しと思われた。この大会で十時は「広島に何もない(組織)のは悲しいことと思って、血の涙で叫んだ結果、遂に広島にも廃娼連盟が組織された」と組織づくりの苦労と遊廓の有力な土地の壁の厚さを語っている。また川合は「講演会は失敗したが、県下にセンセーションを巻きおこした。この騒動の中で廃娼請願書に百数十名の署名を得たこと、県会議員森河賢三(佐伯郡)が慰謝してくれたことは、失敗の中に勝利の曙光である」と報告している。[56] 同年一〇月廃娼連盟本部の伊藤秀吉は、広島支部を訪れ、森河県会議員の積極的な協力を得て、廃娼請願書提出の準備をすすめる。しかし再び二人の有力な貸座敷業者で県会議員(山本久雄=政友会、広島市舟入仲町、仁田竹一=民政党、呉市荘山田村)らに阻止され、提案を見合わせたのである。[57] 翌一九三一年春(三月三一日－四月三日)、第四〇回婦人矯風会全国大会が広島公会堂で開かれた際に、警察側(西署)の仲介で貸座敷業者側(山本久雄・三野基次)と婦人矯風会側(久布白落実、守屋東、和田ミツヨ、安永ツルコ)が会談した。業者側が「公娼廃止を論じられては営業に支障をきたす。娼妓を充分に優遇している」と開き直るのに対し、婦人矯風会側は「自分たちの運動は単に公娼廃止が目的でなく、〝愛を売る〟ことに対する全般的運動であるから決して業者に御迷惑をかけない」と一転して呉越同舟の開陳をしている。[58] ここに事実上婦人矯風会側は、業者の暴力に屈した。以後広島県廃娼同盟会は存在理由を失い、その活動は表面には現れてこない。

このように広島県の廃娼運動は、貸座敷業者側の猛烈な一撃で退却するが、全国的な廃娼運動はむしろ高潮していく。例えば長野県廃娼連盟は、一九三〇年一二月、長野県議会に対する請願運動五年目に六五〇余の賛成団体（青年団、処女会、婦人会、在郷軍人会、同窓会、宗教団体など）の請願署名を集め（一九二九年長野県会請願数六万数千通）、絶対多数で「公娼廃止意見書」を可決させ、一〇年後を期し公娼制度廃止を約束させている。また長野県会はその前年の一九二九年、全国に先がけて婦人参政権建議案を可決していた。ここでは廃娼問題と婦人参政権が結合されることで、両者の成功をかちとっている。したがって「廃娼意見書」は、第五九議会に提出中の婦人公民権案が成立するという前提で、「公民権モ賦与セラルベキ婦女子ニ対シ最モ貴重ナル貞操権ノ存在ヲサヘ認メザルノ一点ニ到リテハ制度ノ矛盾デアル」[59]と書かれ、地域住民運動の見事な結実をみるのである。同じ第五九議会に「公娼制度廃止ニ関スル法律案」（提出者三宅磐ら一〇名）も提出されたが、婦人公民権と共に否決される。しかし廃娼法律案は委員会で「本案は重大問題であるから、政府は大調査機関を設けて調査すべし」と附帯決議され、いくらかの前進をみるのである。伊藤秀吉は「敗けはしたが、議会の空気が本年は全く一変した。始めて曙光を感じた。我々は必ず近い将来勝てる確信を得た」と述懐している。[60]

四　「非常時」と広島県廃娼決議

一九三一年満州事変を境に無産政党（共産党を除く）は方向転換し、無産・市民両女性運動も後退するが、廃娼運動は「非常時」体制に順応するという質的な変化を示しつつ高まる。「廃娼連盟は、一九三三年までに全国地方支部（廃娼期成同盟会）を八割組織し、廃娼決議県を一〇県、廃娼実施県を五県（表10参照）に拡げることができた。その理由は、前述の長野県のように組織の統一的運動の成果によるが、とりわけ社会改革運動に無縁であった仏教界

（全国仏教連合会）が、一九三二年一〇月に全宗派をあげて廃娼決議を行なったことは一層運動の大衆化につながった。[61]それは一九三三年一一月の全国廃娼デーに廃娼請願署名数が、一〇万余に達したことにも示されている。県内の安芸門徒（浄土真宗派）が、廃娼の意思表示をしたという資料は、現段階では見出されていない。しかし広島県比婆郡東城町出身の妹尾義郎ら（新興仏教青年同盟）は、比較的早くから廃娼に強い関心を寄せ、全日本仏教青年会連盟第三回大会（一九三三年、京都）で「廃娼運動の徹底」を決議している。[62]このように廃娼機運が熟すなかで、廃娼連盟は「……東洋において指導的地位に立てる国家として、我が国がこの問題（公娼）に対してのみ遥かに列国の後に有るは、誠に対外政策としても執らざるところである」（一九三三年、第八回全国廃娼同志大会）と宣言した。[63]ここに廃娼運動はアジアの覇者としての体面上廃娼を強調するという、一九二〇年代の国際的デモクラシーの体面上から、変質を深めるのである。

一九三三年斎藤実内閣は、国際連盟を脱退し国際的孤立化へ踏み込みつつ、国民統合の一貫として内外の婦人・児童の身売り禁止運動や廃娼運動に対処する二つの保護法を公布し、僅かながら譲歩の姿勢を示した。一つは児童虐待防止法（四月）で、県内の場合でみると芸妓・酌婦・女給などに従事する該当被虐待児童数は、一一一名（全国総数三、四七一名）あり、[64]たいてい一四歳未満で身売りされ、一八歳になったら娼妓に鞍替えさせるケースが多かったという。もう一つは内務省が、娼妓規則第七条第二項を削除したことで（五月）、娼妓は所轄警察署の許可なくとも外出できることになった。広島県でも県令娼妓規則施行細則第四条「娼妓は稼業場所の貸座敷免許地内に限り外出することを得」の規定が削除されたが（六月）、従来通り仲居の同行を条件とするいわば骨抜きの外出の自由であった。[65]この政府の懐柔的統合に対して、市川房枝らは第五回全日本婦選大会で（一九三四年）、膨大な軍事費反対などの一三決議事項のなかに、娼妓取締規則即時撤廃の要求を女性の批判と希いをこめて掲げている。同年五月には内務省がようやく全国警察部長会議で廃娼断行の声明を出すに至り、娼妓取締規則撤廃と廃娼後の対策を検討するのである。

このような廃娼運動の「隆盛」と内務省の姿勢の変化は、裁判の判例にも現れてくる。すでに一九二七年に「男子の貞操義務」に関する大審院判決があり、そこには民法八一三条第三号（夫の姦通は離婚の理由にならない）、および刑法一八三条（男子の姦通を処罰しない）が、いまや「因襲に胚胎する特殊の立法政策に属する」と断じられ、家父長制秩序を修正し民法改正を呈示するものであった。[66] 当然この判決は、廃娼運動側に理論的・実践的根拠を与え、その後に有利な条件となった。一九三〇年代には娼妓を拘束する前借金に関する判決もあり、楼主の横暴に歯止めをかけるのである。その一例として、一九三四年一一月一九日広島地方裁判所控訴審判決は、「娼妓の前借金には債権の譲渡性がない」と一審判決を覆して、控訴人の娼妓が勝訴している。訴訟内容は、原告芦品郡府中町桑田喜四郎が、同町貸座敷業務橋間一吉方の娼妓藤田シメ子（年期三年六ヵ月間、前借金八〇〇円の契約）を相手どり、原告が橋間に貸した金の返済方法として、橋間からシメ子に対する債権の譲渡を受けたので、抱主橋間に貸している八〇〇円を支払え、という債権転附金取立請求の訴訟であった（人名はすべて仮名）。二宮裁判長は「不当に債務者の心身を拘束し、公安秩序に反し法律上無効である」と控訴証人（桑田）の請求を棄却した。[67] この時期、前借制度に対する法解釈は棚上げされているが、弱い立場の争議を擁護する判例が多くみられる。一九三三－一九三四年における廃娼運動は、アジア侵略をたくらむ「非常時」体制に協賛しつつ廃娼実現の寸前に漕ぎつけたかに思われた。したがって廃娼連盟は廃娼後の運動目標として国民純潔同盟に改組され、一層国策に協力する姿勢を明確にしていく。

他方、内務省の廃娼声明は、全国の貸座敷業者に衝撃を与えた。県貸座敷組合連合会は、急遽一九三四年五月に第七回総会（羽田別荘）を開いて、公娼廃止反対を決議した。[68] 八月には全国貸座敷業連合会の代表が内務省に業者の生活権と私娼の跋扈を理由に公娼制度の存続を陳情している。さらに同年の秋、東北地方の凶作による娘の身売り問題は、廃娼運動側と貸座敷業者側の対立を熾烈にした。翌年二月、全国の楼主二、五〇〇名が、遠くは樺太、朝鮮、台湾から全国貸座敷連合会臨時大会に参集した（青山青年会館）。衆議院議員大野伴睦と船田中（共に政友会）が、存娼賛成演説をし、「徒らに外国の風習を真似るのは愚である。わが国にはわが伝来の風習がある。……西欧国家の制度を排撃し、国法による公娼を撤廃することに反対する」旨の決議をしている。[69] ここに存娼論は、ファッショ的政府の国際的連帯の断絶と日本主義思想を反映して再燃するのである。三月には業者側の公娼制度存置の請願は採択され、第六七議会に「公娼取締法案」（政友会佐藤庄太郎他九三名提出、現行公娼制度を強化する内容の法案）が、二七〇名もの賛成議員を獲得して提出された。この法案は審議未了になるが、以後存娼論が攻勢に転じ、内務省の唐沢警保局長は、衆議院請願委員会で「公娼制度については、さらに厳密な検証を行う」と後退的答弁をなす始末であった。[70] こうしたファッショ的状況を福島四郎（婦女新聞社長）は、「近頃の思想は逆転したかのように見ゆる。婦人に関する問題だけ見ても、三〇年間築いてきたものをこの一、二年に崩して終うのではないかと思われる」と慨嘆している。[71]

全国の貸座敷業者数は、昭和恐慌の煽りを受けて逓減し、総数は一九二五年一万一、七五六軒が、五年後の一九三〇年一万〇、八六一軒、さらに一九三五年九、五二六軒に、この一〇年間に二、二三〇軒減少した。[72] 県内の場合は、一九二五年四六五軒から一〇年後、三六三軒に減り、一〇二軒が廃業した。貸座敷業は斜陽傾向を示すが、広島市東遊廓の業者はむしろ増え、呉朝日遊廓も同数を保つという遊廓有力地の繁栄は変らないのである（表4参照）。県内の娼妓数が、戦争の節目毎に増えていることは既述した。一九三六－一九三八年の全国娼妓総数は、横ばい（一九三六・一九三七年四万七、〇〇〇人、一九三八年四万五、〇〇〇人）状態で遊客数のみ増えているが、広島県は娼妓数・遊客数共に増加する（表2参照）。呉軍港では艦隊が入港する度に、女子青年団や愛国婦人会はエプロンがけで休憩所接待に動員され、接客業の芸娼妓、酌婦、女給などは酒肴、演芸、売春などで軍人をもてなした。呉軍港街は、遊廓登楼者で賑い、券番は箱切れになるほどの喧噪と退廃でうず巻いた。ここに女性が、上は体制的女性団体から下は接客業者に至るまで、「非常時」下軍人慰安に協力する一つの典型を示すのである。

日中戦争開始の一九三七年末、国民純潔同盟（「廃娼同盟」の後身）の働きかけで、県会議員前田栄之助（呉社会民衆党）ら二四名が廃娼案を提出し、遂に可決された。前節で触れたように広島県は、最後の廃娼決議県であった。その廃娼意見書の全文は次のようである。

意見書

一　公娼制度ヲ廃止セラレンコトヲ要望ス

理由

公娼制度ハ封建時代ノ遺物ニシテ人類文化ノ向上ト国民ノ徳性ノ涵養ノ上ニ其存在ヲ許ス可キモノニアラズ、今ヤ我国ハ一ハ紀元二千六百年ノ大典ヲ控ヘ、一ハ非常時の克服ノ為メニ国民精神総動員ヲ緊要トスル秋花柳病ヲ駆逐シ国民保健衛生ニ資スルハ最モ時代ノ要求ナリ、ノミナラズ我帝国ノ世界ニ於ケル国際的地位ヲ以テシテモ日本帝国ノ名誉ノ為メニモ斯ル悪弊ハ打破スベキモノナリト信ズ故ニ公娼制度廃止ヲ要望スル所以ナリ

右本会ノ議決ニ依リ意見書提出候也

昭和十二年十二月十七日

広島県会議長　望月乙也

広島県知事　富田愛次郎殿(73)

この意見書に記された廃娼理由は、戦時体制に入った情勢を反映し、国民精神総動員にもとづいて国民倫理の面から説かれ、後の国民優生法制定（一九四〇年五月）の目的である「人的資源の確保」につながる思想である。

この広島県会で廃娼決議案が成立した理由は、前田栄之助が、「五〇何件（議事）の中に一所に入れて、審議をせず通過した」[74]といっているようにいわば偶発的な成立であった。したがって翌年一二月の県会には、貸座敷業者二人の議員が、これを覆してつぎのように公娼制度在置の意見書を議決させるのである。

意見書

一　公娼制度ヲ存置セラレムコトヲ望ム

理由

昨年ノ県会最終日ニ於テ一括上程セラレタル意見書四九件ノ内ニ前田議員ノ提出ニ係ル公娼廃止ノ意見書アルヲ後日ニ於テ発見セリ、之レ全ク時間ノ切迫ノタメ其ノ題目の朗読ナカリシタメノ結果ニシテ吾々ハ慎重討議スルノ機会ナク斯カル重要案件ニ対シ暗打的ニ議了シタルハ甚ダ遺憾トシ反対意見ヲ表明ス、吾国公娼制度ハ遠クハ百年ノ歴史ヲ有シ近年世ノ進運ニ伴ヒ衛生施設ノ万全ヲ期シ性病予防の唯一期間トシテ国民保健ノ上ニ緊要ナル国家的存在ナリ、今ヤ戦時体制下ニ於テ若シ公娼制度ヲ廃止スルカ如キ事アランカ軍隊並ニ壮丁ノ衛生保健上由々敷問題ヲ惹起シ国家ノ戦闘力ニ関スル重大ナル結果ヲ招来スベシ、殊ニ本県ノ如キ軍港及師団ノ所在県ニ於テハ絶対的其ノ必要ヲ痛感スルモノナリ、茲ニ意見書ヲ提出シ現行制度ノ存置ヲ要望スル所以ナリ

右本会議ノ議決ニ依リ意見書提出候也

昭和十三年十二月十五日

広島県会議長　大原博夫

広島県知事　飯沼一省殿[75]

このように広島県議会における廃娼案決議から一転廃案に至る結末は、茶番劇としかいいようがないが、公娼制度が軍国主義政策の一環であることを最も象徴的に証明したケースといえよう。このように一九三〇年代後半における廃娼・存娼両論は、共にファシズム的思想を基盤にして展開された点が特徴的である。ちなみに同年（一九三八年）は、県内の娼妓数が過去一〇年来の最高二、六三六人を数え、しかも娼妓の未成年者が激増し（九五六人）、遊客数は前年より約二万三、〇〇〇人の異常な激増である。軍都広島市・軍港呉市の遊廓娼妓（一、九三五人）が、遊客総数の六二％（四四万九、三九四人）を負担したのである（表2、表4参照）。戦争政策が貧しい女性・民衆を一層窮貧状態に陥れ、子供の健全な育成を阻み、中国侵略戦争に出征する兵士の人間性を侵蝕し、退廃を隣国に拡大していった姿をここにみることができる。

おわりに

一九四五年八月一五日、日本の軍国主義ファシズムは敗北し、軍都広島市は原爆で廃墟と化し、軍港呉市は空襲で半焼失したことで、遊廓も消滅したかに思われた。しかし敗戦直後の九月、県警察部は貸座敷業者に呼びかけて広島県特殊慰安協会を設立させ、占領軍進駐に対する慰安所開設に乗り出すのである（呉、広、福山、江田島）。警察官はもと芸娼妓を訪ね「決死の覚悟でこの急場を切り開いて欲しい。慰安婦に対しては軍隊同様の給与を保障する」と敗戦後もなお愛国精神を喚起させ、説得して慰安婦を集めたという。[76]

このような県当局の措置に対して、同年一二月進駐軍当局は、ＧＨＱの公娼制度廃止に備えて（ＧＨＱの日本における公娼の廃止に関する覚書発表は翌一九四六年一月二一日）、「特殊慰安所に対する連合軍人の立入禁止」の命令を発し、公娼制度廃止を通告した。『中国新聞』（一九四五年一二月二二日）によると、一九四五年一二月一七日に広島県と島根県が、全国のトップをきって公娼制度を廃止し、当時娼妓約七七〇人（広四二九、矢野一〇〇、吉浦六一、呉四八、福山三二、尾道三〇、音戸三二、江田島二七、大竹七、忠海五）が、一応解放された。内務省は翌一九四六年一月一二日（GHQの覚書に先んじて）、公娼制度廃止に関する依命通達を出すが、その内容は公娼地域をそのまま私娼地域として存続させるもので、実質的には何ら変らなかった。占領支配と政府の無策のもとで、戦後県内の売春問題の克服は、新たに原爆被災、戦災、未亡人、孤児などの諸問題を加えて提起されるのである（一九五八年売春防止法が実施される）。

本章の広島県廃娼運動についての考察は、研究の一端に過ぎない。近代を通して国家が、全国の津々浦々に根づかせた公娼制度に関する研究は、あたかも峻拒する岩盤の如くで、容易に登攀できるものではない。それだけに現代日本における根強い女性差別は、この公娼制度の歴史的所産であるといえるのではなかろうか。たしかにこの巨大な制度を打破する道のりは、運動主体の歴史的制約（キリスト教団体や社会民衆党安部磯雄らが中心で、無産諸団体はむしろ消極的であった）や、戦争体制によって挫折するが、女性解放の確実な歩みは歴史的に証明されている。それにしても国家は、旧憲法、旧民法にさえ抵触する公娼制度を維持し続けた「非民主主義」に対する責任を問われるべきであることをあえて明記したい。

現在、日本政府が批准（一九八五年）した「女子差別撤廃条約」の前文には、「婦人に対する差別は、権利の平等の原則及び人間の尊厳の尊重の原則に違反するものであり」と記され、さらに第六条に「婦人の売買及婦人の売春からの搾取を禁止」している。これらの規定は、一九二一年日本政府が条件つきで調印した「婦人および児童の売買禁止に関する国際条約」から半世紀余りを経た到達点である。しかし先端技術の開発にみられる高度に発達した日本資本主義のもとで、女性は雇用・職場における差別や性分業意識の克服、貧困の再生産や子供の非行・自殺などの諸問題に悩まされている。戦後四〇年間、とりわけ広島の被爆女性は、生活や生命の不安と対峙しつつ、女性をとり巻くそれらの問題を一層深刻に抱えている。それゆえにこそ彼女らは女性差別を増幅する戦争政策に反対し、核兵器廃絶を一貫して訴えているのである。現代女性解放の課題は、この「女子差別撤廃条約」を理想に終わらせないために、民主的歴史認識に裏づけられた女性解放の営為を積み重ね、推し拡げていくことである。このような視点からも、各地域の廃娼運動史研究がすすめられ、歴史科学的解明がなされることを期待する。

注

（1）この期の地域廃娼運動史研究は、近年各地の研究会によって資料を発掘されつつある。最近の研究成果として、福祉史研究分野の田代国次郎「吉浦遊廓の一断面」、「広島の廃娼運動」（『ヒロシマ草の根福祉』社会福祉研究センター、一九八三年）や、横川節子「昭和一〇年代における道後松ヶ枝町遊廓の娼妓たち」（篠崎勝監修『愛媛の女性史・近現代』第一集、女性史サークル、一九八四年）などが注目される。
（2）『広島県報』県令乙六四・六五。
（3）『大呉市民史』明治編、呉新興日報社、一九四三年。
（4）『陸軍における花柳病』陸軍省印刷、大正九年全国徴兵検査受験壮丁花柳病感染源調査。
（5）海軍少将太田十三男「海軍と公娼問題」『廓清』一九三一年一月号。
（6）高木逸磨「全国児童の一割に及び遺伝黴毒」『廓清』一九三五年一〇月号。
（7）『廓清』一九三六年六月号、二一頁。
（8）前掲『日本労働年鑑』一九二四年。
（9）『大呉市民史』大正編（一九五三年）によると、一九二三年呉署管内接客業者三、四〇〇名（芸妓二二一、娼妓八八六、その他酌婦）の調査結果、娼妓の前職は第一位無職二二九、第二位農漁業一七四、第三位女工一五〇人で、これらは全体の過半数を占め、娼妓の農漁村・都市零細出身をうかがうことができる。
（10）『芸備日日新聞』（一九二六年六月三〇日）によると広島県警察部は公娼制度改善につき七月より県下一九ヵ所の遊廓所在地における四六〇の貸座敷楼主と娼妓二、五〇〇人につき調査を行なうとある。
（11）『中国新聞』一九二一年一月三一日。
（12）織井青吾『流民の果て―三菱方城炭坑』大月書店、一九八〇年。

(13) 同右。
(14)『芸備日日新聞』一九二三年六月三〇日。
(15) 同右、一九二七年九月一八日。
(16)『廓清』一九三一年一〇月号、二三頁。
(17) 草間八十雄「芸娼妓酌婦の実情」『廓清』一九二六年七月号。
(18) 伊藤秀吉『紅燈下の彼女の生活』不二出版、一九八二年復刻版、二二〇頁。
(19)『中国新聞』一九二九年四月二〇日。
(20) 同右、一九二四年五月五日。
(21) 広島県『広島県史』近代二、五一九、五二六頁。
(22)「差別の中でたくましく」『広島県水平運動の人びと』広島県部落解放運動史刊行会、一九七三年。
(23)『中国新聞』一九二一年二月二三－二四日。
(24) 前掲『紅燈下の彼女の生活』四一一－四一三頁。
(25)『芸備日日新聞』一九二〇年九月一八日。
(26)『中国新聞』一九一九年三月七日、『呉日日新聞』(一九二九年二月九日)によれば、一九二五年－一九二七年までに呉朝日遊廓と吉浦遊廓の娼妓の逃走者は三八人で、逮捕された者は一人だけであと全員行方不明である。
(27)『廓清』一九二二年六月号。
(28)『芸備日日新聞』一九一八年二月二七日。
(29)『中国新聞』一九一九年五月八日。
(30) 拙稿「広島県女給同盟に関する一考案」『芸備地方史研究』一三三号、一九八一年参照。
(31) 救世軍の「自廃婦人五〇名の調査」(『廓清』一九三〇年一二月号)によると、娼妓が廃業を志した動機としては、遊客から教宣された者が最も多い(三〇人)。
(32)『芸備日日新聞』一九二三年一月二二日。
(33) 同右、一九二三年四月三日。
(34)『中国評論』一九二六年七月四日。

（35）『芸備日日新聞』一九二六年八月八－九日。自由廃業をした一人の娼妓の内、住居ケイ（二六歳）は長崎出身で、一九二三年六月から五年契約、前借金一、七〇〇円で、借金は七五〇円残る。もう一人の増井ソノ（二七歳）は、山口県出身、一九二四年一二月から五年契約で前借一、五〇〇円、差引き九〇〇円借金となる。彼女らは「借金は楼主と協議の上、一時に返済はできませんが、苦しい時に救ってもらった恩人ですから借金を踏み倒すことはいたしません。郷里に帰って真面目に働きます」と語っている。
（36）伊藤秀吉『日本廃娼運動史』不二出版、一九八二年復刻版、五三八頁。
（37）『芸備日日新聞』一九二五年九月八日。
（38）前掲『日本廃娼運動史』三六一頁。
（39）『呉日日新聞』一九二六年七月二三日。
（40）同右、一九二六年八月一八日。
（41）『廓清』一九二六年一一月号。
（42）『芸備日日新聞』一九二九年三月二一日、『呉日日新聞』同年三月二〇日。
（43）同右、一九三〇年七月三日。
（44）前掲『紅燈下の彼女の生活』四三九頁。
（45）『廓清』一九三〇年六月号、三三頁。
（46）「全国婦人同盟ニュース」一九二七年一一月一〇日、『婦人運動史資料』（一）資料三五（タイプ印刷）、大原社会問題研究所、一九五五年。
（47）『廓清』一九二六年一二月号、三三頁。
（48）拙稿「昭和初期婦人参政権運動の形成とその展開－婦選獲得同盟広島支部結成を中心にして－」『歴史評論』三二三号、一九七七年を参照。
（49）拙稿「戦前における母子保護法制定運動の歴史的意義」『歴史評論』三六二号、一九八〇年参照。
（50）『廓清』一九二七年三月号。
（51）『呉新聞』一九三〇年一月二三日。十時菊は第四回全国廃娼同志大会（一九二九年）に出席して、廃娼運動組織づくりの決意を述べている（『廓清』一九二九年七月号）。

(52)『廓清』一九三〇年四月号。
(53)『中国新聞』一九三〇年四月一一日。
(54)『廓清』一九三〇年六月号。
(55)同右。
(56)同右、一九三〇年七月号。
(57)前掲『日本廃娼運動史』四三三－四三四頁。同年一二月県会で、婦選獲得同盟広島支部が推進する「婦人公民権付与につき県会の意見書」が決議されている。
(58)『芸備日日新聞』一九三一年四月一〇日。
(59)『廓清』一九三一年一月号。
(60)前掲『日本廃娼運動史』五五六頁。
(61)前掲『日本婦人問題資料集成』第一巻、四七五－四七七頁。
(62)稲垣直美『仏陀を背負いて街頭へ』岩波書店、一九七四年、八〇－八一、一四七頁。『廓清』一九三三年三月号、三九頁。
(63)『廓清』一九三三年七月号、三六頁。
(64)『社会時報』一九三三年一二月号、一三頁。全国該当児童数は『廓清』一九三三年一〇月号、三三頁。
(65)『中国新聞』一九三三年六月四日。
(66)前掲『日本婦人問題資料集成』第五巻、七五二頁。
(67)『中国新聞』一九三四年一一月二〇日。『廓清』一九三四年一二月号、三三頁。
(68)『大呉市民史』昭和編、一九六五年。
(69)前掲『日本婦人問題資料集成』第一巻、四九七－五〇〇頁。『中国新聞』一九三五年二月一九日。
(70)『中国新聞』一九三五年三月三日。
(71)『廓清』一九三六年一月号、二三頁。
(72)社会福祉調査研究会『戦前の日本の社会事業調査』勁草書房、一九八三年、二六三頁。
(73)「通常広島県議会決議録」広島県史編纂室所蔵。『廓清』一九三八年二月号、三六頁。

(74)『廓清』一九三八年三月号、二一頁。
(75) 前掲「通常広島県議会決議録」。
(76)『新編広島県警察史』広島県警察史編集委員会、一九五四年、八九二頁。

第七章　地域女性団体の形成、発展と屈折

はじめに

私はこれまで一九二〇年代から三〇年代初頭の大正デモクラシー期、広島県内において繰り広げられた主な市民的女性運動を掘り起こしてきた。先ず新婦人協会、小学校女教員大会、婦人参政権運動、母子扶助法制定運動、女給同盟や廃娼運動などである。これらの運動は、概ね中央本部があって、その地方支部活動である。見てきたように運動は短期間で消滅している。しかし市民女性が第一次大戦後の民主主義の国際的潮流を敏感に受けとめ女性の自立、母と子供の権利の擁護、女性の勤労権の確立等の実現のために婦人参政権を求め、主体的に声をあげ問題提起した行動は、かつて無いことであった。ここには旧体制を改造し、女性も主人公になるのだという熱望があった。

他方このような市民女性運動の勃興に対して、同時期から行政側も地域女性団体を組織、育成に乗り出した。両者は拮抗しつつ運動を展開するのである。政府側は第一次大戦の国家総力戦の教訓から、女性をどのように統合するかが課題であった。我が国の全域にわたる女性団体の統合を完結（一九四二年二月大日本婦人会発足）するのに約二〇年を要した。

本章は第一に広島県内における政府当局の地域女性団体の育成、統合の過程はどのようであったか。第二に政府

当局は地方庁当局を通してどのようにして市民女性運動側も取り込み、日本女性が国を挙げて戦争政策に賛同し、協力するに至る完膚無き国民統合に成功したのか。この蹉跌の歴史を女性が再び繰り返さないためにという問題意識に立って、一九二〇年代地域女性団体の形成、発展期と一九三〇年代官製女性団体のファッショ化期に区分して検証を試みたものである。(1)

一　一九二〇年代女性政策と地域女性団体の形成と発展

1　広島県農村女子青年団の育成と再編成

(1)　一九二〇年代前半の処女会と地方改良運動

広島県内において農村女子青年を対象とする処女会（未婚女性の修養団体）は、日露戦争を契機に青年男女の教化政策の必要性から一九〇〇年代初めに全国に先がけて組織された。例えば「青年団の元祖」といわれた山本滝之助が組織した沼隈郡千年村常石処女会(2)（一九〇六年）、後に中国地方の模範村とされた賀茂郡広村小坪処女会(3)（同年）や、安佐郡緑井村処女会（一九一〇年）等が挙げられる。いずれも会の規約を決め、「月夜講習会」なる学習会を継続したり、高齢者や戦病者に対する社会事業（小坪処女会）も行ない、県から優良表彰を受けた。

しかし処女会組織の必要性が、内務省関係者によって論じられ、県内においても本格的に市町村に組織されるのは、一九二〇年代に入ってからである。女子青年教化政策は、全国の処女会を掌握する処女会中央部発足の一九一八年秋、臨時教育会議による「女子教育ニ関スル件」（一〇月、従来の家庭における婦徳の養成に重点をおいた女子教育を反省し、国家観念を鞏固にする育成をはかる）、続いて「通俗教育ニ関スル件」（一二月）と矢継ぎ早やの答申に基づいて、具体化されていった。(4) 翌一九一九年内務省の民力涵養運動（「国体の精華を発揮して、健全なる国家観念を養成」する）、一九二三年国民精神作興運動によって、各教化団体の拡充はもとより、とりわけ立ち遅れていた婦人会、処女会の組織化が重点課題とされた。その社会的背景は、一つには第一次世界大戦における「総力戦」の教訓に学び、国体の確認と女性の国家的義務が強調されたこと、二つには米騒動の主役をなした農村女性や、市民的女性運動にみられる反家族制度的行動が、政府当局に危機感をつのらせたことである。更に三つには農業生産力の停滞に対する女性労働力への期待で、旧態依然とした農村の生活改善が緊急の課題とされたことである。

では処女会農村女子青年に対する強化の目的について、処女会創設期の二人の指導者・広島県の山本滝之助と中央の天野藤男（静岡県出身、内務省地方局嘱託処女会中央部理事）の意見をみよう。

先ず地元の山本滝之助によれば、処女会の目的は団体生活を通して「処女相互の知徳を進め、体力を練り、親睦を厚うし、共同一致の精神を涵養し、以て他日良妻賢母となる素地的修養を為さしめんとするものに在り」(5) とする。「婦徳の涵養」という点では女学校の目的と同じだが、処女会は「自分達が自ら治め、自ら任じ、自ら創める」(6) と農村女子青年の自治活動を強調している点は、大正デモクラシー思潮の影響といえよう。

次に内務省の天野藤男は、処女会中央部設立の推進力となり処女会の全国的組織化を督励し、これに関する著述も多い。彼は処女会の使命は、地方改良振興にあり、「家事に精励し、共同団結の力を以て産業の奨励に副業の開発」をし、「軍人廃兵救護に自己の修養を犠牲とし、父兄を幇助して、以て国家の為に地方の開発」を勧めることを力説した。(7) 更に彼は山本の処女会論を修正して、処女会は「良妻の準備教育に足るものに非ず」と国家存亡に直面する時、女学校が養成した良妻賢母は、たちまち無能の悪妻になるだろう、と国家主義的良妻賢母論を展開した。(8)

これは前述の「女子教育ニ関スル答申」と同質の思想である。この二人に代表される処女会論は、一九二〇年代処女会組織期における思想的移行過程――山本の民本主義的女子青年教化論から、天野の第一次大戦後の総力戦を背景とした国家主義的教化論へ――を象徴し注目される。

広島県においても一九二〇年代処女会の組織づくりと活動が、度重なる行政指導によって国家主義的教化に傾斜していった。その歴史過程を検討してみたい。

県内農村処女会組織の準備段階は、ほぼ一九一九年から一九二一年とみられる。この時期は市民的女性運動の勃興期で、後述する第一回婦人会関西連合大会（一九一九年大阪）、翌年には平塚らいてうらの新婦人協会が結成され、女性による社会改造運動が展開された。協会には県内の小学校女教師も熱烈に共鳴し参加した。(9) 同一九二〇年六月の広島県女教員大会（三原女子師範学校）では、社会教育問題として「婦人会、処女会等の指導啓発に当たり、一般社会思想の改造を促すべし」が論じられた。(10) 小学校女教師が学校勤務の傍ら婦人会、処女会指導の任に当たっていたのである。

こうした民衆運動の高まりの一方で、県当局は民力涵養五大要綱（一九一九年六月、①国体観念の養成、②立憲思想を明鬯にし自治観念を陶冶、③外来思想に対する咀嚼同化、④相互諧和して共済の実を挙げる、⑤勤倹力行、生活改善）を発表し、教化団体を網羅して宣伝活動を展開した。(11) しかしとりわけ農村婦人会、処女会の組織化が進まず、女性の参加が必要とされる勤倹、生活改善運動も効果が上がらなかった。内務省社会局は『全国処女会、婦人会の概況』（一九二一年六月）を発表し、本格的に地域女性団体の組織と掌握に乗り出した。だが「処女会は寂々寥々として振るわず、言わば卵の時代」と嘆くありさまであった。(12) 文部省の役員もまた「国家の妻、国家の母を訓育する処女会が一向振るわぬ」(13) と処女会指導の教化の必要を述べ、民力涵養運動は地域に浸透せず、民衆は笛吹けど雀踊らず、と新聞は報道している。

一九二一年一一月、広島県教育会が学制発布五〇周年を契機に各郡女子青年代表者三四〇余名を集め、県内処女大会を開催した。[14] これが各地に小学校同窓会を基盤にした処女会組織を拡げる弾みとなった。大会では「家庭改善」とか「農民の誇り」などのテーマで、結婚制度の改善（恋愛の自由）や農業女子労働者の再評価など、農村女子青年に纏綿する生活改善問題が意見発表されている。[15] おそらく農村の娘たちが、同輩女性大衆の前で女性問題を述べる機会を得たのは、初めての体験であったであろう。当時の新聞が、その熱気を伝えている。

この学制五〇年記念事業を機に各地に処女会が創設され、地域連合が推進されることになる。『大阪朝日新聞』（一九二〇年二月二七日）によると、一九二〇年県内処女会数二八八、会員数一万八、〇五四人（表2と数差あり）で、県東部の賀茂、高田、豊田の各郡が会数及び会員数共に多い（表1参照）。実質的には神石、甲奴、沼隈の各郡が活発であると付記している。会員の年齢は一二歳―二五歳位が最も多く、会長は小学校々長または教師、土地の素封家、僧侶などと紹介している。

表1．広島県処女会・会数と会員数（1920年）

郡市	会数	会員数
安芸	25	1,434
佐伯	21	1,754
安佐	16	909
山県	21	788
高田	36	1,618
賀茂	37	3,183
豊田	28	1,527
御調	13	1,080
世羅	10	542
沼隈	23	2,231
深安	5	782
芦品	3	221
神石	27	819
甲奴	9	319
双三	6	392
比婆	7	301
尾道市	1	154
合計	288	18,054

出典『大阪朝日新聞』1920年2月27日付による。

農村地域ぐるみの教化活動を普及するために、県当局は戸主会に対して度々通達し奨励した。一九二三年民力涵養と地方改良について、と一九二五年国民精神作興と地方改良である。同一九

表2．処女会・女子青年団数

	全国		広島県	
	会数	会員数	会数	会員数
1920	6,369	596,631	241	14,949
1921	7,645	828,565	350	23,076
1922	8,252	845,000	417	28,731
1924	10,984	1,180,033	519	35,591
1927	12,647	1,477,863	497	34,626
1928	13,043	1,514,459	495	32,945
1929	13,322	1,550,460	461	34,894
1930	13,225	1,567,123	485	36,620
1931	13,394	1,534,125	478	37,875
1932	13,378	1,522,041	477	36,253
1933	13,468	1,512,682	475	36,351
1934	13,537	1,507,778	483	35,298
1935	13,907	1,528,071	483	34,612

出典・1920～1924『日本社会事業年鑑』
・1927～1934『帝国統計年鑑』
但し、1922年広島県統計は『中国新聞』1925年11月7日による。

二五年には処女会改善刷新に関する訓令二八号を発し、処女会の目的は「忠孝の本義を体し婦徳の修養に努める、身体の健康と知能を磨くこと、国家と地方の発展、家庭の整善に努めること」であると、確認させている。しかし県当局の度重なる行政指導によっても、国民教化運動の成果はあがるものではなかった。(16) とはいえ処女会組織は徐々に拡大され、会員数も増加した。一九二四年処女会数五一九、会員数三万五、五九一名に増加し、団体数では広島県は鹿児島に次ぐ第二位を占めた(17)（表2参照）。

この期の処女会大会では、当然教育勅語や国民精神作興に関する勅語が強調されたが、その一方で意見発表には女性解放問題が取り上げられ、その内容が肯定か否定かは別として、関心の強さが示されている。例えば一九二四年沼隈郡先憂会の青年処女講演会では、「産児制限と公娼廃止」について研究発表が行なわれ、(18) 翌年豊田郡処女大会（一五〇名参加）でも婦人参政権について意見が述べられている。(19) 注目されるのは後述の全関西婦人連合大会で活躍する林千代子（呉精華女学校々長）、多賀静代（山中高等女学校教諭）、澄川道野（広島婦人会）らが、各地の大会講師として招かれ、生活改善などの諸問題を講演し少なからず影響を与えたに違いないことである。

また安佐郡祇園高等女学校々長は、農村婦女指導のための成人講座で、「婦人は只男子の便宜上生きているかのようであったが、現代では家庭、国家、社会を構成する上に女子の地位や権利の存在を認めるようになった。婦人職業、公娼廃止、婦人参政権諸問題が唱道されるのは、その現れである」[20]と述べている。

他方処女会活動が活発な地域ほど、行政側も教化精神の浸透に効果をあげた。例えば処女会活動の先進地安佐郡大林村処女会員二名を個人表彰している。一人は「勤勉家業に精励し、多忙にして遠路なるも一日の欠席だになく会に出席した」[21]とか、もう一人は母子家庭の娘で処女会員であったが、神戸紡績会社の女工となって郷里を離れた後も、毎月大林処女会宛に処女会誌（『処女の友』か）を匿名で送り続けたという美談に対してである。[22]このような行政の表彰政策が、会員の処女会に対する一体感や忠誠心を増幅させた。ちなみにこれらの例からも解るように、農村処女会の構成者は大体中間層の娘達であった。[23]小作貧農層や零落自作農の娘達は、女工や娼妓となって一時的に都市に流出したと考えられる。

(2)　一九二〇年代後半の女子青年団活動

一九二〇年代後半は金融恐慌に続く世界恐慌の下、市民的女性団体や無産女性団体が組織され、女性運動の高揚期でもある。その一方で全国会員約一五〇万人の処女会が、一九二七年一〇月、大日本連合女子青年団に統一され、女子の農村振興及び農村福祉参加が期待されるという新たな段階に入った（広島県連合女子青年団発会式は一九二九年五月）。

その大日本女子青年団発団式（於日本青年会館、加盟団体三九、府県代表者約四〇〇名）に続く大会では、内務、文部両大臣諮問「女子青年の振興を促すべき適切なる施設如何」の討議がなされた。代表者の八－九割が処女会指導者である小学校女教員であった故か、婦人参政権をめぐる激論が交わされた。長野県代表は「文部省は女子に対する高等教育機関を閉鎖しているが、この片手落ちな教育制度を改め、一方婦人参政権を与えさえすれば、女子自らの力で総てのことをなし得る」と両省行政に迫る意見である。これに反論する佐賀県代表は「婦人参政権以上に家庭にあって、女性としての立場がある」と切り返した。処女会指導者の発言に、当時の女性解放運動の影響がみられ興味深い。(24)

ともかく従来社会的に疎外された農村女子青年が、未曾有の経済不況を打開するために生活改善はもとより、勤倹奨励、農業振興運動の担い手として期待された。依って女子青年団活動は、これまでになく活性化した。だが同時に全国及び県内教化総動員運動に組み込まれ、急速に国家主義に傾斜していくのである。一九二六年の女子青年団に関する訓令（全国処女会の改善振起）が、前年の訓令二八号（「処女団体改善に関する件」県報）と異なる点は、新たに一項「公共精神を養い社会の福祉に寄与すること」が加えられ、生産はもとより福祉、軍事にわたる女子青年の国策参加が示唆されたことである。さしあたっては、「農繁託児所ニ関スル件」（一九二八年県学務部長通牒）で女子青年団幹部が保母の適任者とされた。

では実際に県当局は小学校卒業の農村女子青年をどのようにして体制に取り込み、彼女らはどう応えたのかを検討してみよう。当時一般に農村女性については「経済観念の欠乏と、諦めそのものの保守的、消極的意識」(25)が指摘され、その近代化の道が探られていた。政府は一九二六年、景気回復策として勤倹奨励と国民精神作興運動とをワンセットで展開するが、県当局はこれを浸透させるために、年二回の強化週間を設け、通牒を出している。(26)特に県内女性団体（主婦会、処女会、宗教女性団体）に協力を要請した。

さらに郡段階（勤倹奨励協議会）では、村の女性を対象とする思想徹底講習会や結婚儀礼簡略化、贈答の廃止、台所経費の節減など生活改善の細目を協定し、勤倹運動の主役が女性であることを強調した。これまで家族制度のもとで女性差別に甘んじ、諦めていた農村女子青年は、にわかな行政側からの国策参加の期待に応えて、「今や婦人が男子の奴隷たる時代は過ぎて、漸く社会における地位と力の認めらるる時となりました」（一九二六年八月、深安郡

表３．1926年各郡・市処女会活動の回数（大会・総会・講演会・見学他）

市郡＼月	佐伯	安佐	安芸	山県	高田	豊田	賀茂	双三	世羅	甲奴	御調	沼隈	神石	深安	比婆	芦品	呉市	福山市	小計
1			1				1	1	1										4
2	1		2			3	2				1					1	1	1	12
3		2			1	3		1					4	1					12
4	2	1						1	2									1	7
5			1			1	3	2				1							8
6																			0
7			1		1														2
8									3					1					4
9				2				1	1			1							5
10							1					1							2
11						1													1
12	1				1	1		1											4
小計	4	3	5	2	3	9	7	7	7	／	1	3	4	2	／	1	1	2	61

出典　『中国新聞』1926年１月～12月の処女会活動の記事を抽出したもの。欠号、見落しなどもあるが、全体像をつかむ目的で作成した。

市村処女会総会）と処女会宣言に表明するのである。[27]

では処女会活動が県内にどのように展開されたか、一九二六年の第六－七回勤倹強調週間（春と秋）実施の例をとり挙げてみた。表３は一九二六年一月－一二月間に実施された県内処女会活動（大会、総会、講習会、見学等）の『中国新聞』記事をできるだけ拾い上げた数である（但し新聞欠月や見落としもあるのでご了解頂きたい）。この一年間における処女会活動は、県内郡部でかなり活発に行なわれ、特に県東部四郡（豊田、賀茂、双三、世羅）が盛んである。最も活発月は二月－三月（第六回週間）の農閑期で、九月（第七回週間）は農繁期を控えてか低い。勤倹強調週間以外は、活動が停滞していることが解る（甲奴、比婆は見落としであろう、表３参照）。おそらくこういうパターンを繰り返し、行政側の教化体制は確実に農村女子青年に浸透したといえよう。

例えば一九二八年安佐郡大林村の処女会員四〇名が、同村青年訓練所を見学し、次の宣言をしている。

一、常に国家中心に純真な心をもって働きましょう。
一、集会の際は特別の事情を除く他、必ず出席し時刻を励行します。
一、毎日御大典記念義務貯金を致します。

更に加えて、青年訓練所の訓練を受くべき資格のある者で、訓練を受けない者に対しては、絶対に結婚いたすまい、と拒婚宣言をした。この宣言の効果か、当日、青年の訓練所出席率が九七％以上だった、と女子青年の「威力」を賞賛している。(28)

従来拒婚同盟は（一九二九年各地に見られる）、遊廓通い、飲酒、喫煙等品行の悪い男性を対象とされた。しかし大林村女子青年団のように軍事教練に参加しない男性を拒婚の理由に挙げたケースは、おそらく他に見られないであろう。このことについて、奥むめおら市民的女性団体は驚きと共に「われらの母性は絶対に戦争反対を叫ぶ(29)」と鋭く批判したのである。

もう一つ行政側が農村女子青年に期待したのは、女子農業教育を普及して農業の振興、生産力の担い手に育てることであった。農村の疲弊問題は早くから論じられ、例えば一九二二年広島県深安郡立高校々長平木吉治郎は、農村窮迫の原因として、①農民の経済思想が乏しいこと、②農業上の科学的知識及び研究心が乏しいこと、③社会生活上の訓練が乏しく同業者の協力を欠くこと、④特に婦人の経済思想の欠乏、無知無自覚であることを挙げている。彼は知識と思慮のある農民の妻、農村青年の母をつくるための女性改造をめざす女子農業学校の急設を訴えた。また婦人会、処女会の講演会や事業活動に農事の研究が、欠落しているという不満を述べている。(30) この問題については、一九二五年文部省は「女子の農業教育改善対策」として、全国女子農業学校の調査を行ない、女子農業学校のみ減少している傾向を報告している。[31]

その一つの試みとして、一九二七年移動式広島県農会立家政女学校が設立され、初年度は安佐郡可部町に開設された（毎年県農会が指定）。学則は第一条「本校ハ実業補習学校ノ規定ニ依リ農村女子ノ徳性ヲ涵養シ農家ノ主婦トシテ須要ナル知識ト技芸トヲ授クルヲ以テ目的トス」である。修業年限は一年間、定員五〇名（一六歳以上の高等小学校卒業者及び之に準ずる者で、市町村農会長の推薦を必要とする）、授業無料、全生徒寄宿制などの校則がある。授業科目は修身、国語、算数、理科、農業、家事、裁縫の七科目で、特に農業（作物、園芸、土壌、肥料、養蚕、農業経済）と裁縫に重点をおいた。[32]このような農村移動式女学校は、奥むめおによれば千葉県農会や群馬県強戸村にみられ、「農村の中堅婦人――農村振興のためによく働くことができるような婦女子を養成することを眼目とする」もので、農村女子青年の社会的自立をめざす農業実業教育として評価された。[33]

県農会立女学校が、その後どのような消長を辿ったかは、資料未見である。郡農会は中堅女子青年の育成と共に、彼女らが都会に流出しないで農業振興に寄与するように、さまざまな手を打つのである。例えば一九二六年安佐郡農会は都会の婦人生活状態視察と称して、郡内婦人、女子青年二五〇余名を引率し、広島市内の職業婦人（女工）の職場（陸軍被服支廠、同糧秣支廠、地方専売局）と上己斐町農事試験場（農業及び園芸経営上の作業や施設）の両者を比較見学させ、農村女性労働の自覚を促している。女性見学者の一人は即座に「農村より都会の方が①仕事が楽しい、②金儲けがよい、③珍しい見ものがある、故に都会に出たいと何度も思った。だが今回の見学で、あの鬧しい陰鬱な工場の仕事の上に不景気で給料が安い、これではむしろ田舎で利益が薄くても、のんびり農業をする方がよっぽどよい」と感想を寄せた。[34]

以上述べたように中間層農村女性に対する教化運動と農村実業教育は、一定の成果をあげたものと考えられる。

一九二九年八月三〇日の『中国新聞』記事によると、県内農村女性の社会進出が活発で、従来の女子青年団、主婦会の他に、県内五〇〇余の産業組合に女性会員を有しない組合は無く、男子会員に伍して遜色のない活動をしたという。[35]例えば双三郡作木村の主婦会、処女会が郡農会の提唱で「婦人の力で農村を改善する」ために婦人興農会を組織した（一九二九年九月）。このように県内寒村に至るまで、農村女性が生活改善、家庭改善に対する社会的性別役割の担い手として、社会に引き出され文部省の教化総動員運動の一翼として位置づけられた。

一九二九年五月、県連合女子青年団発会を迎えるに至り、各都市代表者一、〇〇〇名が結集した。決議には「我等は大日本帝国女子青年たる自覚を高め聖訓を奉載し、特に左記綱領の実践に努め以て益々日本女性の美質を発揮し、その本分を完うせんことを期す」と表明し、次の綱領を掲げた。[36]

綱　領

一、忠孝の本義を体し尊王愛国の精神を養い以て邦家の隆運に貢献す
二、情操の純真を保ち共存偕和の美風を興し以て社会の福祉に寄与す
三、心身の修養に努め勤倹質実の良風を作り以て婦徳の涵養を期す

ここには文部省が指導する教化精神の核心がいかんなく集約され、政府は約一〇年にわたる地方農村女子青年教育の一定の結実をみたことになる。

同年、民政党内閣浜口首相が、緊縮政策を「全国民に訴う」のリーフレット（一九二九年八月各市町村の各戸に一、三〇〇万枚配布）やラジオ放送で全国民に徹底させたことで、教化総動員運動は国難の打開というナショナリズムの弾みをつけ、国民的共感を得て飛躍的高揚をみるに至った。この浜口首相のラジオ放送の反応が、「予想外に無産階級と家庭婦人の共鳴が多く、良妻賢母の家庭婦人も政治に関心が高い」新たな発見であると伝えている。[37]従っ

て同年一一月に開催された中四国九県女子青年団教化動員大会（一、〇〇〇余名参加）における女子青年の意見発表は、国民精神の作興と経済生活の改善に集中した。[38] 彼女らが自らすすんで天皇制ファシズム形成の地盤づくりに第一歩を踏み出した。

とはいえ大正期から昭和初期民主化運動の高揚のなかで、女子青年団が教化一色に染まるには、相当の年月を要した。大日本女子青年団結成（一九二七年）の政府反動性に対して、市民、無産両女性団体は鋭く批判した。日本労農党系全国婦人同盟は、この大会に対し「政府の欺瞞政策」であると抗議文を発表した。[39] 更に同年末の労働農民党系の関東婦人同盟は、全国組織準備会で女子青年団自主化問題を婦人参政権運動と並び重要課題として論議した。[40] 女子青年団の自主化については、千野陽一著『近代日本婦人教育史』（二二〇―二二三頁）に詳しい。

また奥むめおらの『婦人運動』誌に、関東地方の女子青年団員の声を拾い上げている。その中で神奈川県豊田村女子青年団の人達が百姓仕事を手伝いながら、自ら学ぶ独学青年連盟支部をつくり、学費のかかる現行教育制度の批判をしたり、若い元気な農村女性の学習意欲を伝えている。[41] 同誌（一九三〇年二月号）には、山梨県中巨摩郡大鎌田村に農繁期託児所を開設した平田のぶが「慈善的でなく母性の立場から、農繁期託児所の設置を提唱したい。処女会、女子青年団、婦人会というような団体は、何をおいてもこの仕事を始めてほしい。そういう団体のなすべき仕事の内、最も意味のある本質的な仕事である」と官製女性団体の行動の修正を訴えている。

こうした民主的女性団体の働きかけで、女子青年団の自主化が各地に現れ始めた。文部省はこれを警戒し、各県社会課を通じて社会思想や農村問題に関するパンフレットを発行して、農村女子青年の思想の引き締めをはかった。[42] 更に婦人参政権運動に関しても「大日本連合女子青年団は修養団体であるから、選挙その他の政治的実際運動には携わらぬように」と加盟女子青年団に通牒を発したのである。[43]

以上一九二〇年代における県内処女会、女子青年団に対する政府・県行政の教化形成過程が、行政側の期待ほどには一直線に掌握できなかったことを不充分ながら検討してみた。資本主義の全般的危機を迎える一九三〇年代は文部省が指導する大日本連合女子青年団及び次に述べる大日本連合婦人会が、相提携して地域ぐるみで国家主義運動に取り込まれていくことになる。

2　広島県農村婦人会の組織づくり

第一次大戦後一九二〇年前後から従来疎外されていた家庭婦人の社会的役割が、主に行政当局によって見直され、各地に婦人会或いは主婦会が組織し始められた。この社会的背景及び政府の意図については前述の処女会の場合と同様と考えられる。政府が特に農村主婦層の組織化を狙ったのは、既述の如く自主的女性団体活動（市民的、無産的、中間的）が活発になったことへの危機感であった。同時に米騒動後、農村問題が俄に顕在化し、主婦層も処女会同様政府の民力涵養、勤倹運動等一連の教化運動の担い手として期待されたからである。

政府が期待する家庭婦人の近代化と教化が、両輪をもって実施され、次第に体制教化が強められていく過程は処女会のケースと同様である。県内において都市部と農村部では異なった様相を呈する。前者はいわゆる中間派の広島県全関西連合婦人会（大阪朝日新聞社による組織、広島、呉、尾道、福山の四市）の生活改善運動、後者には各町村組織による農村婦人会活動を挙げよう。両者の共通点は、組織や活動面について行政の関与或いは指導を受けていることである。

(1)　農村婦人会組織の模索期

一九二〇年代前半、政府は農村主婦に対しても民力涵養運動による農村改造の実践力を期待した。民力涵養運動の徹底には、戸主だけでなくこれまで社会的無能力者として蔑視されていた主婦層への浸透がなければ、国民教化の実を挙げることはできない、というのが動員の根拠であった。内務省は「民力涵養は戸主会、主婦会、青年会で徹底させる」[44]と述べ、婦人会（主婦会）組織に乗り出すが順調には運ばなかった。

前掲千野陽一著によれば県内に比較的初期に組織された県北部の「広島県山県郡町村婦人会準則」（一九二〇年）及び「山県郡連合婦女会々則」（一九二二年）には、婦人会の目的は「婦女に必要な知徳技芸の修養」が強調され、生活改善が課題とされた[45]。農村主婦の社会的役割の見直しや、社会参加など女性問題の近代化については、県内地方新聞をみる限りでは、社説や市民側の意見よりも、教化運動の中で、より活発な啓発活動が行なわれている。

では当時力説された「生活改善」とはどんな根拠による内容であったか、下田次郎（文学博士）の談話をみよう。「日本文化が五〇年間に急速に変化を遂げたのに、国民生活は旧態依然で都会と田舎ではその差が激しく、五〇年前の農村もある。世界の三大強国の地位に適しくない。ドイツ人と比較して科学的思考が劣り、時間の観念も低いので経済的損失が大きい」と指摘している（「生活改善の要諦」[46]）。従って民力涵養運動の印刷物（一九二二年）には、皇居遥拝、神仏朝夕礼拝に続いて「家庭の心得」が、例えば夜具は日光に干すこと等、細かに箇条書きで示された。思想教化と生活の近代化（生活改善）の二つを基軸とする運動であった[47]。

婦人講演会など生活改善運動が最も活発であった一九二二年は、『広島県の百年』（山川出版社、一九八三年、一九四頁）によると県内小作争議数が突出している（六一件）。当年の婦人会講演会は、県東部（深安、世羅、賀茂、芦品、豊田の各郡）や県北部（比婆、山県郡）で行なわれ、婦人会新設も続き点から面に拡大しつつあった。政府の全国勤倹奨励運動（一九二四年開始）は、当然「特に婦人の協力を要請」（一九二六年広島県知事）している。さらに「国民精神作興と地方改良に資するための戸主会の普及を図ること」（内務省）と、政府・県当局は物心両面に対する教化梃子入れを繰り返し行ない、組織づくりに苦慮した。

この期における婦人会活動の一定の到達とみられる神石郡新坂村主婦会創立大会（一九二五年一一月、会員二五〇名）

を例に挙げてみよう。[48] この新坂村主婦会は、新免、三坂両婦人会を合併して設立された。大会当日、郡視学が「家庭における主婦の責務と時代の要求」を講演した。参加者二五〇名の主婦が申し合わせた事項は、①時間の励行、②早起励行、③収入の範囲内で生活する、④必需品以外は買わない、⑤外国生産品は買わない、⑥身分不相応な生活をしない、⑦貯金通帳所持し、毎月一〇銭以上貯蓄する、等であった。農村女性達は、政府・県当局の意図はともあれ、彼女達の生活実態から生活の自立や家計の健全化に覚醒し、そこから社会参加に踏み出したものといえよう。

(2) 農村婦人会の興隆期

一九二〇年代後半は資本主義経済のゆきづまりと侵略戦争準備を背景に、家庭婦人が緊縮経済と教化動員運動の一翼を担うことになる。そのために県内都市部（広島、呉、尾道、福山など）、農村部共に行政による地域婦人会の連合組織が促進された。ただし農村部は一九三〇年代に入って、より活発になる。

この期、一九二六年創立の県東部深安郡春日村主婦会の会則を例に挙げてみよう。「春日村主婦会々則」[49] によれば、会の目的は「本会は会員の婦徳を治め知識を養い及戸主を助け、一家並に地方の福祉を増進し、以て国家の進運に貢献するを目的とす」と規定されている。更に「春日村主婦会生活改善規定」[50] には、婚姻、出産、慶事仏事、宴会、服装、勤倹貯蓄、家事育児、看護衛生等一〇項目にわたり、生活の隅々まで細々と規定している。例えば「婚姻ニ関スル事項」をみると、①結納金ハ各自年所得ノ三〇分ノ一以内トス、②婚礼費ハ各自年所得ノ二〇分ノ一以内トス、③支度費ハ各自年所得ノ一〇分ノ一以内トス、④披露宴ハ近親ノ外一切廃スルコト、⑤婚礼アリシ家ヘ態々挨拶ニ行カザルコト、（以下略）等一四項目の規程を示し最終項目には、婚姻費用を節約して「村基本金ヘ寄付」することを明記している。

この「春日村主婦会生活改善規程」が成立した経緯について、当時の県社会課・土井三郎が次のように記している。[51]村長が「如何に戸主が努力したとて（生活改善）、主婦の理解と内助の力なくしては十分な効果を奏し得ないことを村民に了得せしめ」主婦会を設けた。生活改善規程は戸主会で協定したものを主婦会で協議の上成立したものだ、と述べたという。春日村主婦会は会員数約三〇〇名（付記による）で、「規程」の内容から富農、中間層農家から構成されたと考えられる。

春日村主婦会の「生活改善規程」にみられるように、一九二〇年代後半以降行政が、生活の近代化・改善政策のもとに本格的に個人の生活に介入し、地域ぐるみで規制する傾向が強まっていった。更に主婦会は、夫達の戸主会を内助し地方福祉の担い手として社会参加することになる。女性は社会活動の場においても、社会的性別役割を果たすのである。

実際に家庭婦人の動員は、一九二六年勤倹奨励週間の例をみても、その都度県知事の「婦人協力要請」（第六回週間）や県学務の通牒「婦人自体の自覚を促す」（第七回週間）が、年二回も発せられる強引な行政指導である。民力涵養運動以来、この勤倹奨励運動に至る約一〇年間、一連の教化運動が飛躍的効果をあげるのは、前述したように一九二九年経済恐慌対策（浜口内閣）としての教化総動員運動に至ってである。つまり家庭婦人が国家の重大事というナショナルな問題を認識した時、政府の呼びかけに「自主的」に対応する姿勢を強めた。県内では後述の県全関西婦人経済大会（広島、呉、尾道）や農村婦人会の連合組織化の動き等が顕著な例として挙げられる。

とはいえ、地方行政当局は教化動員運動の徹底には手こずった。全国学務長会議（一九二九年八月）における質疑では、「今回の如き教化運動は、従来中層以下の社会には十分徹底せず、貴族又は富者などに対しては何等の効果を挙げることができなかった」（東京）と批判もあった。また地方の提言の中に「婦人団体の奮起を文部省で奨励してもらいたい」（千葉県）という要請があったり、文部省もこれらに応える答弁をしている。[52]

従って以降に展開される県内市郡村単位の教化総動員運動（例、芦品、高田、安佐、双三の各郡）には、地域ぐるみの教化網の完成を図る動きが活発になった。なかでも家庭婦人の社会事業活動は、この期に行動的側面を顕し始めた。一つには軍事援護活動で、比較的早い一九二五年賀茂郡在郷軍人会の婦人会「我が家会」、一九二七年には廿日市軍人援護婦人会が発足した。翌一九二八年第二次山東出兵に際しては、呉市婦人団体の対応は敏速で、慰問袋を募集したところ白百合会や五番町母の会がこれに応じ、行動的に軍事援護活動を開始した。もう一つは農繁期託児所活動や、後述する広島社会事業婦人会設立（一九二九年）による無料乳幼児保育や母子救済などの戦時福祉事業の開始である。

政府は以上述べた一連の教化運動を経て、一九三〇年文部大臣訓令「家庭教育振興ニ関スル件」を発し、期待される家庭婦人像を示した。そこには家庭婦人とは本質的には家族制度を発揮し、子女の思想善導（不良や左翼思想を出さない）の責任者である、と性別役割の規定がなされた。同時に、この家庭教育が国運を左右するものであると、政府が期待する国家主義的家庭婦人像を明確に示すという新たな段階に入った。

ここに政府は各市町村単位に女性団体の設置を義務づけ、女性団体が家庭教育振興と社会事業の推進力になることが規定された（一九三〇年「婦人団体の設置及活動に関する文部次官通牒」）。これら家庭婦人の指針の実現に向けて、翌一九三一年三月、文部省指導により全国市町村婦人会統合をめざす大日本連合婦人会が発足するのである。全国二〇〇万余人の主婦を糾合し、家庭教育運動を通して教化総動員運動の徹底を図り、上からの本格的ファッショ化の第一歩を踏み出した。

広島県においても、同一九三一年一月家庭教育振興に関する通牒が出され、県内女性団体実態調査の結果が発表された[53]（表4参照）。その調査によると県内女性団体数は四一二、地域によってはばらつきがある。都市、その周辺においては、同窓会、父兄会組織が多い（広島、呉、安芸、佐伯）、農村部には主婦会など地域組織が多い（山県、賀茂、豊田、神石、比婆）ことも判明した。この調査を基に、一九三三年県連合婦人会を創立させることになる。

3　広島県全関西婦人連合会の活動

一九二〇年代県内都市部における地域女性団体の成長については、大阪朝日新聞社主催による婦人会関西連合大会（一九一九年一一月結成、一九二三年全関西婦人連合会に改称、結成以来毎年大阪で大会開催。以下全関西と略称）に第一回大会から積極的に参加した広島県全関西婦人連合会（広島、呉、尾道、福山、以下県全関西と略称）の場合をみよう。全関西

表4．広島県女性団体調査　1931年

	市　郡	婦人会	父兄会・同窓会他	合計
1	広島市	20	33	53
2	呉　市	12	41	53
3	尾道市	1	6	7
4	福山市	1	7	8
5	安　芸	16	83	99
6	佐　伯	28	50	78
7	安　佐	19		19
8	山　県	30		30
9	高　田	21	8	29
10	賀　茂	31	17	48
11	豊　田	42	9	51
12	御　調	23	14	37
13	世　羅	17	2	19
14	沼　隈	17	17	34
15	深　安	24	3	27
16	芦　品	13	7	20
17	神　石	32	1	33
18	甲　奴	12	1	13
19	双　三	22	35	57
20	比　婆	31	2	33
		412	336	748 (872)

出典　『中国新聞』1931年2月15日掲載によって作成。但し、総数カッコ内（872）が発表数で、誤差をそのまま記した。

婦人連合会活動については、近年詳細な研究論文が発表されているので参考にされたい。[54] 本稿では県全関西に限定して、彼女らが大会でどんな要求を発言し、地元の活動にどう結びつけたのかを述べたい。

県内都市部において地域女性団体に対する社会的関心の高まりは、一九二〇年前後新聞連載による「広島の婦人会」（一九一九年六月～『大阪朝日新聞』）や「広島の婦人団体」（一九二一年五月～『中国新聞』）等でも知ることができる。それは行政の民力涵養運動との関連や、大阪朝日新聞社各支局主導による全関西組織づくりに依るものであろう。

全関西婦人連合会第一回大会（大阪）には、近畿、中四国、九州、東海、北陸などから女性団体代表四、〇〇〇余人が参集したという。広島県からも各婦人会代表五名（広島の山中高女同窓会二葉会・多賀静代、婦人矯風会・多辻敏子、呉の安芸婦人会・林千代子、尾道の婦人矯風会・柴原浦子、仏教婦人会・久場栄子）が参加した。彼女らは全関西大会が掲げる女性自らによる生活改造運動「現代に適合せざる陋習を斥け生活の改造に力を尽くす」に万感をもって共鳴した。県代表の彼女らは会場でも活発に発言し、地元に帰って「各都市の女性が意見を交換する機会をつくってくれた朝日新聞社に感謝する」（呉代表林千代子）とか、「地方婦人の自覚を喚起したい」、「婦人問題はすべて対男性関係、堅実な女性をつくろう」（尾道代表柴原浦子）などの大会感想を寄せている。[55]

このように地域婦人会代表が、全関西の社会改造運動に敏感な反応を示したことは、翌一九二〇年平塚らいてうらの新婦人協会結成の呼びかけに熱烈に応じた県内女性教師のケースに共通するものがある。[56]

(1) 広島県全関西婦人連合会結成

全関西第一回大会の翌一九二〇年二月、広島婦人会連合大会（大阪朝日新聞社広島支局後援、於市内崇徳教社）が市内二〇女性団体、会員一、〇〇〇余名の参集で開催され、広島婦人連合会が発会した。参加団体は同窓会が最も多く九団体（同心会・広島女学校、桜楓会広島支部・日本女子大、達磨会・広島技芸女学校、二葉会・広島女子高等小学校、橘香会・山

表５．広島婦人連合会に所属する女性団体

1920年　21団体		1925年　24団体	
同窓会	9	5	有朋会、安田高女同窓会、松操会、広島女学校同窓会、桜楓会
婦人会	4	11	
宗教婦人会	7	4	婦人矯風会、メソジスト教会婦人会、キリスト教婦人会、真宗安芸婦人会
愛国婦人会	1	1	
生活改善研究会		1	
処女会		1	

出典　『大阪朝日新聞』によって作成。1925年参加団体名中、不明１、団体名は1920年と同一である。

中高女、有朋会・広島県立高女、松操会・進徳高女、広島高師婦人会、松陰会・東京女高師）、次に宗教婦人会七団体（婦人矯風会、日本基督教婦人会、アライアンス教会婦人会、メソジスト教会婦人会、組合教会婦人会、真宗安芸婦人会、日蓮宗婦人会）、あと地域婦人会四団体（本川婦人会、己斐婦人会、吉祥婦人会、広島婦人会）である（表５参照）。なお将校婦人会の参加も記されている。当日は広島市外の各地（五日市、廿日市、海田市、可部、呉市、西条、尾道）から参加し、市内名流婦人（第五師団長夫人、警察部長夫人、県病院長夫人、県視学や高等師範学校長夫人など）を網羅して開催されたという。[57]

広島婦人会連合会の「申し合わせ事項」には、①本会は広島市及其の付近の各婦人会並に有志を以て組織する、②本会は全関西大会の趣旨及び申し合わせに則り、広島における婦人会の中枢となり、其の協議を保ち婦人会の改善、進歩に努む、などを挙げ全関西の支部であることを明記した。[58]また愛国婦人会広島県支部も県全関西の発会にあたり、参加同意した旨を一九二〇年同会活動の冒頭に記している。[59]

次に呉市婦人連合会は早くから連合の動きが活発で、同年四月大会では三、〇〇〇名参加の全関西大会報告会を開催した。毎年大会参加者の動員数が、二、〇〇〇―三、〇〇〇人規模で広島市に大差をつけ軍港都市とはいえ異様である（表６参照）。この呉市婦人連合大

表6．県全関西大会及び参加人数

	全関西大会	広島婦人連合会	呉婦人連合会	尾道婦人連合会	福山婦人連合会
年 1920	第2回	2/11 結成大会 （20団体） 1,000名参加	4/26 大会 3,000名参加	1/11 大会（7団体） 11月連合組織	
1923	第5回	11/7 大会 1,000名参加	11/8 第3回大会 2,000名参加		
1924	第6回	11/7 大会 1,500名参加	11/18 第4回大会 3,000名参加		
1925	第7回	11/29 大会（24団体） 1,000名参加	10/27 第5回大会 （27団体） 3,000余名参加	11/28 婦人講演会	
1926	第8回				9/30 連合会発足 （9団体）
1927	第9回	11月 大会 800名参加	11/12 第7回大会 3,000名参加	11/27 大会	11/23 大会 1,200名参加
1929	第10回	11/9 県婦人連合会成立。県婦人経済大会、1,000名参加	5/15 第8回大会 2,000名参加 10/4 婦人経済大会	11/9 大会 11/16 婦人経済大会 1,700名参加	

出典　『大阪朝日新聞』及び『婦人』記事によって作成。
欠落個所は資料未見による。

会について全関西の機関誌『婦人』（一九二四年創刊、一九二五年二月一二日）が詳しく紹介しているので、主要点を拾ってみよう。第七回全関西大会直後に開催された第五回目の呉市婦人連合大会（一九二五年一〇月）である。在呉全ての二七婦人団体から成り（宗教団体一〇、地域婦人会七、同窓会五、処女会一、その他四）、会員二、〇〇〇余人という。当日は会員、女学生はじめ三、〇〇〇余名が参集、海軍側、市内各方面の来賓を迎え盛大であった。司会者の澤原なみ子は「呉市婦人連合会は大阪朝日新聞社が全関西の各婦人会を糾合して成立しております。全関西の一支部とも見らるべきもので、生れてまだ僅か五年でございます……」と挨拶した。次いで全関西大会報告を林千代子（呉精華高女常磐会）と十時菊（矯風会呉支部）が熱弁を揮った。呉市婦人会連合会の申し合わせが全関西と同様であることを確認した。

また尾道婦人連合会は一九二〇年一一月、市内七団体で組織された（全関西大会報告会は同年一月開催）。会員の柴原浦子は既述の如く第一回全関西大会から熱心に参加し、産婆の立場から提言している（表8参照）。彼女は同時期、平塚らいてうらの新婦人協会にも加入していた。地元では産婆業のかたわら尾道託児所（市内尾崎町部落改善団の付帯事業として経営、一九二二年設立、一九二三年末三歳以下託児在籍数一三〇名）の保母を務め地域社会事業に貢献していた。[60]また後年婦選獲得同盟広島支部運動にも参加していった（第三章参照）。

最も組織が遅れたのは福山婦人連合会で、一九二六年六月、九団体で発会した。[61]第八回全関西大会に初めて代表を送り出し、地元で報告大会を開催している。

みてきたように四市における県全関西の婦人会連合組織づくりは、思想、信条、宗教の異なる地域女性団体が連合し、会の性格や立場を超えて全関西の「申し合わせ」のもとに、女性改造という共通の目的に向かう潮流となって広がった。しかし反面、県全関西が市民女性だけでなく行政、軍部、警察を包括する都市型連合団体であったことは、やがて弱点を露呈することになる。

表７．全関西婦人連合会大会の広島県代表者数（大阪朝日新聞社主催）

年	大会	参加者総数	広島市	呉　市	尾道市	福山市	三原市
1919	第１回	5人	2人	1人	2人		
1920	第２回	7	2	2	3		
1921	第３回	10	3	4	3		
1922	第４回	11	4	3	3		1
1923	第５回	10	3	5	2		
1924	第６回	7	2	4	1		
1925	第７回	21	6	11	4		
1926	第８回	19	6	8	3	1	1
1927	第９回	21	6	10	3	2	
1929	第10回	19	5	11	3		
計		130	39	59	27	3	2

出典　大会参加者総数は藤目ゆき「全関西婦人連合会の構造と特質」（『史林』71巻５号）を参照。但し、誤差数は『大阪朝日新聞』記事で訂正。各地域参加者数は前記新聞及び『婦人』で抽出した。

県全関西（広島、呉、尾道、福山、三原）の活動は、先ず毎年開催される全関西大会（大阪）に向けて、各地元で協議会を開き大会出席代表者と大会提出議案を決定する。次に大会参加者の報告を兼ね、各地域で婦人会連合大会を開催することである。表６に示されているように各地域の連合大会参加人数は、一、〇〇〇―三、〇〇〇人という行政並み規模の動員数で、しかも継続的に行なわれた。こうした大会の盛況は『大阪朝日新聞』広島・山口版で詳細に報道された。

各地域連合大会の最大の関心は、全関西大会に参加した代表者の報告であった。その大阪大会に参加した県全関西代表者数は、一九二〇年代後半以降二〇名内外の多数を出し、四市中呉市がその約半数を占めるという旺盛な行動力を示した。県全関西では第一回全関西大会（一九一九年）から第一〇回大会（一九二九年）までの一〇年間に県代表者総数（広島、呉、福山、尾道、三原）一三〇名が参加している（表７参照）。この一〇年間の県代表者総数は、大阪、兵庫、京都、奈良に次ぐ第五位にあたる（前掲、藤目論文「全関西婦人連合会の構造と特質」参照）。

ではこの一〇年間に連合婦人会の団体構成が、どう推移したか広島連合婦人会を例にして、発足年の一九二〇年二一団体と、五年後の一九二五年二四団体について表5をみよう。発足時は同窓会がトップ九団体、次いで宗教団体七団体であったが、五年後には共に半数に減少し、地域婦人会が最多の一一団体を占める。新に生活改善研究会(一九二四年広島市社会課が組織)や処女会が参加し、体制色の濃い団体の加入傾向がみられるようになる。行政側の国民教化運動が都市婦人会に浸透してきた現れといえよう。

また県全関西代表として活躍した林千代子(呉精華女学校)、多賀静代(広島二葉会)、澄川道野(広島婦人会、愛婦評議員)や新谷とめ子(生活改善研究会)らが、一九二〇年代前半に農村処女会や婦人会の講師に招かれたことは前述の通りである(沼隈、賀茂、佐伯、豊田、山県、尾道など)。

(2)　県全関西の諸要求と地域活動

県全関西の諸要求は大会経験を経るにつれ、民力涵養運動後一連の国民教化内容を含みつつも、各女性団体の自主的要求や生活に密着した内容も率直に出され総花的ではあるが、市民運動に発展する地域もあった。

一九二〇年代前半には全関西大会の趣旨である中間層「婦人の文化運動」を反映して、当初は「参集する代表者も婦人教師が多く、一般婦人が少ない」という感想もあった(一九二一年第三回大会)。県全関西提出議題も女子教育関係者の提出議案が多くみられる。例えば表8の如く「私立学校に国家補助金を」、「男女平等教育のために共学制を(一九二二年大会)とか、「女性の経済的自立のために実科女学校教育が必要」(一九二四年大会)等女子教育の切実な課題である。また「各府県の社会課に婦人を参与させる」(一九二一年大会)ことを提議し、母子福祉問題は女性でないと行政に反映させることは無理である、と指摘している。このように多くの議案は、生活者としての女性の視点で主張され現代的課題に通じるものであった。

表８．広島県全関西婦人連合会の提出議案及び地元大会討議々題

全関西大会	提出議案及び討議々題
第２回 1920年	・呉市公会堂建設の件、市長に申請（呉）
第３回 1921	・月一日酒不売デー（広島） ・各府県社会課に婦人を参与させる（広島）
第４回 1922	・私立学校に国庫補助金を希望（呉） ・男女共学制を敷く（広島）
第５回 1923	・日本女性の衣服改善（広島） ・公娼制度の全廃（広島） ・震災地に無料託児所設置（呉）
第６回 1924	・婦人参政権時期尚早論を批判（呉） ・時間励行、左側通行、香典返し廃止（呉） ・女性の自活、自立のために実科女子教育を（呉）
第７回 1925	・婦人会を青年団、処女会のように政府統一を建議（広島） ・地久節を天長節と同様に祭日にするよう建議（呉） ・廃娼、未成年の禁酒、禁煙の件（呉）
第８回 1926	・下女、女中労働の改善（広島） ・中学校教科書を国費に、国民教育に宗教を加える（呉） ・地久節を全国婦人デーに定める（福山）
第９回 1927	・貞操上の刑事責任及民法規定を男女同一に（呉） ・小学校教員、児童の結核予防定期検査（尾道） ・女子労働者の待遇改善（福山） ・婦選の実現を（広島）
第10回 1929	・子供会館建設の件（尾道） ・家賃引下げ（広島）、蓄妾税課す（尾道） ・広島ガスにガス料金値下げ要求（尾道）
第11回 1930	・物価引下げの件（広島）、婦人の政治教育必要（広島） ・女子労働者の産前産後６週間休養（尾道）

出典　『大阪朝日新聞』及び『婦人』記事から抽出したもの。
但し、重複議題は省略した。カッコ内は各地婦人連合会。

一九二〇年代後半の提出議案には、女性教化政策と民主的運動（大正デモクラシー）の高揚を反映し、両要求が混在、拮抗する構図を示すようになる。前者には例えば「婦人会は青年団や処女会のように政府統一を建議すべき」（一九二五年大会）とか「地久節を天長節と同様に祭日に、或いは全国婦人デーに」（一九三一年「母の日」となる）等の政府の女性教化政策を先取りする要望が出されている（表8参照）。

後者の民主的要求もたかまっていく。婦人矯風会提出の廃娼、禁煙要求（一九二五年大会）はもとより、婦人参政権要求についても、一九二四年全関西大会で時期尚早を理由に保留になった結果に対して、「残念というより、むしろ不思議だ」（呉代表ら）と鋭く批判した。広島県の婦選運動は一九三〇年婦選獲得同盟広島支部結成後、本格化するのであるが、こうした県全関西の地道な活動が底流にあっての結実といえよう。(62)

また男女差別法の改正問題、例えば貞操上の刑事責任並民法規定を男女同一に改正すべき提議をしている（第九回大会、婦人矯風会呉支部）。このように男女不平等法見直し熱も高まり、「六法全書を開いてみた。するとどの頁も婦人には損なことばかりが書いてあるのに驚いた。家督相続、貞操、離婚問題など婦人にとって随分法律を改正しなければならないことがある」そのためにも婦人公民権が必要である、と法律改正と女性の政治参加を結びつけて発言している。(63)

更に女性労働問題については広島婦人ホーム経営の西村ヤス子が底辺労働婦人問題を取り上げ「下女、女中の労働改善」（一九二六年大会）を提議した。一九三〇年女給同盟運動高揚期には、全関西大会でも「カフェー女給のチップ制廃止や適正な勤務時間」を論議している。また福山婦人連合会からは「女子労働者の待遇改善」（一九二七年大会）、尾道婦人連合会は「産前産後六週間休養」（一九三〇年大会）など労働運動を反映する提議がみられる。これらの県全関西が提議した諸要求は、各団体の地域活動における女性、子供の生活に纏綿する課題そのものであった。

これら県全関西の諸要求が、実際に地域運動に発展した主なものは、一つは婦人参政権や廃娼などの請願署名運動がある。当然婦人参政権運動や廃娼運動につながるものである。もう一つは尾道婦人連合会の柴原浦子を中心とするガス料金値下げ運動(一九二九年一一月)を挙げることができる。柴原浦子については、詳細な興味深い藤目論文を一読されたい[64]。先にも触れたが柴原は産婆業を通して一九一〇年代半ば頃から尾道の処女会や婦人会を組織し指導した。一九二〇年代初頭新婦人協会に参加、同時期全関西大会にも出席し、地元に組織した婦人連合会は、貧しい漁民の妻や子供が直面する生活の課題を抱えていた。彼女は地域の保健、保育事業に力を注いだことは既述した通りである。一九三〇年代には上阪、産児制限運動に投じ、逮捕されたニュース(柴原、四七歳)が地元新聞に報道された。『広島県報』によると産婆業の一年間停止(一九三三年一一月以降)を受けている[65]。

一九二九年尾道婦人連合会は、広島ガス会社に対してガス料金値下げ運動を起こした。①尾道市内のガス料金を広島、呉両市並みに引き下げること、②メートル器使用料金を全廃することなど、主婦は台所経済の責任者という自覚で交渉を開始したという。交渉は決裂し、尾道婦人連合会は全市民に檄を飛ばし要求貫徹まで「ガス使用の中止か、或いは料金の裁判所供託」を申し合わせた[66]。

この生活防衛運動の背景には深刻な経済不況もあるが、全日本経済大会に呼応して各地元で婦人経済大会を開き、女性が結集したことである。その最たるものが同年一一月、県全関西をはじめ県内女性を糾合した広島県婦人経済大会であった[67]。後述するがこの県内女性団体の結集は、未曾有の経済恐慌を乗り切るための政府の女性教化体制への協賛と、女性側からの生活防衛、女性の地位の向上をめざすという二面性をもっていた。尾道婦人連合会によるガス料金値下げ運動が、噴出的に高揚したのはその一面を表わしている。彼女たちは、同月尾道婦人経済大会を開き、(一、七〇〇余名参加)、全日本経済大会及び県経済大会の報告会を行ない、女性市民パワーを示威したという[68]。

(3) 県全関西と県市当局

前述したように県全関西の組織づくりや大会開催については、当初から大阪朝日新聞社各支局の主導に依ったし、行政当局の協力も得てきた。とりわけ一九二〇年代後半における婦人会連合の組織づくりは、各市社会課の指導に負うところが大きい。全関西大会に代表参加をつとめた澄川道野（広島婦人会）が、「朝日新聞社の催しが、我が国婦人界にいかに多大な貢献をなしつつあるか、感謝せずにはおれない」（『大阪朝日新聞』一九二四年一一月一五日）と謝意を述べているように大阪朝日新聞社への依存度は高い。それだけに全関西が、第九回大会から新聞社主催を離れ自立することに対して不安を漏らした。その第九回大会（一九二七年）では県全関西代表が、議案提出と発言を最も活発に行なった（表8参照）。大阪大会に随行した呉市役所社会課小川豊三は「大会傍聴に出張を命じられた。想像以上の盛会で、三〇〇人の代表が火花を散らした[69]」と驚きの感想を述べている。県全関西の各市連合婦人会と各市当局との関係は、当初から緩やかな協力関係にあった。県全関西の婦人団体連合組織づくりは、行政側もまた望むところであったからである。

例えば呉市当局は一九二〇年代比較的早い段階に市内婦人会連合組織づくりを試みている。しかし実際に呉市社会課の斡旋で呉市婦人連合会設立（三七団体、会長市長夫人）に成功するのは、一九二八年で全関西が大阪朝日新聞社から独立直後ということになる。

独立直後最初の一九二九年第一〇回全関西大会は、同時に開催された全日本婦人経済大会と共に活動のピークを示すが、婦人統合に屈折していく時期であった。この全関西大会の感想として、呉片山婦徳会々員は「婦人公民権獲得運動と財産相続権を認めさせる政治運動に立ちたい」と決意を述べている[70]。その一方、婦人経済大会では経済国難打開の訴えにいたく感激し、呉市内婦人を総動員した市婦人経済大会では①消費節約、②輸入品抑制並に国産愛用など、国策に協力の申し合わせを決議した[71]。このように浜口内閣による経済国難の訴えを契機に、県全関西は急速に国家統合に傾斜していった。

前述した広島県婦人経済大会開催（一九二九年一一月）を機に、県全関西はじめ県内郡部各町村婦人会や女子青年団を糾合して広島県婦人連合会が発足した（代表者会議座長・安田良子、会長・知事夫人）。依ってこの経済大会は同時に第一回広島県婦人連合大会である。後援は広島県と大阪朝日新聞社広島支局で、「台所経済節約の叫び——各地から一、〇〇〇余名が参集、あたかも県内婦人総動員の盛観を呈した」[72]と報じた。このように広島県においては、文部省の全国婦人会統合（一九三一年）以前に、その地ならしが行なわれていたのである。

この大会における各団体からの提出議題は、九項目中殆ど日常的消費節約や生活改善など民力涵養運動以来、言い古された内容であった。僅かに家賃の引下げ（広島婦人ホーム）や蓄妾税の徴収（尾道婦人会）等の市民的要求がみられた。大阪朝日新聞社通信局長が挨拶で「県連合婦人会の生誕により、一層婦人の自覚と向上発展を望み、経済国難に処して、婦人の向かうべき途」[73]を説いたが、いみじくも女性運動の曲がり角を象徴した。ちなみに同年（一九二九年）広島市社会課は後述する戦時母子福祉事業を担うことになる広島社会事業婦人会を発足させている。このように行政からの女性団体への働きかけが、にわかに活発化する時期であった。

県内においては、その翌一九三〇年に女人芸術連盟や婦選獲得同盟の広島支部が結成され、女性運動の隆盛期を迎えるのであるが[74]、県行政側の県内女性団体の統合への働きかけは、一足先に進められていたのである。一九三〇年第二回全日本経済大会で恩田和子（大阪朝日新聞社記者）は、政府の女性に対する経済協力要請を「白痴同様扱いの婦人に頼まねばならぬとは、我が国経済がいかに難境にあるか——。婦人も国民であることを認めたもの」と皮肉をこめて挨拶した。

また翌年、文部省主導の大日本連合婦人会加盟の要請に対して、全関西は加盟拒否の声明と理由を発表した。つまり文部省の「家庭教育振興」は、旧来の家族制度の強化で時代に逆行するものであり、それを唱導する連婦に加盟することは、一〇数年間にわたり積み重ねてきた婦人の自主活動を危くするものだ、という理由で真っ向から拒絶反応したのであった[75]。

しかし県全関西は既に述べてきたように、全関西中央部（大阪）の抵抗以前に行政側の統合に組み込まれ、連婦加盟は容易に行なわれた。

注

（1）地域及び官製女性団体の研究については、本文に参考、引用文献として挙げている。近年の労作、石月静恵著『戦間期女性運動』東方出版、一九九六年がある。

（2）「処女の育成」『山本滝之助全集』日本青年館発行、一九八五年復刻版、六四二頁。

（3）『広村』警眼社、一九一五年、三一五頁。

（4）千野陽一著『近代日本婦人教育史』ドメス出版、一六九－一七〇頁。

（5）・（6）前掲、『山本滝之助全集』六四九頁。

（7）・（8）天野藤男「処女会指導の精神及使命」『婦女新聞』一九一八年一〇月四日。

（9）拙稿「大正期ブルジョア婦人運動と婦人教師－新婦人協会広島支部の設置をめぐって－」『歴史評論』一九六八年、二一七号参照。

（10）『大阪朝日新聞』一九二〇年六月一九日。

（11）安藤福平「第一次大戦後の官製教化団体」『広島県史研究』第八号によると、民力涵養運動の講演会などの参加人数は、一九一九－一九二二年までの四年間に五、八〇七回、一三五万六、四五五人と空前の規模に達した、という。

（12）『中国新聞』一九二一年九月二日、「処女会を振興せしめて青年団と同様に活動せしめよ」。

（13）同右、一九二一年一一月五日。

（14）同右、一九二一年一一月一二日。一一月一一日、山中女学校講堂にて開催。広島市、安芸、佐伯、安佐、山県、高田、賀茂、御調、世羅、沼隈、深安、甲奴、双三、比婆など各郡代表者三四〇名参加。
(15) 同右。
(16) 同右、一九二四年六月二四日。高田郡の壮丁検査において、例えば国民精神作興詔書下賜年月日を正解答した者三〇四名、不正解答者六五名、不明者一七九名で成績不良をかこっている。
(17) 前掲『日本社会事業年鑑』一九二五年版。
(18) 『芸備日日新聞』一九二四年九月一日。沼隈郡先憂会については、安藤福平「大正デモクラシーと農村青年」『広島県史研究』第四号参照。
(19) 『中国新聞』一九二五年一〇月一日。
(20) 同右、一九二五年一一月一〇日。
(21) 同右、一九二五年五月二五日。
(22) 同右、一九二五年七月二九日。
(23) 岡田洋司「農村社会における女子青年団活動の実態とその論理」『日本史研究』二三四号によれば、全国女子青年団は未婚女性の約三割を組織、農村中間層である、という。
(24) 『中国新聞』一九二七年一〇月一一日。
(25) 同右、一九二七年八月二二日「農村現状を訴う」3。
(26) 『芸備日日新聞』一九二六年二月一六日、浜田広島県勤倹奨励地方委員会長の通牒。『中国新聞』一九二六年八月一三日、県学務部長の通牒。
(27) 『中国新聞』一九二六年八月二九日。
(28) 同右、一九二八年九月一七日。
(29) 『婦人運動』一九二八年二月号。
(30) 『中国新聞』一九二三年八月二二―二七日、「女子農学校必要論」連載。
(31) 同右、一九二五年八月一九日。
(32) 『婦女新聞』一九二七年一月三〇日、「移動式女学校」。
(33) 『婦女運動』一九二九年五月号、五九―六〇頁。

(34)『中国新聞』一九二六年四月一四日。
(35)丸岡秀子『日本農村婦人問題』ドメス出版、一九八五年、一五八―一六一頁。産業組合中央会調査(一九三五年)によると広島県婦人会員数は二〇、三七一名(県農家組合員総数の約二五％)で、鹿児島、佐賀、福岡県に次ぐ第四位を占め、全国的にも際立っている。これは農村女性の自主性というよりも「県当局者なり、その地方の名望家なりによって、上から組織された場合が多かったのではないかと考えられる」と指摘している。
(36)『大阪朝日新聞』一九二九年五月五日。
(37)『中国新聞』一九二九年九月九日、「首相の放送が家庭へ、一大感激」。
(38)同右、一九二九年一一月一八日。
(39)『婦人運動』一九二七年一一月号。
(40)『中国新聞』一九二七年一二月一五日。
(41)『婦人運動』一九二九年三月号。
(42)『婦女新聞』一九二八年九月三〇日、一〇月七日。
(43)同右、一九三〇年一二月二八日。
(44)『中国新聞』一九二一年六月七日、内務省嘱託今井兼寛談。
(45)前掲『近代日本婦人教育史』一九〇―一九一頁。
(46)『中国新聞』一九二三年五月一五日。
(47)同右、一九二三年一〇月九日。
(48)同右、一九二五年一一月一四日。
(49)同右、一九二六年七月一〇日。
(50)・(51)『社会時報』一九二六年七月号、「深安郡春日村の主婦会」。
(52)『中国新聞』一九二九年八月二四日。
(53)同右、一九三一年二月一五日。
(54)石月静恵「全関西婦人連合会の成立と展開」『ヒストリア』第七〇号、大阪歴史学会。藤目ゆき「全関西連合会の構造と特質」『史林』七一巻、第五号参照。

(55)『大阪朝日新聞』一九一九年一一月二五―二六日。
(56)前掲、注(9)参照。
(57)・(58)『大阪朝日新聞』一九二〇年二月二四日。
(59)『愛国婦人会広島県支部沿革』一九四三年、一三五―一三六頁。
(60)藤目ゆき「ある産婆の軌跡――柴原浦子と産児制限」『日本史研究』一九九三年二月号。
(61)『大阪朝日新聞』一九二六年一〇月二日。福山婦人連合会九団体(福山婦女会、福山将校婦人会、福山仏教女子青年会、福山処女会、基督教矯風会、愛婦福山支部、大成婦人会、福山希望愛読者婦人会、福山婦人会)。
(62)拙稿「昭和初期婦人参政権運動の形成とその発展」『歴史評論』一九七七年、三二三号参照。
(63)『大阪朝日新聞』一九二九年四月一二日。『婦人』一九二九年六―六。
(64)前掲、藤目論文。
(65)『広島県報』一九三三年一二月一日、広島告示第一一八一号、停止期間一九三三年一一月二七日より一年間。
(66)『大阪朝日新聞』一九二九年一一月一九日。
(67)同右、一九二九年一一月九日。
(68)同右、一九二九年一一月一九日。
(69)同右、一九二七年一一月九日。
(70)同右、一九二九年四月一一日。
(71)同右、一九二九年一〇月一日。
(72)・(73)同右、一九二九年一〇月一〇日、一一月一二日。
(74)前掲、注(62)参照。
(75)『婦女新聞』一九三一年二月二三日。

二　一九三〇年代官製女性団体のファッショ化

1　広島県連合婦人会と選挙粛正運動

(1)　広島県連合婦人会の成立

一九三一年三月、文部省系統、最初の全国単一女性団体組織・大日本連合婦人会[1]（以下連婦と略称）が発会した。発足から一九四二年あらゆる女性団体が大日本婦人会に統合されるまでの一〇年間、いわゆる「非常時」、戦時体制下において連婦はどんな役割を果たしたのか。とりわけ一九三五年から三七年までの間、三回行なわれた選挙粛正運動は、国体明徴運動の一環とされるが、市川房枝ら婦選運動者をはじめ多くの市民的女性団体も積極的に協力した。当時の『婦人年鑑』[2]には「従来の指導者のみの前衛運動から婦人大衆運動へと一歩をすすめた」と婦人界動向を記している。そこで広島県では広島県連合婦人会がどのように組織され、婦人選挙粛正運動をどう展開したかを検討したい。

広島県連合婦人会（以下県連婦と略称）は、県知事の要請により一九三三年二月六日発足した。文部省が全国地域女性団体の掌握に乗り出してから二年経過していた。同年は後述する広島国防婦人連合会（一九三七年大日本国防婦人会に加盟）も広島市国防研究会の指導で発会し、県内官製女性団体が相次いで設立されている。では先ず県連婦の創立趣意書と綱領をみよう。

広島県連合婦人会創立趣意書(3)

……由来我国ハ伝統ノ精神ニ依リ徹底セル家庭教育ガ行ハレ其精華ヲ発揮シテ居リマシタガ物質文化ノ影響ハ滔々トシテ此ノ美風ヲ頽廃セシメマシテ、日本古来ノ教育精神ニ立チ帰レトノ声ヲ発セシムルニ到ツタノデアリマス。茲ニ於テ曩年文部大臣ハ訓令ヲ発シテ家庭教育ノ振興ヲ企図セラレタ。殊ニ現今我国ハ思想、経済、外交共ニ一大難局ニ直面シコレガ匡救打開ニ挙国焦慮致シテヲル。之ガ根本対策ハ結局教育ノ力ニ俟ツヨリ外ハナイノデアリマス。殊ニ家庭教育ノ振興ヲ図リ又家庭教育ノ改善ヲ実行スルガ如キハ目下喫緊ノ急務デアリマシテ、実ニ婦人団体ノ必要ヲ痛感スルモノデアリマス。

翻ッテ今本県下ニオケル婦人団体ノ状況ハソノ数ニ於テ実ニ四〇〇余併シナガラ、ソノ活動ノ実力ハ未ダ甚ダ微弱デアリマス。コレ畢竟スルニ各団体ノ連絡提携ニ欠クルタメデアリマス。之ガタメ本県知事ハ昨年来各郡市連合婦人会ノ組織ヲ慫慂セラレマシタ。為ニ早クモ四市一二郡ノ組織ヲ見ルニ至リマシタ。依ッテココニ本県連合婦人会ヲ組織シ、本県婦人ノ一大団結ノ力ヲ作リ更ニ中央ニ於ケル大日本連合婦人会ニ加盟、挙国的運動ニ参加シ折角国家ノ期待ニ副フベク活動シタイト思ヒマス。コレ今回各位ノ御賛同ヲ得マシテ、広島県連合婦人会ヲ設立セントスル所以デアリマス。

綱　領

一、忠孝ノ本義ヲ体シ婦徳ノ涵養ニ努ムルコト
二、処世上必須ノ知識技能ノ習得ニ努ムルコト
三、家庭ノ平和ヲ図リ家風ノ振興ニ努ムルコト
四、家庭教育ヲ重ンジ子女ノ教養ヲ完フスルコト

五、家庭経済ニ関スル研究ヲナシ生活ノ合理化ニ努ムルコト
六、郷土ノ良俗ヲ助長シ弊風ノ矯正ニ努ムルコト
七、共存共栄ノ観念ニ基キ社会奉仕ノ作業ニ努ムルコト

会則には県連婦の事務所は広島県庁内に置くこと、会の総裁は県知事が就くことなどが記載されている。趣意書には県当局が、県内女性団体四〇〇余（前節表4参照）統合に乗り出し、一挙に四市（広島、呉、尾道、福山）と県内一六郡中一二郡まで組織したが、県内全域にいたっていないと述べている。

以後文部省は、「非常時」、戦時体制下の主婦、子供の教育、選挙粛正、銃後生活等の諸国策を県総務、学務を通して県連婦にストレートに上意下達する指導体制を確立した。県内村役場文書には、県当局から県連婦に頻繁に発せられた通達がみられる。では県当局と県連婦は、どのようにして県内全市町村の隅々まで、日常生活の場から総力戦に協力する体制を形成できたのかみよう。

第一に県連婦創立の一九三三年は、日本政府が国際連盟を脱退し、国民の危機感が高まったという背景がある。前年一〇月、広島市で全国に先駆けてリットン報告排撃大会が、五万人の大衆を集めて開かれ、各地に波及した。[4]従って創立同年の第一回県連婦・県連合女子青年団との連合大会では、五〇〇余名の女性が広島市に集い、「国内における思想、経済の難局」を乗り切る決意が表明され、主婦、女子青年が「家庭教育の振興」と銃後の任務の一体化を強く確認し合った。[5]当時の新聞によると、満州事変後国防献金は「連盟脱退が銃後を励まし」軍都広島が全国トップである、[6]という。

第二に県当局が市町村に発進して、県連婦、県連合女子青年団に対する教化総動員指導を強力、執拗に行なったことである。例えば県連婦発会後、五年間の都市部における大会活動をみると、毎年県連婦と県連合女子青年団共

表1．広島県連合婦人会、連合女子青年団、広島県国防婦人会の動き

年	広島県連合婦人会・県連合女子青年団	広島県国防婦人会
1933	2．6　広島県連合婦人会創立 3．6　第1回県連合婦人会・県連合女子青年団連合大会（広島市）、500名	9．18　広島国防婦人会連合会発会（広島市）、1,000名 11.　福山国防婦人会設立
1934	3．12　第2回県連合婦人大会（福山市）、400名 3．6　県連合女子青年団大会（尾道）	2．11　広島国防婦人会連合会、紀元節「非常時マーク」5万個売る。（広島市）2,000名
1935	3．6　第3回県連合婦人大会（広島市）、500名 5．7　第4回県連合婦人会・女子青年団連合大会（呉市）、1,000名 9.　県連合婦人会・愛婦選挙粛正講演会（県議選）	10．20　安芸郡音戸町国防婦人会発会、2,500名
1936	1．13〜30　県連合婦人会・愛婦主催、選挙粛正婦人講演会県内各地に開く。 1．30　呉市選挙粛正婦人大会、200余名	12．15　広島カフェー連盟国防婦人会発会、女給、500名
1937	3．14　第5回県連合婦人会・女子青年団連合大会、（広島市）1,000名 4．25　婦人団体選挙粛正大講演会（呉市）、1,300名 4．18　県内婦人団体選挙粛正申し合せ 11．4〜10　婦人国民精神総動員週間	7．16　広島本券芸妓国防婦人会結成、165名 9．12　国防婦人会呉支部（14分会）発会、36,000名 9．24　広島県国防婦人会連合会解散、大日本国防婦人会に合流 12．10　国防婦人会（広島支部42分会）発会、30,000人

出典『中国新聞』、『芸備日日新聞』、大林村文書などによる。

催大会を四〇〇－一、〇〇〇人規模の動員で開催している（表1参照）。地方庁当局は女性大衆を動員する大会や講演会には、都市部、郡部を問わず、各地域に出席人数を割り当て動員数を確保している。

その網の目も漏らさぬ教化方式を佐伯郡河内村文書でみよう。県連婦創立に連動して一九三三年三月佐伯郡連合婦人会が発足し、事務所は郡教育事務所に置いた。会則第二条「本会ハ郡内婦人団体相互ノ連合提携ヲ図リ、其進歩発展ヲ促シ、特ニ家庭教育ノ振興ヲ期スルヲ以テ目的トス」と文部省の指標通りである。この佐伯郡連合婦人会は郡内の婦人会一八団体（主婦会、婦人修養会の呼称もある）で成立した。[7] 河内村文書によると一九三五年県連婦大会で、同郡の一婦人会と女子青年団が成績優良で表彰されている。

では県連婦の末端をなす農村女性団体がどう組織されたか、同郡河内村主婦会を例に挙げる。この主婦会は、一九三三年九月自力更生を目的に満州事変二周年を記念して創立、会員は三四五名であった。[8] 同年河内村主婦会は「自力更生佐伯郡河内村主婦会々則」を作成した。会則第二条「本会ハ河内村居住ノ各戸主婦ヲ以テ組織ス」と村内主婦全員参加を規定した。第三条「本会ハ教育勅語、戊申詔書及国民精神作興ニ関スル詔書ノ御聖旨ヲ奉仕シ知徳ノ向上、体力ノ増進ヲ図リ健実善良ナル婦人ノ素質ヲ涵養シ且ツ時勢ニ伴フ修養ヲナスヲ以テ目トス」[9] と村の隅々まで天皇制イデオロギーに収斂させている。更に自立更生実行細目には、貯蓄奨励、日日の節約、国産品愛用、早起き、時間厳守、冠婚葬祭費の節約、はては祝儀、入営兵餞別の金額まで規定し、[10] 村内女性を農村経済更生の担い手とした。

現実には農村の窮乏は深刻化し、同年一二月の県農会大会では「悲惨なる農村を救え」と県内農民が決議文を県会に送っている。[11] 県連婦が本格的に国民精神作興運動の一翼を担うのは、同年一一月の非常時女性訓練協議会（町村婦人会、女子青年団の代表者）で非常時認識をかため、やがて県内女性大衆が動員される選挙粛正運動を通してであった。

(2) 広島県婦人選挙粛正運動

ここで述べる選挙粛正運動は、一九三五年九月の府県会議員選挙、翌一九三六年二月と一九三七年四月の第一九、二〇回総選挙を対象とする。選挙粛正運動は一九三五年岡田内閣の下で内務省が道府県に選挙粛正委員会を、更に民間各種教化団体や女性団体を糾合して選挙粛正中央連盟を発足させ、市町村の末端に至る行政ルートで全国に展開したのである。[12] 運動のスローガンは従来の政党内閣における選挙の腐敗を批判し、「選挙の買収、供応の根絶や棄権の防止」であったが、同時に「大君に答え奉らんこの一票」、「選挙に現せ日本精神」[13]とあるように国体明徴運動でもあった。とりわけ注目されるのは、選挙権のない女性が選挙粛正運動の推進力として登場し、小学校児童まで巻き込むという近代国家史上、稀にみる不合理性である。女性たちはその不合理を認識しながらも、女性団体相互の連携をはかりつつ、かつてない女性大衆動員を拡げていった。

先ず広島県会議員選挙（一九三五年九月二五日）の選挙粛正運動については、『広島県史』（近代2）に詳述されている。[14] 以下に主要な箇所を引用する。一九三五年六月発足した県選挙粛正委員会は、三つの運動基本をあげた。

第一、選挙ニ対スル当局ノ態度ヲ宣明シ、普ク県民ニ其ノ真意ヲ了得セシムルコト
第二、投票買収其他不正行為ヲ徹底的ニ防圧スルコト
第三、一般民衆ニ対シ政治教育ニ公正ナル選挙観念ノ普及徹底ヲ図ルコト

なかでも第三に運動の主力が注がれたと『県史』は指摘している。市町村単位の選挙粛正委員会は、同年七月には県内全市町村に組織され、委員総数七、一〇〇余名が任命された。その内女性は広島市の方面委員五名であった（山本みつ、斎藤たくの、三宅いずみ、小宇尾つな、増田しなの）。[15] 県会議員選挙運動期間中、講演会、部落懇談会が

三、三六〇回、参加者数五五万人の大動員をしたという。『婦女新聞』[16]にも冒頭に「広島県の如きは……」と当県が全国的に際立った運動であることを報じている。

この選挙粛正運動では、女性側は県連婦、愛国婦人会広島県支部、県選挙粛正婦人連合会三団体が中心であった。以後二回の総選挙時には、県連合女子青年団、国防婦人会はもとより県女教員会も選挙粛正運動協賛を決議し[17]（一九三六年一月二四日）、県内女性団体を網羅するに至る。では県当局やその下請け役の県連婦等女性団体は選挙権のない女性にどう協力を呼びかけ、県内女性大衆を吸引できたのかみよう。

先ず県学務が、県会議員選挙運動期間中の九月投票日直前に、各市町村小学校及び県連婦、愛国婦人会に宛てた通牒は、「棄権防止ニ内助ノ効ヲ[18]」強調し、婦人会開催を促している。女性団体側もこれを受容し「婦人内助の力により て棄権防止に努め、以て婦人報國に盡度と存候[19]」と各団体下部に通達し、夫に棄権させないよう申し合わせた。更に「母心で選挙を育てましょう」のスローガンも現れ、婦人選挙粛正運動推進思想の一つが家族制度的良妻賢母であった。「非常時」体制下、女性は行政指導による家族制度のファシズム的再編を否応無く強制されたといえよう。

しかし他方、県内一般女性のなかには、この婦人選挙粛正運動に対して極めて冷静な反応を示している。例えば『芸備日日新聞』（一九三五年九月二五日）が県会議員選挙投票日前日、数名の女性の声を載せているので簡単に紹介しよう。先ず早速千代野（広島市社会事業婦人会）は「自分のように一家の世帯主が、性別の差別によって選挙権が無いのはどう考えても公平でない。婦人や子供の生活に理解を持つ人に投票して欲しい」と語っている。また或る匿名の女性は「今回婦人は〝選挙の粛正は婦人から〟のスローガンで政府当局に協力し、婦人の政治参与の能力を証明した。公民権も選挙権も無い女性が選挙粛正運動に関与するとは隔靴掻痒の感がする」と皮肉った。某職業婦人は「国税まで納めているのに、婦人に選挙権が無いのは悲しい」と納税者の立場から行政の矛盾を突いている。

林秀子（婦選獲得同盟）も「つくづく婦人も一票が欲しい」と口惜しさをにじませた。更に基督教婦人矯風会の吉村国子は、県会議員には禁酒家を、県地方方面委員の山本光子は、下層階級を保護する社会事業に理解のある人を、某女工は景気を良くして生活を楽にしてくれる人を選んで欲しいと、それぞれの生活の場から女性の批判をこめて県政へ要望している。

こういう女性の不満に対して、後日、富田県知事は、呉市婦人選挙粛正大講演会で次のように講じた。「婦人にたとえ参政権が無いからと云って、選挙に関係が無いとは云へぬ。日本の家族制度にあっては婦人も共に有権者たる家族として、清き一票の行使を誤らしめないように努められたい」（『中国新聞』一九三七年四月二六日、第二〇回総選挙時）と奇弁を弄した。

この県会議員選挙における棄権防止の結果について、県当局は広島県が全国で好成績をあげたと発表した。「……三九県中独リ本県ノミ棄権率ヲ減ズルコトヲ得タルハ甚ダ欣快トスルモノニ有リ候……」[20]と。しかし県内でみると、県平均棄権率は前回より低下したとはいえ、二二・八％を占めた。特に農村部の棄権率は低下したが、都市部は福山を除いて広島、呉、尾道の三市が棄権率は増加し、なかでも広島市は二九・五％と最多であった。以上のことから選挙粛正運動は農村部に浸透したが、都市部にはそれほどの成果をあげなかった、と前掲『広島県史』は分析している。

次いで一九三六年と一九三七年の総選挙（第一九、二〇回）においても、県当局は前回の好成績に勢いづき市町村長及び警察当局と密接に連絡をとり、特に県連婦、愛国婦人会、国防婦人会等女性団体の連合選挙粛正運動を促した。周知の如く第一九回総選挙直後に、二・二六事件が起こり、翌年四月第二〇回総選挙後の七月には、日中戦争勃発という戦時体制は急迫した。従ってこの期の選挙粛正運動は、次に準備された国家総動員体制への足固めという性格を濃厚にした。

その第一の特色は政府・県当局が両総選挙投票日直前に「選挙粛正強調日」並びに「婦人団体強調日」を設け、県連婦、愛国婦人会、国防婦人会等の女性団体を網羅して県内各地に婦人講演会を開かせるという強力な指導である。県当局の指導が、どう徹底していたかを第二〇回総選挙（投票日一九三七年四月三〇日）時の同月、郡部で実施された婦人選挙粛正講演会のスケジュールでみたい。(21)表2のように郡部を六班に分け、小学校、高等女学校を拠点に婦人講演会を開催し、各郡内動員数も割り当てるという徹底布陣である。

表2．広島県婦人選挙粛正講演会日程、1937年

班	月　日	場　　所	動員数
第1班	4．22	比婆郡庄原小学校	180名
	4．23	双三郡三次小学校	150
	4．24	安佐郡可部高等女学校	260
	4．26	山県郡加計小学校	200
第2班	4．23	芦品郡府中高等女学校	190
	4．25	深安郡神辺深安実業高校	170
第3班	4．21	高田郡吉田小学校	230
	4．22	甲奴郡上下小学校	120
	4．23	世羅郡甲山高等女学校	140
第4班	4．22	沼隈郡松永小学校	220
	4．23	尾道市栗原小学校	280
第5班	4．22	安芸郡海田市小学校	200
	4．23	賀茂郡西条小学校	330
第6班	4．22	佐伯郡廿日市小学校	420
	4．23	豊田郡忠海小学校	430

出典　大林村文書「選挙粛正婦人講演会竝ニ協議会要領」（1937年4月17日）

更に県知事が「選挙粛正強調日」（一九三七年四月二三日）に「全県民諸君に愬ふ」と次のようなメッセージを発表した。「昭和一〇年選挙粛正運動が開始されて、いまだ幾許にもならぬのに、この運動が名実ともに挙国的運動となったのは、邦家のためまことに慶賀に堪えないところである。……由来わが国民は一朝国家に事ある場合には、忠君愛国の民として、その美績は史上に輝いている。……来るべき総選挙にあっても、一人残らず選挙場に向かひ清く正しき一票の行使によって、立憲国民の本分を完うせられたい(22)」と選挙粛正を通して挙国一致の呼びかけである。

第二の特色は立憲自治をスローガンに掲げて

いるが、そのよりどころは既に人民の政党ではなく、国体明徴に傾斜していった。婦人選挙粛正運動の中軸となった県連婦は、一九三七年三月一四日県連合婦人大会を女子青年団と共催し、次のような大会決議文を発表した。後に県当局の通牒に使用されるので、全文を記す。

広島県連合婦人会・女子青年団大会決議文[23]

選挙の粛正は我国現下の情勢に鑑み最も緊急なる事柄であります。之が為昭和一〇年より国を挙げて官民一致大いに努むる所がありまして相当の効果を収めましたが、更に其の徹底を期するには是非私共婦人の協力がなければなりませせぬ。又之が為めに尽くすのは国民の一半として私共婦人の責務であります。仍て私共婦人一同互に協力して凡そ左の事項の実行に努むるを肝要と認めますので、茲に本大会の決議とし其励行に精進致します。

一、選挙粛正に関する講演、映画会等に出席し立憲自治の本義に徹する様努むること
二、一家団欒の談合に選挙粛正の問題を上せ家庭内に空気を漲らす様努むること
三、選挙の悪弊より家庭を守り棄権の防止に努むること
四、婦人団体に立憲的精神を採り共和の増進を図ること
五、婦人団体自ら選挙粛正のため各種施設を行ひ又粛正委員会等参加し得る様積極的に行動すること
六、郷土に平和愛好の情を醞醸し党争激化の防止に努むること
七、成るべく神社に共同参拝して選挙粛正を祈念すること
八、選挙日には国旗を掲揚し赤飯を用意すること

この大会決議文から、県連婦が選挙粛正運動を初期の「内助」や「母心」を超えて、「国民の一半」の責務として把え、神社共同参拝、国旗掲揚を申し合わせ日本精神を強調していることがわかる。県当局はこの県連婦大会決議文を各市町村長及び各市町村婦人会に通牒し、県内女性に周知徹底を図った。

こうして「選挙粛正強調日」(一九三七年四月二三日)は、県内官公庁、大会社、大工場をはじめ小中学校長の生徒児童への訓示、小学校児童の旗行列、唱歌行進、粛正作品展や女学生一万八、〇〇〇名の「棄権防止」門標貼付等、県内は選挙粛正一色に塗りつぶされたという。[24]

ではこの大がかりに展開された第一九、二〇回総選挙の選挙粛正運動の結果はどうであったか。大林村文書によると、[25]第一九回総選挙の棄権率は全国平均で二割一分三厘(前回は一割八分三厘)で却って増加している。広島県棄権率は一割五分九厘(前回二割三分九厘)に改善され、全国で低い順で第一二位(前回第四〇位)であった。しかし広島市は一割八分四厘で県平均よりやや高いと記録されている。全国的にも都市部で棄権率が増大し、京都市四二%、大阪市四〇・九%にも達している。[26]

更に厳しい選挙取締りにもかかわらず、選挙違反が意外に多く、全国に起訴された違反者総数一万二、一〇三人、その内、利害誘導買収が一万〇、〇〇二人であった(以上一九三六年度)。[27]地元『中国新聞』(一九三六年二月二八日)は「粛選泣く」の見出しで、全国の選挙違反起訴総数が、前回をはるかに凌駕しおよそ倍数にのぼったと報じている。

このように選挙粛正運動の逆効果ともいえる最も象徴的な結果は、既成政党(民政党、政友会)の得票率が低下し、無産政党(社会大衆党)が躍進して、第一九回総選挙では一八名、第二〇回で倍増の三七名が当選した。このように強引な行政指導による選挙粛正運動にもかかわらず、全国に棄権率は改善されず、政府が恐怖する社会大衆党が進出した。これは男性選挙民だけでなく、運動に協力した選挙権のない女性の願いが、物価高と戦争の不安のなかで、政府の反動的ファッショ政策への批判として表明されたものといえよう。

ともあれ政府は文部省管轄の連婦を中心に全国の女性団体を糾合し、内務省選挙粛正運動に女性団体を巻き込み、両省ルートによる女性大衆の教化運動を全国に波及させた。それは広島県のケースにリアルに現れている。県内女性団体が戦時体制に向けて、国民精神総動員運動の一翼となる準備であった。

2 広島県国防婦人会と愛国婦人会広島県支部

(1) 広島県国防婦人会の結成

大日本国防婦人会（以下国婦と略称）は、一九三二年一〇月結成、連婦結成の翌年にあたる。その最初は大阪の庶民女性安田せい、三谷英子らの呼びかけで発足した大阪国防婦人会（同年三月）であった。大阪の女性たちが、かっぽう着姿で出兵士の見送りやお茶の接待を自発的に行なう「国防婦人会現象」[28]は、軍部の後援、指導の下に全国に拡がっていった。国婦は、一〇年の歴史の後半、日中戦争（一九三七年）を契機に会員数が激増し、愛婦、連婦官製三団体鼎立時代を迎えるが、やがて既成女性団体は統合され総力戦体制に組み込まれていくことになる。

『大日本国防婦人会十年史』[29]によると、自然発生した国婦は会費低廉、職業の如何や貧富を問わず、一〇年間に一、〇〇〇万の会員を擁する東洋一の女性銃後団体に発展したことが、強調されている。ちなみに伝統的最大の女性団体・愛国婦人会々員数は、一九三八年四、二二万一、四九三人[30]で、国婦会員数はその約二倍の七、九二万九、六八四人であり、年々増加し一九四〇年には九、〇五万二、九三二人に達した。

大日本国防婦人会々則（一九三九年）には、皇族を総裁とし（第二条）、陸海軍大臣の監督指導及び内務・文部大臣の指導を受けるもの（第三条）と規定[31]されている。『十年史』には国婦は、下から盛り上がった女性大衆であると賞賛され、大正デモクラシーの成果や婦人参政権の要求も悪徳とし、ひたすら国防、国策に協力する銃後女性団体であることを異様な熱気で記述されている。では広島県における国防婦人会は、どのように組織され活動したのかを検討してみたい。

広島国防婦人連合会（会長広島市長、以下広島国婦と略称）は、県連婦発会同年の一九三三年九月、広島国防研究会の指導で発足した。広島国防研究会は一九三二年七月創立、以後各地に創設される第五師団、在郷軍人会等の軍事援護機関である。広島国婦の発会式は市内袋町小学校講堂で挙行された。広島市内各種女性団体四〇団体（市内各小学校婦人会、将校婦人会、市女同窓会、県女有朋会、山中高女橘香会、誠心会、女学院婦人会、安田高女同窓会、基督教婦人矯風会、メソジスト婦人会、叢雲婦人会、信願仏教婦人会、記念事業婦人会、生活改善同胞会等）で、同窓会、宗教女性団体、軍人家族、女性団体を挙げて一、〇〇〇名が参集した。彼女たちはかって全関西に賛同して結集した広島婦人連合会の面々である。当日は第五師団長、在郷軍人会、県知事、市長参列のもとで、次のような宣言と決議を行なった。[32]

宣　言

現下内外の情勢を考え将来の推移を察しますとき私ら皇国婦女子の覚醒奮起を要するものが極めて少なくありません。なかにも神聖なるわが国体観念を明らかにし時局に対する認識を正しく協心戮力銃後の務を全うし、いよいよ愛国国防の誠心を高めもって皇国の彌栄を期することが重要である。――広島市内婦女諸団体は大同団結し至誠報国の赤心をこめて左の事項を決議し堅くこれが実行を期するものであります。

決　議

一、先づ家庭より国防精神高調し、これが実現を期すること

二、銃後の責務を全うすること

三、日常修練を積み有事の際国家防衛上遺憾なきを期すること

この宣言、決議にみられるように、広島国婦は同年二月に発会した県連婦に比べ、軍部、在郷軍人会による銃後女性の国防総力戦体制にストレートに収斂されるものであった。県内のこうした動向は、一九三三年に入って急速に活発化し、広島国婦発会前後には福山連隊区司令部が管内各地に国防研究会を創立し、同時に福山国防婦人会を発足させる等、各地の在郷軍人会を中心に組織を拡げていった。[33]

では全国各地に展開された国婦創立の経緯はどうであったか、『婦女新聞』の婦人界動向等で拾ってみたい。一九三三年四月一六日記事によると約五万人の女性労働者（日清紡績西新井工場労働者五、〇〇〇名はじめ明治、東洋、森永各製菓会社、東京帽子、日本化工、第一相互生命、わかもと、三越他デパート、被服廠、火工廠等）が組織ごと国婦に組み込まれたという。その反面、軍部が強行する国婦組織に対して、「在来の各種婦人団体と対立せしめる必要があるのか。現に軍人の家族、遺族を救護する目的の婦人団体には愛国婦人会が存在しているではないか[34]」と厳しく非難の声を上げている。現実に千葉連隊区司令部が全県内町村に国婦網組織に乗り出したが、「国婦を組織することは不経済だ」という理由で組織拒否をした東条村もあった。[35]或いは岩手県知事も盛岡連隊区司令部に対して「愛国婦人会をもって事は足りる。類似の団体を設ける必要はない」と国婦設立に賛同しなかった。[36]

従って前掲『十年史』によると国婦一〇年の前半のいわゆる「非常時」下における会員数の増加は緩やかで、一九三六年には、三、六三万七、七六五人である。だが翌一九三七年日中戦争を境に倍増し六、八四万九、〇六九人を数え、他団体を糾合して遂に一、〇〇〇万人の会員に達したことは既に述べた。

県内においても日中戦争直前までは四〇分会（全国九、四九一分会）であったのが戦争勃発後（一九三八年まで）一挙に一四〇分会（全国一万三、〇一二分会）に増設された。[37]同一九三七年九月、広島国婦は大日本国防婦人会に合流し、

一二月には大日本国防婦人会広島支部四二分会、会員数約三万人の結成式を挙げた（表3参照）。ちなみに愛婦広島市支部会員数は約二万人（同年五月調）である。翌一九三八年九月に『広島国婦』を創刊することになる。

地元の『中国新聞』（一九三七年一二月一一日）は、この軍都広島国婦の結成式を「三万のエプロン叫ぶ銃後の護り」と大宣伝し、歩兵第一一連隊東営庭に白一色に集結するかっぽう着と襷がけの女性らの写真を載せている。また軍港呉市においては、在郷軍人会が一戸一主婦入会という強引な指導で、国婦町内分会を組織し、軍部と国婦が一体化した。(38) 従って一九三七年九月国婦呉支部は一四分会、会員数三万七、〇〇〇人を超す県内最多数の発会式を二河公園で挙げた（表3参照）。

その時の宣言文には、日中戦争勃発年における軍部の国家総力戦に傾斜していく女性たちの心情が鮮明に現れているので記しておく。

宣　言

支那国民政府は、国家統一の手段としてわが帝国に対する敵愾心を挑発し、抗日をもって国民教育の基調とし、国際信義を無視して、濫りに帝国の権益を侵害し、遂に不幸なる事変を惹起するに至りました。われわれ日本婦人は勿論、戦いを好むものではありません。然しながらことここに到りました以上、私どもの子孫をして再び今回の如き恐るべき惨禍に逢わしめないために、支那の不正を根本的に除去し、日満支親善の平和境を確立し得る見込みの立つまでは、どんな艱難にも堪え忍んで協力一致奉公の誠を尽くし、昭和時代の婦人が国家の一大事に直面して如何なる活動をしたかということを、青史に伝える覚悟であることを宣言します。(39)

在郷軍人会各分会による県内各地の国婦組織活動は、従来の地域女性団体活動には見られない徹底したもので、

表3．大日本国防婦人会広島地方本部会員数（1938年9月1日調）

市郡別	分会数	会員数
広島市	42	32,598人
呉市	14	37,919
安芸郡	21	17,419
佐伯郡	29	9,057
安佐郡	25	7,439
山縣郡	20	7,609
高田郡	19	7,413
双三郡	10	3,690
総計	180	123,144

出典　佐伯郡河内村文書「大日本国防婦人会分会結成名簿」

家庭婦人、労働婦人だけでなく女給、芸妓、娼妓にまで及んだ。例えば広島市国婦四二分会中八分会[40]（女給一分会・四〇〇人、芸娼妓七分会一、一三〇人）がそれである。呉市はもとより、比婆郡庄原においても芸技五〇余名が国婦発会式を挙げ、「国防費の献金」と「兵士の慰安」を決議している。[41]

更に朝鮮女性に対して内務省指導の内鮮融和策の下に、一九三八年八月広島県協和会設置以降、国婦入会を強制するようになる。[42]例えば翌年六月協和会吉田支部発会式では、吉田警察署管内の朝鮮人男女各三〇名に対し、次の申し合わせを行なった。

①国防婦人会に全員加入すること、また愛国婦人会にはできる限り入ること、②報国貯金運動に参加し、一口五〇銭以上の貯金を必ず実行すること、③服装を日本服に改めること等、警察権力によって指示した。[43]実際に賀茂郡吉十実村では村内居住の朝鮮女性六名を国婦に入会させた、[44]という記事をはじめ、呉第四分会は余り暮らし向きもよくない朝鮮女性が「私も日本人です。年会費三〇銭位なら入らせてください」と自主的に入会申し込みをした等、[45]朝鮮人女性の国婦協力を美談として記している。

河内村文書によると、広島国婦は一九三九年一一月一四日「朝鮮半島出身婦人ノ大日本国防婦人会状況ニ関スル件照会」を発して、分会区域内の朝鮮人女性の総数、入会者数、入会見込みのある者の人数等の調査と、国婦入会を積極的に指導するよう通達している（「広島国婦本部発第八三号」）。このように軍部傘下の国婦組織化は朝鮮民族も含めた銃後女性の名称のもとに根こそぎ動員であったことが広島県内の例で示されている。

同年四月には第五師管本部が結成され、第五師団管下連隊区における各国婦支部を統括（広島、福山、山口、浜田、会員四〇万人）、ここに国婦は名実共に軍部直属となった。新聞は大日本国防婦人会第五師管本部の結成と報じた。(46)

そこでこのように凄まじい勢いで全国を席巻していった国婦は、実際にどのように農村に組織され、活動したのか。前述例証の県西部佐伯郡河内村（戸数三七六）のケースをみよう。佐伯郡の国婦分会数は二九、会員数は九、〇五七人で（表3参照、一九三八年）、その中河内村分会々員数は二八〇人である（表4参照）。河内村分会は一九三八年二月一一日に創設されるが、そこに至る経緯が「大日本国防婦人会河内村分会」に記録されている。(47)

その記録によると、①創設前の状況として、数年前から国婦広島本部より其の組織について勧誘があったが、村内幹部協議結果、特別に組織せず、主婦会々則を変更して其の事業を遂行した。②一九三七年七月七日、日中戦争勃発で本村にも歩兵上等兵山根昇君、輜重兵特務兵沖本正樹君戦死され、其の村葬一二月二五日に行なわれるに際し、会葬の主婦会員は服装の関係もあって、国婦創設の声高く与論化した。戦争の深刻化に他町村にも多く創設され村幹部再三協議の結果、国婦創立を内定した。③一九三八年一月一五日、村内婦人団体（愛婦、主婦会、仏教婦人会、産業組合婦人会）の役員会を開催し、創設に関する意見を聴取、更に支部会で会員全部の意向を聴き報告をまとめる。その後全支部員の賛成を得、国婦組織（会則印刷、発会式準備）に着手した。④河内村国婦分会発会式は、二月一一日紀元節、憲法発布五〇周年記念式日で、第二回国民精神総動員強調週間の第一日でもあった。出席会員約三〇〇名、分会長平井芳人、副会長藤谷吾一（学校長）、久保マスコ、事務所は河内尋常小学校と記されている。

この河内村国婦創立の経過記録にみられるように、村内に目いっぱい既成女性団体が組織され機能しており、新たに国婦が割り込む隙がなかったことがうかがわれる。従って国婦を組織するには、既成婦人会の再編成や一人の女性が既成会々員の上に更に国婦に入会という二重会員を務めた。農村主婦にとっては、体力、金銭上重層の負担であった（表4参照）。以後も国婦役員の藤谷吾一は「国婦は一戸必ず一人は入会するように漏れなくすすめてください」と分会役員に通達している。[48]

では河内村国婦分会はどんな活動をしたのか。日中戦争開始から一年半余の間に行なった活動表から、その特徴をみよう（表5参照）。戦時下、一村内における国防思想教育は、毎月映写会を開き映像教育で効果をあげた。また村内銃後女性の主な軍事援護活動は、①出征軍人の見送りと慰問、②遺家族慰問と労働奉仕、③戦争死没者慰霊祭、④献金、献品（梅干、羊毛他）等で頻繁に行動している。政府、軍部が最も配慮を要請したのは、傷病兵や傷痍軍人に対する慰謝であった。特に傷痍軍人に対しては、適当な配偶者を与えるのが最良方策であると、傷痍軍人結婚助成媒介事業を国婦分会に通達している。[49]

国婦組織の推進役は、各地在郷軍人会であっただけに、国婦の代表、指導層には将校夫人の名が連ねてある。民間でも例えば、一九二〇年代県全関西で活躍した多賀静代（元小学校教員）が、国婦広島支部理事、分会長として指導的役割を果たした。かつて女性の権利に覚醒した人々も、草木が靡く如く軍事援護活動に転身した。もっとも日中戦争を契機に市民的女性の河崎なつも『中国新聞』（一九三八年）の年頭論説に「婦人の力をいかに行使すべきか」[50]の文中に、国婦、愛婦は国民の半数を占める女性の自覚的活動である、と評価している。また翌一九三九年同紙年頭には、左翼作家、窪川稲子も「今年の婦人の使命」と題して、事変後二年間、積極的に銃後活動をした日本女性の変化を重視し、国婦、愛婦に代表される女性の役割を強調している。[51]

国婦と愛婦両団体は、銃後女性の軍事援護活動という共通の目標に立ち向かった。会員の中には両方の団体に所属する者も少なからず、出征兵士見送りなどの大衆活動の現場で確執

表4．佐伯郡河内村女性団体調査（1938年6月）

団体名	人数	代表者	最多年齢	設立月日
河内村主婦会	347人	河内村々長	55歳	1933. 9.18
河内村仏教婦人会	267	渡辺豊水	70	1914. 2.28
河内村国防婦人会	280	河内村々長	65	1938. 2.11

出典　河内村文書　No.565

表５．河内村実施事業調査表（1937年７月７日〜1939年３月31日）

事業の種類		回数	人数	内容
国防思想普及	講演会・座談会	13	350人	
	映写会	17	500	毎月映写会
教育督励、援助	青年学校、観閲点呼	2	110	細川大佐
銃後の運動	歓送迎	19	全員	応召軍人見送
	遺家族慰問	52	230	慰問金、菓子
	出征者慰問、慰問品	5	290	
	労働奉仕	2	150	刈入れ、草取
	資源、廃品集め	1	200	
	献金品	3	230	梅干、芋等
	軍隊宿営援助	1	10	11連隊行軍100名
動員業務	応召兵に対する援助	10	230	千人針製作
	祈願祭、招魂祭 慰霊祭	4	530	

出典　河内村文書　No.573

も伝えられた。従って一九三八年末には両団体の統合問題が、地元新聞の社説でも論じられている。(52)翌年九月、国婦と愛婦は共同主催で「軍事援護に関する婦人団体幹部協議会」を開催、国婦一〇名、愛婦二〇名、連婦、女子青年団二〇名参加で懇談し、申し合わせを行なった。(53)県内各地に両団体の統一的活動が報じられている。

国婦、愛婦等官製女性団体の活動が、かつての市民的、左翼的女性や、マス・コミからもこぞって賞賛された。これまで蔑まれ無権利であった女性が、軍事援護活動によって社会の半分を占める存在として認められる風潮が高まったことは皮肉なことであった。

政府や軍部が国婦に期待した女性像は、戦時「母」の運動（河内村文書、一九四〇年八月五日、広島連隊区司令部）に示された総力戦を完遂するための①台所経済の節約、②国防国家を強化する子女の養育を実践する銃後の母であった。戦時総動員体制の女性側の完結は、一九四二年女性団体の統合（国婦、愛婦、連婦）による大日本婦人会の結成であった。

(2) 愛国婦人会広島県支部と愛国子女団

既述の如く一九三三年には県内において、二つの新興官製女性団体（文部省系連婦と陸軍省系国婦）が相次いで創設され、旧来の皇族を総裁とし陸海軍省・内務省後援の愛国婦人会広島県支部（以下県愛婦と略称）とが鼎立した。本項では県愛婦が、明治以来手がけてきた軍事援護と社会事業の他に、新興二団体の隆盛に対抗して、愛婦の一翼をなす愛国子女団をどのように組織したのかをみたい。

① 一九三〇年代の愛国婦人会広島県支部

先ず県愛婦の成立と一九三〇年代の活動について瞥見しておく。愛婦中央史については前掲石月静恵著『戦間期の女性運動』を参考にされたい。県愛婦は一九〇一年三月に創立した愛国婦人会の各府県支部設置の呼びかけに逸早く応じ、同年六月に県支部を発会した。支部長は当時の県知事夫人江木中である。発会年の会員数は一九二名であったが、一九〇五年日露戦争の影響で一挙に一万人を超し、その後戦争の節目毎に増加、三〇余年後の日中戦争時には一二万二、八八六人に激増した[54]（表6参照）。

県愛婦は、軍都広島の歴史と重なる最大組織の軍事援護、社会事業女性団体として発展した。愛婦全国総会員数は一九三八年四、二二万一、四九三人で、多数順では次のようである[55]。

第一位、東京	三八〇、二六〇人
第二位、福岡	一五六、一六七
第三位、北海道	一五一、九六五
第四位、愛知	一五〇、七六〇

第五位、兵庫　　一四七、五三七
第六位、広島　　一四六、八八九

県愛婦会員数は全国第六位を占める。同年の県国婦会員数は一二万三、一四四人で（表3参照）、県愛婦に迫っていたことがわかる。

日中戦争下軍都広島、軍港呉市を擁する県内で注目される軍事援護活動は、県愛婦だけを見ても、部隊や傷病兵の送迎回数の多さである。当時広島駅、宇品港で国婦と競い合った状況が浮かび上がるのである。部隊の送迎では、一九三七年－一九四〇年の四年間に一、七五三回、出向会員数は五万一、七七五名である。戦傷患者の送迎は同じく四年間に二、〇九五回、出向会員数三万五、三五〇名である。この四年間の送迎総数は（慰霊祭参列も含め）、四、二二一回、出向会員数九万五、五三八回にのぼる大動員である（表7参照）。その他に一九三七年－一九三九年間に病院慰問二五〇回、病院労力奉仕三四四回で一万三、八三九名を動員し、更に慰問袋一〇万〇、三八六袋を作成し大量発送するという凄まじさであった[56]。

表6．愛国婦人会広島県支部会員数

年	会員数
1926	44,405人
1927	44,705
1928	47,836
1929	48,600
1930	48,680
1931	49,108
1932	52,407
1933	53,529
1934	55,121
1935	58,068
1936	69,967
1937	122,886
1938	146,889
1939	158,075
1940	169,733
1941	183,440
1942	183,440

出典　『愛国婦人会広島県支部沿革誌』による。
(注)1942年２月解散当時数。

ちなみに県愛婦『沿革誌』（四七－四八頁）によると一九三七年（五月調）広島市愛婦会員数は、一万九、五三三人、呉市会員は一万三、八七九人であった。部隊、傷病兵等の送迎は、主に広島、呉等の都

表7．愛国婦人会広島県支部部隊その他送迎表

		部隊送迎	患者・転送患者出迎・見送	遺骨出迎	慰霊祭参列	小計
1937年	回数	270	332	62	60	724
	出向会員	9,137	6,789	1,365	631	17,922
1938	回数	327	484	59	17	887
	出向会員	12,773	16,542	2,134	991	32,440
1939	回数	421	420	51	3	895
	出向会員	15,287	5,959	899	138	22,283
1940	回数	735	859	121	－	1,715
	出向会員	14,578	6,060	2,255	－	22,893
小計	回数	1,753	2,095	293	80	4,221
	出向会員	51,775	35,350	6,653	1,760	95,538

出典　『愛国婦人会広島県支部沿革誌』252頁による。
但し、1937年、1939年出向会員合計数は正しく訂正した。

市に集中したことを考えると、県愛婦の軍事援護は全会員をあげての活動であったといえよう。

県愛婦の軍事援護活動は、既に満州事変以来精力的に行なわれ、一九三三年には県知事の感謝状を受けていた[57]。日中戦争勃発後、愛婦は本支部挙げて軍事援護を最重点とする婦人報国運動を展開した。例えば一九三九年広島陸軍病院へ患者輸送用自動車二台（一万六、〇〇〇円）をはじめ、各地に多くの献納をした。同年の愛婦の軍事援護事業全国経費は、二千数百万円の巨額を算したという。これら資金の捻出に地方支部も苦慮したと記されている[58]。大林村役場文書にも、満州事変以来「新たな会員増による財源確保」（一九三三年）、「会員倍増加運動、各町村女子人口の百分の一二の会員募集」（一九三六年）などの県愛婦支部長から市町村分会宛ての発信がみられる。『中国新聞』は「非常時だというのに、愛婦広島支部費が渋りがち、滞納率が三割七分だ」と嘆いた。同紙によると県愛婦の支出費の約五割が、軍人遺族、廃兵、現役軍人留守家族扶助その他軍事援護に用いられ、二割が社会、教化各事業に使われているという[59]。

県愛婦の社会事業関係の取り組みは、報道の如く低調であった。満州事変後、出征家族の増加による農村労働力の不足は深刻であった。行政も女性団体も農村自立更生の一助としても農繁期託児所設置が重要な課題であった。県愛婦は一九三五年頃から農繁期託児所を町村分会に設置したが、軌道に乗るのは日中戦争が膠着状態となる一九三九年以降といえよう（表8参照）。

表8．農繁期託児所設置数と補助金

	設置数	補助金(円)
1939	390	2,395
1940	358	2,329
1941	361	2,286
合計	1,109	7,010

出典　『愛国婦人会広島県支部沿革誌』262～263頁。

②　愛国子女団結成と活動

県愛婦が直面する課題は、一、会員増加による財源の確保、二、第五師団管下における夥しい部隊の送迎出動会員、三、出征兵士の慰籍に必要な人手（慰問袋、千人針縫等）、四、出征留守家庭への労力奉仕等で、新興の国婦とどう対抗するかであった。[60]その打開策として一九三三年一二月、町村分会、分区制機構改革が行なわれ、分会長は市町村長夫人、分会副長は名望家夫人や女子教職員、女子青年団幹部等と規定された。同時に「第二の国民たるべき子女」を愛婦会員の別動隊として組織に引き込むことを謳った。[61]

この愛国子女団組織については、同年一一月愛婦総裁依仁親王妃周子の論旨「愛国子女団ノ目的」は、つまるところ「愛国婦人会員タル素質ヲ涵養セシムルコトヲ期スルニ在リ」に基づき進められた。[62]県愛婦は直ちにこれに応じ、翌一九三四年広島市内県立高等女学校他八校において子女団設置勧誘の講演を行なった。講演を聴いた県立高女と進徳高女の学生が、直ちに「武運長久と皇威の発揚」を念願するという書面を添え出征兵士に千人針を寄贈した。[63]女学生は敏速に反応し、子女団はその後の国民精神総動員運動と連動して、短期間に組織されていった。

愛国子女団は全国的には一九三九年から結成されるが、女子中等学校が最も多く、次いで分会区内の女子青年団、その他は小学校、工場、デパートで働く女性という順で、年齢は一〇歳以上二〇歳以下となっている。名称は少女団、処女団、子女団と三種類に区分されている。[64]

県愛婦子女団結成のトップを切ったのは、一九三五年二月広島県立高等女学校である。全校生徒、職員を団員とし、団長の梅林寺校長は、子女団の要旨である敬神崇祖、報国運動、軍事援護、社会奉仕が学校教育の一層の拡充に資するものと位置づけた。発会式には軍部、愛婦、県市教育会の代表が出席した。[65] 子女団の結成は、女学校教育と愛婦の婦人報国運動との一体化に依り、思春期女子学生の人格形成過程に軍国主義教育を根づかせ、自発的に軍事援護運動に参加する思潮を高める役割を果たした。県愛婦は公私立高等女学校毎に愛国子女団を矢継ぎ早に設置していった。県愛婦という一女性団体が行政並みに中等教育の現場と丸ごと直結し、学校側もこの要請に応えるという異常な社会現象は、これまでの歴史に見られぬものであった。

県愛婦愛国子女団の結成は、一九三五年―一九四〇年の六年間に四三団体を組織し、団員数二万一、四二〇人を記録した。これは県内市町村郡部に至る高等女学校、実業女学校総数の約九〇％に設置されたことになる。日中戦争開始の一九三七年、子女団結成数はピークの二二団体、当年までに大部分の四〇団体（団員数一万六、二三三人）が結成された（表9参照）。同年の全国愛国子女団設置状況によると、子女団総数は四五三団体、団員数一三万六、六八八人である。県愛婦子女団数は、最多の福岡（五三団体、団員数一万七、七九四人）に次ぎ、広島県の場合はすべて中等学校に設置されていた。[66] この全国調査からも県愛婦が、いかに女学校との癒着を強めたかを知ることができる。その証左の一端として、広島市（七団体）と呉市（六団体）の県愛婦子女団の結成校名、結成年及び団員数を表10に示した。

愛国子女団の活動綱領は、三つの柱、①国体観念の闡明（敬神崇祖、報国運動）、②軍事援護、③勤労奉仕、から成る。模範的活動を行なったといわれる広島県立高等女学校子女団を例にその内容をみよう。[67]

表9．広島県下高等女学校愛国子女団結成年と団員数

市郡＼結成年	広島	呉	尾道	福山	安芸	佐伯	安佐	高田	賀茂	豊田	御調	世羅	沼隈	深安	芦品	甲奴	双三	比婆	小計
1935	2	1	1	2						1	1	1	1			1	1		12
1936	1			1			1		2						1				6
1937	4	5	1		1	1	1	2	1	2	1		2	1					22
1938										1									1
1939																		1	1
1940											1								1
計	7	6	2	3	1	1	2	2	3	4	3	1	3	1	1	1	1	1	43
団員数	5,494	4,269	1,150	2,694	91	88	938	470	1,082	1,553	627	241	765	263	692	235	544	224	21,420

出典　『愛国婦人会広島県支部沿革誌』1943年
附録愛国子女団編1～64頁により作成。

表10．広島市、呉市における愛国子女団結成校

	愛国子女団結成校名	結成年	団員数
広島市	1．広島県立高等女学校	1935．2月	1,245人
	2．進徳高等女学校	1935．9月	1,566
	3．土井田高等洋裁女学校	1936．11月	143
	4．広島愛仁高等女学校	1937．2月	163
	5．広島西高等女学校	1937．3月	321
	6．広島女学院高等女学部	1937．5月	710
	7．山中高等女学校	1937．5月	1,346
		小計	5,494人
呉市	1．呉精華高等女学校	1935．3月	762
	2．呉市丸橋女子学園高等女学校	1937．3月	557
	3．呉市土肥学園高等女学校	1937．4月	792
	4．呉市立高等女学校	1937．4月	892
	5．県立呉市高等女学校	1937．4月	1,116
	6．呉市立実科高等女学校	1937．5月	150
		小計	4,269人

出典　『愛国婦人会広島県支部沿革誌』
附録愛国子女団編により作成。

一、敬神崇祖に関する事項――東方遥拝、神社参拝（護国神社、白神社等）。
二、報国運動に関する事項――愛国貯金、廃品蒐集（金属、ガラス屑、古ゴム靴、綿、木綿屑、古雑誌、新聞他）の売上金献納。
三、軍事援護に関する事項――出征帰還兵士や傷病兵、遺骨の送迎（例年年間三〇回前後）、慰問袋を第五師団司令部に送付（例年数百個作成）、千人針作製（年間二〇〇枚前後作製、県愛婦へ送付）、傷病兵慰問大会開催等。
四、社会事業に関する事項――夏休中八月中旬、広島市社会事業婦人会託児所の手伝い（三日間、五年生約七〇名）、交通安全週間中、繁華街の交通整理の手伝い。
五、勤労作業に関する事項――校外集団勤労作業。

この県立高女子愛国女団にみられるように子女団の活動は、学校生活全域に軍国主義教育を浸透させ、軍都広島の女学生像を作り上げた。同校同窓誌『皆実有朋』（一九八二年刊）によれば、一九四〇年には広島市観音町に県総合運動場の建設、そのほかに吉島飛行場の整地作業等、学校生活の中で、勤労作業が重要な位置を占め、楽しかるべき女学校生活が変質していった、と述べられている。

では県内子女団が一九三七年から一九三九年（当時、子女団数四二、団員数二万人余）までに行なった軍事援護活動を具体的にみよう。(68)

一、千人針作製	二二、九六二枚
二、お守袋裁縫	二五、〇〇〇枚
三、患者用肌着、褌裁縫	一〇、一二〇枚

四、患者慰安絵画短冊寄贈　一、七一六枚
五、同上雑誌寄贈　七、一五〇枚
六、国防献金　二、九四六円三三銭
七、慰籍……出征留守宅慰問、慰問文発送、慰問袋、慰問品発送、慰問会開催。
八、弔意……弔問会葬、弔問状発送、墓参。
九、祈願講演……神社清掃祈願参拝、時局講演、報国座談会。
十、手伝い……休暇中軍需品裁縫、留守家族の裁縫、洗濯、農事。廃品蒐集、休閑地植樹。

以上が県内高等女学校に網羅された県愛婦別働隊としての子女団活動の大方の実態である。

こうした県内子女団の活動を地元の新聞は、写真つきで入念に紹介し女学生の報国運動熱を煽った。例えば一九三六年一月二六日『中国新聞』は県愛婦が第一回愛国子女団懇談会を召集し、県立高女子女団はじめ一二団体の参加を得、時あたかも選挙粛正強調日にあたり、愛婦本部の粛正ビラを彼女たちに配布して注意を喚起した、と報道した。県愛婦は女学生に選挙粛正運動の手伝いをさせたのである。あるいは日中戦争勃発後の一九三八年一二月一八日同紙は、県北部の高田郡向原高等女学校子女団が慰問袋、千人針、廃品蒐集、献金、出征留守家族の農事手伝い等涙ぐましい活動を続け、郷土出身の兵士を感激させた、と伝えた。

このように県愛婦が県内高等女学校のキリスト教や仏教系、洋裁学校を問わず、別働隊としての子女団を結成し、軍事援護活動の実効を高めつつ、軍国主義教育に深く関わった団体は、他の女性団体にみられない特徴であった。広島県は全国的にも特異なケースといえよう。

3　広島社会事業婦人会の活動

⑴　無料乳幼児託児所設置

一九三〇年代は県内における連婦、国婦、愛婦官製三団体が、競い合って総力戦に向け国民精神総動員運動、軍事援護活動に主力を傾け推進してきたことは先に述べた通りである。その一方で人的資源の確保という観点から、我が国の人口対策、特に多産多死対策が焦眉の課題とされた。『社会時報』[69]によると、県内一九二六年出産数六万五、〇三九人、その内死産が二、九七六人、一歳未満乳幼児死亡数四、八三八人で、同年死亡総数は七、八一四人となり、一か年出産数の一二％を占めた。とりわけ農村における乳幼児死亡率が高く、妊産婦及び乳児保護対策が社会問題となった。

更に満州事変以来、出征兵士の留守家庭の乳幼児を抱えた母親労働者が急増し、農繁期託児所開設と都市における乳幼児保育所設置が緊急の課題とされた。連婦、愛婦両団体が、農繁期託児所開設に多少とも協力したことは前述した通りである。

こうした社会的背景により、一九二九年一一月広島社会事業婦人会（以下広島社事婦と略称）が、広島市社会課の要請で市方面委員が市内有産層女性に呼びかけて創設された。『会の概要』によると「本会は会員組織として薄幸なる乳幼児並婦人保護、其の他の社会事業をなす目的」と記されている。その最初の事業が三歳以下の無料乳幼児保育所の開設であった。当時、不況による失業者が広島市内だけで約三、〇〇〇人（一九三〇年一月）を数え、更に世界恐慌に巻き込まれ、家庭崩壊が深刻化する中で、行政側の緊急な対応が迫られていたのである。

この無料乳幼児保育所設置に至る経緯を、地元の新聞が次のように伝えている。当時、乳幼児依託の申し出が、市社会課に対して毎日殺到した。例えば某左官は、妻に先立たれ五歳の女児と乳児の長男を連れ仕事もできず、捨て子をしようとさ迷っていたのを市が救った。また或る製糸工場の女工は日給七〇銭を稼ぎ、乳児託児所料一日三〇銭を支払った残金四〇銭で一家四人を扶養している。或る小学校教師は五人の子供を残して不治の病で死去、妻は乳児を抱えて職を求めることもできず、生活難から死のうとした、など貧窮父母たちの無料乳幼児保育所の要望が数多く出され、行政も看過できない状況であったという。(70)

一九二九年四月救護法が公布されたが、実施されるまでに三年かかり（一九三二年施行）、母子保護法制定運動（一九三八年施行）は、この時期無産女性団体によって展開中であった。(71) このように社会事業法実施以前において、市行政指導のもとで広島社会事業婦人会が、県内ではじめて女性による自主的運営の無料乳幼児託児所をどのように立ち上げていったかをみよう。

先ず市社会課、市女性方面委員四名（大野ツネ、岩田ヒデ子両名共仏教徒と、岸本コウ、福永きくに両名クリスチャン）らが事前に調査し協議を重ね、乳幼児保育所設立の趣旨を全市女性に訴え、寄付を募った。その反響は大きく僅か一カ月に二、六〇〇余名の会員を得、保育所新設資金を集めた。保育所経営費は、すべて会費と寄付金で賄い、県市の補助金を得た。会長には市長夫人、副会長に早速千代野（父早速整爾・元農林、大蔵大臣、母柳子・芸備日日新聞社経営の長女）が就任し、三宅いずみ（方面委員、その後設立の母子寮々長）、梅林寺千代子（中山高等女学校長夫人、愛婦評議員）、伊藤正子（千田町小学校々長夫人）、古賀ミツ（修道中学校々長夫人）ら市内上流インテリ層の女性が役員を務めた。市内国泰寺町に借家し、乳幼児保育所を開設（昼夜保育）、当初は三歳以下の乳幼児で定員二五名とし、保母二名、助手一名で始めた。(72)

『呉日日新聞』が、広島社会事業婦人会無料幼児保育所設立前後（一九二九–三〇年）を詳細に報道している。保育所開設以来、児童数が増加し保母三人では背負い切れぬため、ボランティア保母が協力している（一九三〇年六月二八日）とか、申込者が殺到してその半分も収容しきれない（同年七月一二日）等、開設したばかりの民間保育所自主運営の困難を伝えた。

表11. 広島市乳幼児保育所　1936年度

	組　織	保育所名と設立年
幼児保育	市営	東隣保館託児部（1924年）、 西隣保館託児部（1924年）、 草津託児所（1925年）、仁保託児所（1930年）、 広瀬託児所（1930年）、江波託児所（1930年）、 三篠託児所（1933年）、楠那託児所（1933年）、 荒神託児所（1935年）、海上託児所（元宇品、1936年）
	日本メソジスト教会	愛光園（福島町1919年）
	財団法人	宇品託児所（1929年）
	官営	広島陸軍被服支庁託児部（1921年） 広島陸軍兵器支庁託児部（1922年） 宇品陸軍糧秣庁託児部（1923年） 広島地方専売局託児部（1928年）
乳児保育	会員	広島社会事業婦人会乳幼児保育部（1929年）
	日本メソジスト教会	愛光園（1935年）

出典　『広島市統計書』の社会事業による。

広島市において広島社事婦が、初めて三歳以下の乳幼児保育所を開設したのであるが、当時、市内の保育所設置状態はどうであったか。表11を見ると一九二〇年代前半、最初に福島町のキリスト教会立愛光園が設立され、次いで陸軍軍需工場三ヵ所に託児部、尾長、福島両町に市営二ヵ所と続いた。一九二〇年代後半に地方専売局、そしてこの会員経営の広島社会事業婦人会・乳児保育所が設立されたわけである。一九三〇年代に入って、各地区に保育所が設立されるようになるが、学齢前の幼児を対象とし、乳児保育は皆無であったことがわかる。一九二九年に広島社事婦、一九三五年に愛光園の二ヵ所に乳幼児保育所開設のみである。全国的にみれば、「常設託児所八九〇ヵ所の受託児八万人の中、乳児は僅か二・五二%、一、〇〇〇余名に過ぎない現状である」[73]と浦辺史は「託児所の現状」で述べている。こうした状況に対して前掲地元新聞は、民間社会事業の限界を説き、政治の力で保育所を設置すべきであって、女性がもっとも与論を起こすべきだ、と鋭く指摘している。(74)

広島社事婦の無料乳幼児保育が軌道に乗るのは、一九三三年三月、木造二階建、延坪数八三坪余の当時中国一といわれた新築保育所が落成してからといえよう。それは市内南竹屋町の資産家甲島セイが、亡夫甲島大吉（元牧場主）の意志により敷地九三坪余と建築費六、〇〇〇円を寄贈したことによって実現した。また設備として浄化装置、水道、電気、ガス、正門塀垣、寝台家具、運道具、庭木一切で約二、七〇〇円は市内篤志家の寄付によるものであった。新館落成写真は見事な近代的建築である。(75)

乳幼児託児数は、前述のように当初、定員二五名（昼夜間）であったが、次第に増えて一九三七年から五〇名とされた。一九三三年度以降、年間依託延べ人数が七、〇〇〇余名で、それ以前の倍になっている（表12参照）。夜間保育人数については記録がないが、『広島市報』（一九三四年四月一〇日）によると、「二月中に預かった延べ人数は昼間のみの者九〇六人、昼夜間通の者四五六人、大抵一日平均三〇人前後である」と記述されているところから、夜間保育児数は、一日一五～六人と推測される。

同市報に乳幼児依託父母の職業調査を載せているので、表13にまとめてみた。父母三二名中女工七名が最も多く、在監者、病気、失業が各三名もある、と注記されている。職業からみて貧民層が推測されるが、事実一カ月収入は二五円前後で一家三人とすれば一人平均八円程度の生活者が多い。その内収入の高い順でみると、次のようである。

一、運送店事務員（妻病気）　四五円
二、指物師（妻の収入九円含む）　三六円
三、土工（妻の収入六円含む）　二八円

四、女給（夫失業）　二五円
五、理髪師　二三円
六、家事手伝い　一八円
七、女工（夫死亡）　一二円

表12．広島社会事業婦人会乳幼児保育部託児数

年	入所			本年中預り延人数		
	男	女	合計	男	女	合計
1931	19	16	35	2,946	1,577	4,523
1932	25	27	52	1,578	1,818	3,396
1933	30	26	56	3,484	3,819	7,303
1934	37	38	75	3,642	4,095	7,737
1935	25	28	53	3,418	4,095	7,513

出典　『広島市統計書』社会事業による。

表13．広島社会事業婦人会乳幼児託児所依託父母の職業（32名）　1934年

人数	職業
7人	女工
3	在監者
3	病気
3	失業
2	仲居
各1	家事手伝、理髪師、事務員、裁判所勤務、被服支廠労働者、畳職、女給、芸妓、産婆、土工、材木商手伝、菓子職、炊事婦、編物習得中の者

出典　『広島市報』第36号、1934年4月10日
社会事業婦人会乳幼児保育部調査による。

また二九名中（調査表人数と異なる）、父親死亡者二、母親死亡者四、行方不明者二、離別者一で、貧窮父母の状況が現れている。

この時期（一九三四年）当保育所では専任保母四人、助手一人が、父母の中には二日も三日も更には長期にわたって迎えに来ない保育に取り組んだ。市民女性のボランティアも盛んであったようで、先に述べた県立高女愛国子女団が夏休み中の行事にこの保育の手伝いを組んだり、市内女学校卒業の女性二人が（四〇歳と二五歳）、保育

ボランティアを申し出た、などの記事がみられ戦時女性の乳幼児保育への関心は高かった。[76]広島社会事業婦人会乳幼児保育部は、一九三二年二月、設立二年余にして優良社会事業団体として広島県の表彰を受け知事奨励金を得たのである。[77]

(2) 戦時母子福祉活動

① 乳幼児無料巡回診療

広島社会事業婦人会は、無料乳幼児保育の他に乳幼児高死亡率対策として、毎年開催された全国乳幼児愛護週間の主催団体（県市社会課、広島社会協会、愛婦、市産婆会、広島生活改善会、広島児童愛護会、広島社会事業婦人会）に参加した。一九三四年の乳幼児愛護週間を例に挙げると、主に優良児選奨会と無料巡回診療を行なっている。広島社事婦は、無料巡回診療を担当し、六歳以下の貧困家庭（カード階級）の乳幼児の衛生、栄養面のために県病院小児科医師の協力で健康診断を行なった。市内一五方面区別に巡回し、約三ヵ月間に三五回の診療をし、受診者四、三六一名の多数であった。その内栄養不良児約三〇〇名に一日一合の割合で、短期は一〇日間、長期は五〇日間牛乳を無料配給した。健康障害児の総数一、三八二名、その内最多数が一歳以下で三八三名、次に二歳以下三五四名で、一－二歳の乳児が健康障害児の半分を占めた。以上のような市内「方面別診療状況」を発表し、乳幼児保育指導や保育思想の普及につとめた。[78]民間女性社会事業団体が、行政や医療機関と相提携し、他団体との協力を得つつ乳幼児保育、乳幼児保健・衛生問題に取り組んだ行動力は、一九三〇年代戦時体制下における特記すべき一面といえよう。

② 母子寮開設など

広島社会事業婦人会は、その他母子福祉に関連する社会事業を創設した。一九三三年五月、保育所新館落成の年、広島花嫁学校（市内竹屋町小学校）を開設、結婚適齢期の女子に将来の母親、主婦としての教養を高めることが目的だという。入学者は一般に女学校卒業者で中流以上の女子であった。東京から山高しげりを講師に迎えたこともあった（元会員、伊藤正子氏から聴取り）。一九三八年五月、第六回目の開講は、受講者八五名の多数であった。「日中戦争下、国民精神総動員運動の一環として、新しい時代の花嫁養成を考えている」と報道された。その開講式の写真には、セーラー服の女子学生が多く参加している。[79] また一九三五年三月、生活改善部（広島市社会課）を設け、巡回健康診断事業なども実施した。

とりわけ注目されるのは、母子保護法施行（一九三八年）以前の一九三六年六月に母子寮を開設していることである。当初は乳幼児保育所の近くに借家（七世帯収容）したが、日中戦争勃発後、母子寮の必要性が高まり、一九三九年県の補助金を得て、二階建新館を落成した（一八世帯収容）。合計二五世帯定員であるが、聴取りによると、入寮者は出征軍人の家族や遺族が多いという（表14参照）。自活力のない母親や子供の生活を援助したり、生計のために被服廠で働く母親もいた。

広島社事婦が一九三〇年代に女性の力で展開した貧困家庭の母子福祉事業（無料乳幼児保育所、乳幼児無料巡回診療や母子寮等）は、日中戦争勃発後、銃後社会事業に傾斜していった。一九三八年四月の広島県私設社会事業連盟第七回総会（於福山市）に、県内社会事業団体三六団体に広島社事婦も加盟団体として参加した。その内広島市内の一四団体を挙げると、広島育児園、協和会、広島修道院、広島無料宿泊所、宇品学園、広島養老院、一致協会、大日本愛人会、広島保護院、広島連合保護会、広島社会事業婦人会、慈悲之友会育成園、広島黎民館、広島市方面事業助成会等で、キリスト教、仏教等の宗教的立場を超えて社会事業団体の結集をはかった。宣言と決議には、国民精神総動員の下、私設社会事業報国を誓った。

表14．1938年度母子寮事業成績

	世帯数	区　分	収容人数
月平均	13.4人	軍　7.9人	20.4人
		普　5.0人	19.6人

ここに我が国近代社会が副産的に生みだした貧民層に対して、営々と築かれて来た救貧活動の歴史も、戦争政策の一環に組み込まれていった。一九四〇年には広島社会事業婦人会々長、早速千代野と同会母子寮々長、三宅いずみが、呉海軍寮母、辻村たかと共に全国社会事業功労者として政府から表彰された[80]。同年を境に我が国はファシズム体制確立期に入り[81]、一九四二年には女性団体の統合組織・大日本婦人会が成立することになる。

戦後、原爆の廃墟の中から一九四七年広島市は市内基町に戦没戦災、引揚者の母子保護、救済のために母子寮（六〇世帯収容）と保育所（定員八〇名）を再建した。その広島母子寮（広島和光園と改称、一九六五年宇品に移転）は恩賜財団同胞援護会の事業依託とされ、寮長に早速千代野が就任した。彼女は敗戦下の母子家庭や戦災孤児の苦況と救済を社会に訴え「新憲法の精神に則って母と子の地位を鞏固なものに」と戦争の反省をこめて語った[82]。

おわりに

戦前広島県における地域婦人会が、政府、県市当局の近代化と国民教化の両面指導を受けつつ育成、統合されてきた過程を地元新聞や役場文書等限られた資料で検討を試みた。本論起稿の動機は、日本女性が地域婦人会のみならず市民、無産女性団体も国家統合に組み込まれ、戦争への道をひた走るに至った道程はどのようであったかの解明である。

地域婦人会は、本来各地域の生活に密着した諸要求（例えば妊娠出産、子供の保育や当時死の病とされた結核等）や、困り事相談などができる身近な小集団である。その証左として全関西婦人連合大会に参集した各地の婦人会から様々な女性問題が提議され討議されたことは本章でもみた通りである。毎年大会回数を経るにつれ、地域婦人会が民主的覚醒をしつつあったことも確かであった。

それだけに行政側は全国女性に対する教化政策の徹底には難渋した。だが昭和恐慌や満州事変を契機に女性大衆は、戦争政策賛同の立場に一転した。これは第一次大戦後以来、政府が一貫して行なってきた総力戦に対応できる女性政策の成果といえよう。

更に統合の決定打は、女性の自発的行動から発した軍部・在郷軍人会による町内隅々に至る国防婦人会組織であった。国婦解散（一九四二年）に伴い翌一九四三年『大日本国防婦人会十年史』が編纂されるが、そこには発会一〇年にして一、〇〇〇万人を超える会員を得た驚異的発展を賛美し、女性の自然発生的自主的行動であったことが強調されている。『十年史』は日本女性の戦争協力史の圧巻である。女性が自らの意志で、女性側のファシズムの完結をなしたといえないであろうか。

注

（1）大日本連合婦人会に関する研究は、前掲『近代日本婦人教育史』、阿部恒久「大日本連合婦人会小史」、『民衆運動と差別・女性』雄山閣、一九八五年等がある。
（2）『婦人年鑑』第三巻、復刻版、日本図書センター、一九三七年、三三頁。
（3）広島県安佐郡大林村役場文書、No.633、一九三三年二月。
（4）『広島県戦災史』広島県、一九八八年、一〇八頁。
（5）『中国新聞』一九三三年三月七日。
（6）同右、一九三三年五月八日。
（7）・（8）河内村文書、No.569.
（9）・（10）同右、No.568.
（11）『中国新聞』一九三三年一二月一九日。

(12) 選挙粛正中央連盟は、中央に本部をおく女性団体三五団体に呼びかけ、選挙粛正婦人連合会を結成させた。委員長、吉岡弥生、中央連盟評議員に山脇房子、吉岡弥生、島津治子、守屋東、市川房枝ら五名が任命された。
(13) 大林村文書、No.538. 一九三六年二月一三日。
(14) 前掲『広島県史』近代2、七五一－七五二頁。
(15) 『婦女新聞』一九三五年七月二八日。
(16) 同右、一九三五年七月一四日。
(17) 同右、一九三六年二月二日。
(18)・(19) 河内村文書、通牒、一九三五年九月一三日。
(20) 大林村文書「棄権防止ニ関スル件依命通牒」一九三六年一月三一日。
(21) 同右、「選挙粛正婦人講演会竝ニ協議会要領」一九三七年四月一七日。
(22) 『中国新聞』一九三七年四月二三日。
(23) 大林村文書「衆議院議員選挙粛正運動ニ婦人団体ノ協力ヲ求ムル件」一九三七年四月六日、広島県総務部長・学務部長。
(24) 『中国新聞』一九三七年四月二三・二四日。
(25) 大林村文書、一九三六年執行、衆議院議員選挙棄権調。
(26) 『昭和の歴史』6、「昭和の政党」粟屋憲太郎著、小学館、一九八三年、二六五頁。
(27) 同右、一三八頁。
(28) 藤井忠俊著『国防婦人会』岩波新書、一九八五年、三八頁。
(29) 『大日本国防婦人会十年史』大日本国防婦人会十年史編纂事務所、一九四三年。
(30) 『愛国婦人会四十年史』愛国婦人会発行、一九四一年。
(31) 前掲『国婦十年史』二六七頁。
(32) 『中国新聞』一九三三年九月一九日。
(33) 同右、一九三三年一一月一〇日。
(34) 『婦女新聞』一九三四年一〇月四日、「問題の国防婦人会」。

(35)同右、一九三五年六月三〇日。
(36)同右、一九三五年一〇月二七日。
(37)河内村文書「大日本国防婦人会分会結成名簿」一九三八年九月一日調、及び『広島戦災史』一二九頁。全国分会数は前掲『国婦十年史』二六〇頁。
(38)『呉市公報』一九三七年六月二五日。
(39)同右。
(40)河内村文書、前掲「分会結成名簿」による。
(41)『中国新聞』一九三七年八月二日。
(42)前掲『広島県史』近代2、九〇四頁。
(43)『中国新聞』一九三九年六月一三日。
(44)同右、一九三八年五月二六日、「銃後にたぎる熱誠」。
(45)『呉国婦』一九三八年一〇月二〇日。
(46)『中国新聞』一九三九年三月三〇日。
(47)五日市町役場文書、河内村 No.571. 一九三八年二月記録簿「大日本国防婦人会河内村分会」(ペン字)。
(48)河内村文書「国防婦人会分会役員様」一九三九年五月二四日。
(49)同右「国婦広島地方本部」一九三八年四月一六日。
(50)『中国新聞』一九三八年一月一日。
(51)同右、一九三九年一月一日。
(52)同右、社説「銃後婦人戦線の統一」一九三八年一一月一〇日。
(53)河内村文書、一九三九年九月五日「軍事援護に関する広島県婦人団体幹事協議会」委員・多賀静代(広島)、坂田カメヨ(呉)、森川佐乃(福山)らが軍事援護活動の申し合わせをした。
(54)『愛国婦人会広島県支部沿革誌』愛国婦人会広島県支部精算事務所発行、一九四三年、七-八頁。
(55)前掲『愛婦四十年史』付録。
(56)同右、二九〇頁。

(57) 大林村文書、一九三三年九月一八日、感謝状・愛国婦人会広島支部「日支事変勃発以来（満州事変）軍隊ノ出動及凱旋並傷痍軍人ノ歓迎恤兵慰籍等ニ尽サレタル効労洵ニ顕著ナリ、依テ茲ニ感謝ノ意ヲ表ス」広島県知事湯沢三千男。
(58) 前掲、『愛婦四十年史』七九五―七九六頁。
(59)『中国新聞』一九三五年一月一四日。
(60) 前掲『国防婦人会』九四―九七頁。
(61) 大林村文書、No.3317.「愛国婦人会の機構更新に就いて」愛国婦人会広島県支部。
(62) 前掲『愛婦沿革誌』九頁。
(63) 同右、一六六―一六七頁。
(64) 前掲『愛婦四十年史』五四四―五四五頁、『愛婦沿革誌』四二二頁。
(65)『中国新聞』一九三五年二月八日。
(66) 前掲『愛婦四十年史』五四五頁。
(67) 前掲『愛婦沿革誌』、『皆実有朋』八〇周年記念誌、一九八二年。
(68) 前掲『愛婦四十年史』二九二頁。
(69) 嶂南慧海「貧困妊産婦保護の取り扱いに就いて」『社会時報』広島県社会事業連合会、一九三〇年九月号。『日本社会事業年鑑』によると我が国の一九二四年度における満四歳以下の死亡数は四七万五、六一五人で、全死亡数の約三七%を占めた。その内満一歳未満の乳児の死亡が過半数である。
(70)『呉日日新聞』一九二九年七月八日。
(71) 拙稿「戦前における母子保護法制定運動の歴史的意義」『歴史評論』一九八〇年、三六二号参照。
(72) 田代国次郎「ヒロシマ草の根福祉群像」その4、『河』第二四号、一九八三年。宮本モヨ「広島社会事業婦人会と故早速千代野女史のあゆみ」、『広島県社会福祉研究会々報』第三号。『広島市報』広島市役所発行、一九三三年二月二五日。前掲『社会時報』一九三五年五月号、三宅イズミ「広島乳児保育所の出来る迄」。
(73)『婦女新聞』一九三八年一〇月三〇日。
(74)『呉日日新聞』一九三一年一一月二二日。

(75) 前掲『広島市報』一九三三年三月二五日。
(76)『呉日日新聞』一九三八年四月三日。
(77)『中国新聞』一九三二年二月一一日。
(78) 前掲『広島市報』一九三四年八月一〇日。
(79)『中国新聞』一九三八年五月二日。
(80)『婦女新聞』一九四〇年二月一八日。
(81) 安部博純「日本のファシズム体制論」『日本のファシズム』(1)、大月書店、一九八三年。
(82)『広島和光園要覧』、早速千代野「母と子」ラジオ放送ペン書き原稿、一九四八年一月一九日。

あとがき

本書の構成は第七章を除いて、左記のように歴史学研究に投稿、掲載された発表順から成っている。初出論文名を記しておく。

第一章　「大正期ブルジョア婦人運動と婦人教師——新婦人協会広島支部設置をめぐって——」（『歴史評論』一九六八年九月号）
第二章　「婦人教師と女性解放思想の発展——昭和初期小学校女教員の解放要求をめぐって——」（『同右』一九七一年五月号）
第三章　「昭和初期婦人参政権運動の形成とその展開——婦選獲得同盟広島支部結成を中心にして——」（『同右』一九七七年三月号）
第四章　「戦前における母子保護法制定運動の歴史的意義」（『同右』一九八〇年六月号）
第五章　「広島県女給同盟に関する一考察」（『芸備地方史研究』一九八一年一〇月号）
第六章　「一九二〇年代—一九三〇年代の廃娼運動とその歴史的意義——広島県を中心にして——」（『歴史学研究』一九八六年一〇月号、後に総合女性史研究会編『日本女性史論集』9　吉川弘文館一九九八年に転載）
第七章　「一九二〇年代—一九三〇年代地域女性団体の形成・発展と屈折」（第一節、一九九四年、第二節、一九九八年、未発表）

右のように私は一つの論文をまとめては、主に『歴史評論』に投稿した。審査、掲載までに一年から一年半かかった。この間、研究論文の段落の取り方とか論旨の曖昧点など指摘され、懇切な指導を受けた。『歴史評論』や『歴史学研究』は、私にとってさながら大学院の通信教育であった。両誌編集委員の先生方に深く感謝している。

またテーマによっては、専門知識を得るために広島大学の講義を聴講した。故芝田進午教授からは近代哲学を、広大に出張講義に来られた安部博純教授、木坂順一郎教授、鈴木隆史教授お三方の講義からは近代史の真髄に触れ、感動を覚えたものである。あるいは広島県立女子大学では聴講生として社会福祉学の田代国次郎、故河合幸尾両教授に就き「母子保護法制定運動」に結びつけることができた。同大学の故甲斐英男教授のゼミ、青木剛教授の資本論など興味深いものであった。ここにお名前を記して謝意としたい。

ところで私が女性史を学ぶ契機となったのは、高校時代からの親友・中山恵子さん（当時同じ職場で名古屋市立今池中学校教諭、後に市婦人問題担当室長）の呼びかけで、一九五九年一〇月名古屋女性史研究会を立ち上げたことである。発会に至った経緯や活動については彼女の著書『お言葉を返すようですが』（中央出版、一九九二年）に詳しい。発会につながったのは二〇歳代半ば、朝日女性サークルの日本近代史講座で故信夫清三郎名古屋大学教授が、第二次大戦は自由主義とファシズムの戦争であったと語られ、目から鱗の思いであった。我々女性教師も社会の動向を正確に把握し、再び誤った判断をしないように女性史を学ぶことから始めようというのが原動力であった。

研究会は近代史の長谷川昇先生（当時東海高校教諭、後に東海学園大学教授）を中心に一〇名足らずのメンバーで毎週学習会を続けた。一九六二年には『福田英子研究』という会員の思い入れをこめた小論集を出した。その頃私は後髪を引かれる思いで宮崎に転居していた。一九六八年の最初の論文は、長谷川先生の助言で正鵠を得たし、『歴史評論』に投稿を勧めてくださった。私の人生に忘れ得ぬ邂逅の人であった。研究会は一九六九年『母の時代――愛知の女性史――』（風媒社）を結実させた。後に会員の中から優れた著作が現わされていることを知り（ユリシリーズ・

グランド・モルフィー著、小川京子訳『石つぶての中で――モルフィーの廃娼運動』不二出版、一九八四年や、中村雪子著『麻山事件』草思社、一九八三年など）、当時の会員の女性史熱は本物だったのだと感慨深いものがある。

一九七〇年代後半から八〇年代にかけては女性史高揚期を迎え、その担い手となった二つの研究会に参加する幸運に恵まれた。一つは京都の脇田晴子氏（現滋賀県立大学教授）らの女性史総合研究会で、若い学者、専門家集団の研究発表は熱気に包まれ、圧倒されるほどの企画で多くを学んだ。特に『あゝ野麦峠』（朝日新聞社、一九六八年）の作者山本茂実氏が製糸女工からの精力的な取材の方法（聴き取り）について語られ、感銘を受けたものである。この研究会は女性史、女性学、文学のジャンルを超えた専門家集団の威力を発揮し、『日本女性史研究文献目録』（東京大学出版会1－3）をはじめ『日本女性史』（同上1－5）など次ぎつぎと出版ブームを起こした。遂に女性史学も学問として市民権を得た、と在野の私も新しい時代の到来を感得したものだ。

もう一つは、同じ頃一九七七年愛知女性史研究会の主導で第一回全国女性史の集いが開催（名古屋市）されたことで、各地の女性史研究会が、お互いの情報交換などの交流会を持ったことは画期的なことであった。現在も開催地研究会担当で継続されている。この交流会では各地の女性史研究会が地域住民の民主化、連帯を模索するといういわば実践的女性史の創造という印象であった。各地研究会の発表は地域ならではの特質を発揮し、例えば沖縄大会では慰安婦所マップが作成され現代的課題に迫るものであった。集いの指導者伊藤康子氏（中京大学教授）の著作からは貴重な示唆を得た。

当地広島では婦人問題研究会で（一九七四年発会）、広く内外の女性問題の学習会を続けてきた。読書会のようなものだが異世代の仲間学習が結構刺激になった。この研究会で特記すべきことをいえば、一九八二年八月山代巴さん指導の『叢書　民話を生む人々』（而立書房）の出版記念講演会に（府中市文化会館）協賛し、交流を持ったことである（広島婦人問題研究会『未来を拓くひろしまの女性』一九八三年参照）。『荷車の歌』（筑摩書房、一九七六年）の山代さんは備後地方（府中市、芦品郡、甲奴郡）の読書サークル「みちづれ」の生活記録運動を指導してこられ、二〇年間書き蓄めたものを一人一冊ずつ出版（内田千寿子、小野菊枝、小林みさお）、『叢書』として実らせた。彼女たちはこの生活記録を通して、自己主体を育て、備後農村地帯を変える力になっていった、と語っている。

戦後、戦前の官製女性団体は広島県地域婦人団体連合会（後に県婦協に改組）に再編された。県婦連は、原爆被害について「みんなが集まって亡き人の霊を慰めると共に戦争反対を誓い合おう」と誰が言うともなく声を上げ、原爆四周年の一九四九年八月六日平和婦人大会を県内婦人団体と提携して開催した（約二、〇〇〇人参加）。さらに彼女たちは一九五五年第一回原水爆禁止世界大会を成功させるために、県民一〇〇万人平和署名を展開し、一〇〇万人を超す署名を国連本部に発送した。これが原水爆禁止広島協議会発足の契機になったという（『中国新聞』一九七五年七月二六日）。この時、農村地帯では『荷車の歌』の主人公セキたちに象徴される女性たちが、手をつなぎ合って核兵器反対の署名に立ち上がったと、山代巴さんは語っている。地域女性が生活に根ざした要求を連帯して行動した時の力強い変革の力を物語るものである。

彼女は戦前の反省から「ファシズムや侵略戦争の嵐に屈伏しない——自我の確立」（山代巴著『連帯の探求』未来社、二三八頁）のためには「日常の茶飯事に人権の折り目を正しく折りたたむこと」と基本的人権の確立を強調している。私はこの語句を広島県が生んだ農村女性作家の思想文化遺産として継承したい。このような備後地方の未来を拓く女性たちと交流できたのも婦人問題研究会の優れた個性豊かな会員のおかげである。研究会活動は私の女性史在野研究にとって常に現代的課題を投影するものとなった。

資料収集については、東京では元国会図書館職員の児玉嘉之氏、婦選会館の故児玉勝子氏、大原社会問題研究所、二葉保育園の故徳永恕氏、木内鳩の家幼稚園（故木内キャウ氏経営）、地元では『広島県社会運動史』の著者・故山木茂氏、当時広島県史編纂室の故天野卓郎氏、広島県立、市立図書館、広島市公文書館、広島大学図書館、呉市立図書館、広島市女性教育会館図書室など、既に故人になられた方々をはじめ、多くの機関で親切にご指導いただいた。そのほかお名前は省略させていただくがご教示をたまわりお世話になった皆様に心からお礼申し上げる。

最後に本書刊行にあたり、溪水社々長木村逸司氏はじめ編集、校正、印刷の方々にお骨折りいただいた。また、旧友・大阪女性史研究会の山田裕子さん（堺市在住）には、原稿の総点検などをお願いし、適確なご指摘を受けた。変らぬ友情に胸を熱くしている。多くの皆様のご厚情に対して深く感謝する。

二〇〇二年七月二九日

今中保子

人名索引

事項索引

サ行

タ行

ナ行

ハ行

マ行

ラ行

著者略歴

今　中　保　子（いまなか　やすこ）

1931年生まれ。南山大学社会学科卒業。
元名古屋・宮崎両市立中学校教諭。
共　著『日本女性史』吉川弘文館、
論　文「1920～1930年代の廃娼運動とその歴史的意義」（総合女性史研究会編『性と身体』日本女性史論集 9、吉川弘文館）など。

日本近代女性運動史 ― 広島県を中心にして ―

2002年11月11日　発行

著　者　今　中　保　子

発行所　株式会社 溪水社
広島市中区小町 1 - 4　(〒730-0041)
電　話 (082) 246-7909
FAX (082) 246-7876
E-mail: info@keisui.co.jp

ISBN4-87440-725-0 C3021